Zu diesem Buch

FORTRAN ist die in der Ingenieurpraxis am meisten verwendete Programmiersprache. Das hier behandelte Basic FORTRAN IV ist eine Teilmenge der Gesamtsprache, die bereits das Programmieren umfangreicher technischer Probleme ermöglicht.

Das Buch wendet sich an Ingenieurstudenten aller Fachrichtungen und an die Ingenieure der Praxis. Es entstand aus einer Vorlesung an einer Fachhochschule und enthält daher außer der Beschreibung der Sprache zahlreiche Programmbeispiele sowie Aufgaben mit Lösungen.

Einführend wird der Aufbau und die Wirkungsweise digitaler Rechenanlagen behandelt. Viel Gewicht wird auf die Darstellung des Programmablaufplans und die Behandlung der Ein- und Ausgabeoperationen gelegt. Die vorausgesetzten mathematischen Kenntnisse sind die der Fachhochschulreife.

# Programmierung mit FORTRAN

Eine Einführung in die
Datenverarbeitung und
Basic FORTRAN IV

Von Dr.rer.nat. Wolfgang Brauch
Professor an der Fachhochschule
Ravensburg

5., durchgesehene Auflage
Mit 48 Bildern, 66 Aufgaben
und 61 Beispielen

B. G. Teubner Stuttgart 1981

Prof. Dr. rer. nat. Wolfgang Brauch

Geboren 1925 in Naumburg/Saale. Von 1947 bis 1952 Studium der Geophysik an der TU Clausthal/Harz. Nach zweijähriger Industrietätigkeit wiss. Assistent bei Prof. Dr.phil. Karl Jung am Institut für Geophysik in Clausthal. Von 1958 bis 1965 Dozent für Mathematik und Physik an der Staatl. Ingenieurschule Hannover. Seit 1965 Professor für Mathematik und Informatik an der Fachhochschule Ravensburg.

CIP-Kurztitelaufnahme der Deutschen Bibliothek

Brauch, Wolfgang:
Programmierung mit FORTRAN : e. Einf. in d. Datenverarbeitung und Basic FORTRAN IV / von Wolfgang Brauch. - 5., durchges. Aufl. - Stuttgart : Teubner, 1981.
(Teubner Studienskripten ; 13 : Datenverarbeitung)
ISBN 3-519-40013-8

NE: GT


Printed in Germany
Gesamtherstellung: Beltz Offsetdruck, Hemsbach/Bergstraße
Umschlaggestaltung: W. Koch, Sindelfingen

# VORWORT

Dieses Buch entstand aus einer Einführungsvorlesung für Hörer aller Fachrichtungen an einer Fachhochschule für Technik. Der Inhalt orientiert sich an den entsprechenden Lehrplänen. Eine problemorientierte Programmiersprache wie FORTRAN kann fast ohne Kenntnisse über den Aufbau und die Wirkungsweise von Rechenanlagen erlernt werden. Da dies aber für einen Ingenieur recht unbefriedigend ist, wird zunächst eine allgemeine Einführung in die Datenverarbeitung gegeben. Dieser Teil des Buches wurde im Vergleich zu früheren Auflagen erheblich erweitert.

Der Hauptteil des Buches behandelt das Programmieren. Der Anfänger hat erfahrungsgemäß mehr Schwierigkeiten im Erkennen von Programmstrukturen als mit den syntaktischen Regeln einer Programmiersprache. Deshalb wird dem Programmablaufplan ein eigener ausführlicher Abschnitt gewidmet, in dem auch das Prinzip der strukturierten Programmierung erläutert wird.

Die Beschreibung des FORTRAN basiert auf DIN 66 027, Programmiersprache FORTRAN. In dieser DIN-Norm wird die Sprache in drei Ebenen eingeteilt, deren unterste das Basic FORTRAN ist (s.S. 98). Diese Einteilung wird aber in der Praxis nicht streng beachtet. Viele Rechenanlagen, die für Basic FORTRAN konzipiert sind, lassen auch Anweisungen der Gesamtsprache zu. Deshalb werden auch in diesem Buch vereinzelt derartige Anweisungen behandelt. Diese Überschreitungen des Basic FORTRAN werden aber stets ausdrücklich als solche gekennzeichnet. Viel Wert wird auf die Behandlung der Ein- und Ausgabe gelegt, weil hier oft für jeden Einzelfall eigene Lösungen erarbeitet werden müssen. Es wird die Benutzung von Magnetband und -platte sowie die graphische Ausgabe über Drucker und Zweikoordinatenschreiber behandelt.

Der allgemeine Text wird durch zahlreiche Beispiele und Aufgaben ergänzt. Hier werden vorwiegend Probleme aus der numerischen Mathematik behandelt, die bei zahlreichen technischen Anwendungen auftreten. Die Methodik des Übersetzens technischer Aufgaben in die Sprache der Mathematik kann in einer Einführung nicht behandelt werden. Hierzu siehe z.B. [3], [16]. An mathematischen Kenntnissen wird die Fachhochschulreife vorausgesetzt.

Die Beispiele und Aufgaben wurden auf einer Rechenanlage IBM 1130 gerechnet. Die speziellen Eigenschaften dieser Anlage werden aber im Unterschied zu früheren Auflagen nicht mehr ausdrücklich erwähnt, weil diese Anlage inzwischen veraltet ist.

FORTRAN enthält viele englische Sprachelemente. Deshalb wird nicht der Versuch unternommen, alle anderen Fachausdrücke der Informatik zu verdeutschen. Oft wird die englische Bezeichnung der deutschen in Klammern hinzugefügt. Ferner wird Wert auf das Einhalten der einschlägigen DIN-Normen gelegt [5].

Von zahlreichen Kollegen erhielt ich wertvolle Hinweise und Anregungen, die weitgehend berücksichtigt wurden. Hierfür sei herzlich gedankt. Den Firmen IBM Deutschland und Siemens AG danke ich für die freundliche Genehmigung zum Benutzen ihrer Firmenliteratur, dem Verlag B.G. Teubner für die verständnisvolle Zusammenarbeit.

## Ergänzungen der 5. Auflage

Die 4. Auflage wurde sehr positiv aufgenommen. Deshalb wurden nur Fehler berichtigt sowie die Ausführungen über hardware, software und das Literaturverzeichnis dem neuesten Stand angepaßt.

Ravensburg, im Herbst 1980 Wolfgang Brauch

# INHALTSVERZEICHNIS

## LISTE DER BEISPIELE

Bei jedem Beispiel wird nach Möglichkeit sowohl das mathematische bezw. technische als auch das programmiertechnische Problem angegeben.

# 1 EINLEITUNG

## 1.1 ALLGEMEINES

Die Fülle von Informationen, die heute in Technik, Wirtschaft und Verwaltung anfallen, kann nur noch mit Hilfe von Maschinen verarbeitet werden. Diese Informationen bestehen im einfachsten Fall aus Zahlen, und ihre Verarbeitung ist das wohlvertraute Rechnen. Darüber hinaus müssen aber im technischen Bereich auch automatisch gemessene physikalische Größen und bei kaufmännischen Anwendungen Begriffe der Umgangssprache wie z.B. Personennamen verarbeitet werden. Mit den im folgenden behandelten Maschinen können alle Arten von Informationen verarbeitet werden. Der Schwerpunkt dieses Buches liegt aber auf der Behandlung des einfachsten Falles, dem Rechnen. Deshalb werden die informationsverarbeitenden Maschinen im folgenden kurz Rechenanlagen (RA) genannt. Statt von "Informationen" wird, insbesondere in der kaufmännischen Praxis, oft von "Daten" und von "Datenverarbeitung" (DV) gesprochen. Es wird sich zeigen, daß Daten ein Spezialfall von Informationen sind (s.S. 15).

Im Gesamtgebiet der Informationsverarbeitung können folgende Aufgaben unterschieden werden:

> Speicherung, Transport und Umwandlung von Informationen.

Bei den kaufmännischen Anwendungen, deren Anteil etwa 70% beträgt, liegt der Schwerpunkt der Verarbeitung meist auf Speicherung und Transport. Bei den technischen Anwendungen liegt er auf der Umwandlung, die dann oft als Verarbeitung im engeren Sinne bezeichnet wird.

Zunächst wird der Aufbau und die Wirkungsweise von RA behandelt. Dabei kann nur ein Überblick gegeben werden. Der Ingenieur in der Praxis soll Entscheidungshilfen erhalten, welche Geräteausstattung für ein gegebenes Problem angemessen ist. Für Fragen der konstruktiven Einzelheiten wird auf die Spezialliteratur verwiesen [6], [7].

Die RA werden in zwei Klassen eingeteilt. Diese Einteilung erfolgt nicht auf Grund eines technischen Bauprinzips, sondern nach der unterschiedlichen Art der Darstellung und Verarbeitung von Zahlen.

Definition: In einem Digitalrechner wird eine Zahl durch ihre Ziffern dargestellt, in einem Analogrechner durch eine entsprechende (analoge) physikalische Größe.

Die bekannten Taschenrechner sind Digitalrechner. Der Rechenstab ist ein mechanischer Analogrechner. Größere Anlagen beider Arten arbeiten elektronisch. Der vielgebrauchte Begriff "elektronische Rechenanlage" trifft deshalb nicht das Wesentliche. Dieses Buch behandelt nur speicherprogrammierte Digitalrechner. (Die Erklärung des Begriffs "speicherprogrammiert" erfolgt auf S.15). Leider hat sich von diesem in DIN 44 300, Informationsverarbeitung, genormten Begriff noch keine einheitliche deutsche Abkürzung durchgesetzt. Hier wird, wie gesagt, kurz von Rechenanlagen (RA) gesprochen. Das englische Wort computer wird meist im gleichen Sinn gebraucht.

Zu den Analogrechnern nur die folgenden Bemerkungen. Sie sind technisch einfacher und deshalb wesentlich preiswerter als Digitalrechner. Ein Analogrechner kann aber (innerhalb vertretbarer Kosten) nur für einen sehr begrenzten Anwendungsbereich gebaut werden und ist dann für andere Aufgaben unbrauchbar. Typische Anwendungsgebiete sind: Simulierung von technischen Prozessen z.B. in der chemischen Verfahrenstechnik, Regeltechnik oder Flugnavigation. Mathematisch handelt es sich oft um das Lösen von Differentialgleichungen. Manchmal werden Analog- und Digitalrechner zusammen benutzt. Man spricht dann von Hybridrechnern.

Der Hauptteil des Buches behandelt die Benutzung von RA, das Programmieren. Es zeigt sich, daß der Anfänger weit mehr Mühe hat, die logischen Grundlagen des Programmierens zu verstehen als die Regeln einer Programmiersprache zu erlernen. Deshalb ist dem Programmablaufplan ein eigener ausführlicher Abschnitt gewidmet. Anschließend wird die in der Technik am meisten benutzte Programmiersprache, das FORTRAN, behandelt. Es ist eine sog. problemorientierte Sprache, d.h., sie ist im Prinzip unabhängig von den Eigenschaften einer speziellen RA. Mit dieser Sprache können vorwiegend die in der Technik sehr häufig benutzten Verfahren der numerischen Mathematik programmiert werden. Darüber hinaus gestattet FORTRAN auch Textverarbeitung, sodaß auch das Programmieren einfacher kaufmännischer Probleme, etwa im Rahmen der betriebswirtschaftlichen Kenntnisse eines Ingenieurs, möglich ist.

Das Programmieren weiterer Anwendungsgebiete, z.B. die numerische Steuerung von Werkzeugmaschinen oder technischer Prozesse (Prozeßrechnen) kann in dieser Einführung nicht behandelt werden. Für diese Gebiete gibt es eigene Programmiersprachen. Alle Programmiersprachen enthalten viele gemeinsame Grundlagen. Deshalb ist nach Kenntnis einer Sprache das Erlernen einer zweiten erheblich einfacher als z.B. bei einer natürlichen Sprache.

## 1.2 GRUNDBEGRIFFE DER INFORMATIK

Die schriftliche Informationsverarbeitung durch Menschen basiert in weiten Teilen der Erde auf etwa 50 verschiedenen Zeichen: 10 Ziffern, 26 Buchstaben und Sonderzeichen wie Punkt, Komma usw. Diese Zeichen werden im folgenden kurz die Schriftzeichen genannt. Der Benutzer einer RA erwartet, daß diese Schriftzeichen von der RA gelesen, verarbeitet und ausgegeben werden. Eine RA kann aber intern nur zwei verschiedene Zeichen verarbeiten. Dies hat ausschließlich technische Gründe, weil zwei Zeichen sehr einfach und damit preiswert und störungssicher realisiert werden können. Beispiele: zwei Stellungen eines Schalters, zwei elektrische Spannungspegel, zwei Magnetisierungsrichtungen.

Definition: Ein Zeichen aus einer Menge von zwei Zeichen heißt ein Binärzeichen (binary digit) oder kürzer ein bit. Diese beiden Zeichen werden im folgenden als O und L geschrieben. Größere Einheiten sind

8 bits = 1 byte   $10^3$ bytes = 1 kbyte   $10^6$ bytes = 1 Mbyte

Manchmal werden $2^{10}$ bytes = 1024 bytes = 1 K genannt. Eine beliebige Anzahl von bits, die logisch zusammengehören, heißt ein Binärmuster.

Die gesamte der RA angebotene Information muß vor der Verarbeitung in Binärmuster umgewandelt und anschließend vor der Ausgabe wieder in Schriftzeichen zurückverwandelt werden. Dieses Umwandeln nennt man Verschlüsseln oder Codieren. Näheres hierüber folgt in Abschn. 3.1 . Bereits hier sei vermerkt:

Häufig wird jedes Schriftzeichen durch 1 byte codiert.

Aus technischen und auch historischen Gründen werden leider in den verschiedenen Teilen einer Rechenanlage und auch von verschiedenen Herstellern unterschiedliche Codes benutzt. Je weniger der Benutzer sich um die Probleme der Codierung zu kümmern braucht, umso größer ist der von der RA selbst zu liefernde Aufwand. In der kaufmännischen DV übertrifft er die eigentliche Rechenarbeit oft erheblich.

Die Struktur einer RA kann in zwei Bereiche gegliedert werden.

Definition: Die hardware ist die Menge der technischen (materiellen) Einzelteile einer RA. Die software ist eine Menge von Programmen, die zum Betrieb der RA erforderlich sind. Wenn die software in Festwertspeichern (s.Bild 1, S. 16 und S. 29 ) gespeichert ist, spricht man von firmware.

Von der Definition her sind hardware und software klar zu unterscheiden. In Bezug auf den Aufgabenbereich ist dies nicht der Fall. Die eben erläuterte Aufgabe des Codierens kann z.B. entweder durch die hardware (elektronische Schaltungen) oder auch durch Programme gelöst werden. In allen RA werden die Bauprinzipien der Mikroprozessoren angewandt. Deshalb werden viele Aufgaben, die früher durch die hardware gelöst wurden, jetzt in Form von firmware realisiert. Dadurch werden die RA kleiner und flexibler und bei Neuinstallationen können spezielle Kundenwünsche relativ einfach berücksichtigt werden.

Definition: Ein Programm ist eine in einer beliebigen Sprache abgefasste, vollständige Anweisung zum Lösen einer Aufgabe mittels einer RA (nach DIN 44 300). Jedes Programm besteht aus Anweisungen oder Befehlen. Die Daten sind die gegebenen Informationen (z.B. Zahlenwerte), mit denen die Aufgabe zu lösen ist.

In dieser Definition wird als selbstverständlich vorausgesetzt, daß die benutzte Sprache von der RA "verstanden" wird, d.h. daß das Programm auch tatsächlich verarbeitet werden kann. Jedes Programm kann - meist mit verschiedenen Daten - beliebig oft ausgeführt werden. Z.B. sind in einem Programm zum Lösen einer quadratischen Gleichung die Daten die Koeffizienten der Gleichung.

Für den Benutzer sind Programm und Daten klar zu unterscheiden. In der RA müssen beide in Binärmuster verwandelt werden und befinden sich vor der eigentlichen Verarbeitung gemeinsam im Zentralspeicher (s.S. 29 ). Dies ist der wesentliche Inhalt des Begriffs "speicherprogrammiert".

Zwischen Programm und Daten besteht innerhalb der RA kein grundsätzlicher Unterschied. Sie sind Spezialfälle von Information.

Mit den Befehlen des Programms (genauer: mit den Adreßteilen der Befehle, s.S. 46 ) wird genauso gerechnet wie mit den Daten. Dadurch ist es möglich, ein Programm während der laufenden Verarbeitung zu ändern. Diese Gedanken wurden zum ersten Male 1945 vom amerikanischen Mathematiker John v. Neumann ausgesprochen und führen in ihrer Konsequenz unmittelbar zum umstrittenen - nach Meinung des Verfassers aber gerechtfertigten - Begriff der "Denkmaschine".

# 2 HARDWARE

Die prinzipielle Struktur der hardware einer RA ist in Bild 1 gezeigt. Die Pfeile deuten die wesentlichsten Richtungen des Informationsflusses an. Dieses Bild gilt insbesondere für kleine und mittlere Anlagen. Die Erweiterungen bei Groß-Anlagen werden in Abschn. 2.3 erläutert. Genaueres über hardware findet man z.B. in [6], [7].

## 2.1 PERIPHERIE

Die wesentlichsten Aufgaben der Peripherie bestehen im Speichern der Information sowie dem Herstellen der Verbindung zwischen Zentraleinheit und dem menschlichen Benutzer, der

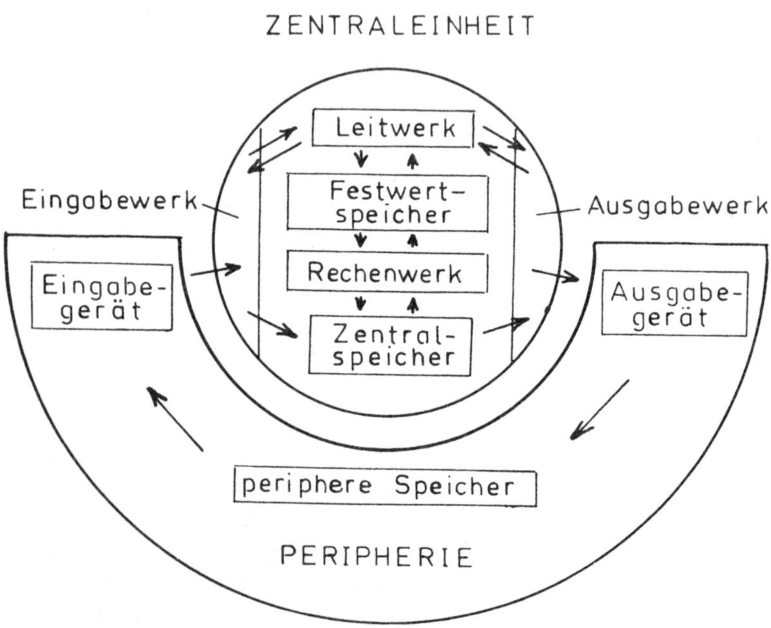


Bild 1 Struktur der hardware

Ein- und Ausgabe (E/A). Technisch hängen E/A Geräte und Speicher eng zusammen. Periphere Speicher sind: Papier, Lochkarten, Magnetbänder u.a. In diesen Speichern kann eine für praktische Zwecke beliebig große Informationsmenge untergebracht werden. Die Kosten betragen nur etwa 1% der Kosten des Zentralspeichers (s. Bild 3, S. 21). Die Peripheriegeräte können räumlich weit entfernt von der Zentraleinheit stehen. Eine Außenstation, die nur Peripheriegeräte enthält, heißt Datenstation (terminal). Näheres hierzu s. Abschn. 2.3.

Hinsichtlich der Betriebsart der Peripheriegeräte unterscheidet man zwischen zwei Möglichkeiten:

Definition: Beim rechnerabhängigen (on-line) Betrieb ist das Gerät mit der Zentraleinheit verbunden. Beim rechnerunabhängigen (off-line) Betrieb ist dies nicht der Fall.

Beispiele: der Zeilendrucker und die Magnetplatten arbeiten stets on-line. Manuelles Beschriften von Lochkarten oder Magnetband erfolgt off-line. Die Fernschreibmaschine kann in beiden Betriebszuständen arbeiten.

### 2.1.1 Mechanische Speicher und Geräte

Papier

Papier hat den Vorteil, daß es durch Menschen direkt lesbar ist. Die entsprechenden E/A Geräte haben aber die geringste Arbeitsgeschwindigkeit. Deshalb eignet sich Papier nur zum Speichern von kleinen Informationsmengen. Ein Blatt Schreibmaschinenpapier enthält etwa 2000 Schriftzeichen = 2 kbyte.

Die Fernschreibmaschine wird vorwiegend beim sog. Dialogbetrieb (s.Abschn. 3.4) eingesetzt. Beispiele: Testen von Programmen, Planspiele, Buchungen, Bestellungen. Die Ausgabegeschwindigkeit beträgt 20 Zeichen/s. Der Zeilendrucker dient nur zur Ausgabe. Mit mechanischen Geräten werden etwa 10 Zeilen/s gedruckt. Photoelektrisch oder elektrostatisch arbeitende Geräte erreichen Geschwindigkeiten von 1 Seite/s. Für den Ingenieur ist der Zweikoordinatenschreiber (plotter) (s.Abschn. 9.3.2) ein wichtiges Ausgabegerät zum Zeichnen von Diagrammen. Speziell in der kaufmännischen DV werden Geräte verwendet, die mit Spezialschreibmaschinen beschriftetes Papier direkt lesen können. Es gibt auch Lesegeräte für Handschrift, die z.Zt. in Normschrift geschriebene Ziffern lesen können.

Lochkarte (punched card)
Sie ist das klassische Speichermedium der kaufmännischen DV. Ihre Bedeutung tritt allerdings zugunsten der magnetischen Speicher zurück. Die Vorteile der Lochkarte liegen in der zusätzlichen Verwendungsmöglichkeit als normale Karteikarte und der einfachen Austauschbarkeit einzelner Karten. Nachteilig sind die geringe Informationsdichte und der hohe Preis von Karten und Geräten. Bild 2 zeigt eine Lochkarte.

Eine Lochkarte enthält meist 80 Spalten, in denen je ein Schriftzeichen verschlüsselt wird. Eine Gruppe zusammengehöriger Zeichen heißt ein Feld (field). Die Felder einer Karte bilden einen (physischen) Satz (record). Mehrere Sätze bilden eine Datei (file).

Felder sind z.B.: eine Zahl, ein Personenname. Dateien sind: die Werte einer Meßreihe, die Namen und Anschriften aller Kunden einer Firma.

Jede Spalte der Lochkarte enthält 12 Lochstellen (Zeilen). Der Code und weitere Begriffe sind aus Bild 2 ersichtlich. Theoretisch können mit 12 Lochstellen (bits) $2^{12} = 4096$ verschiedene Zeichen verschlüsselt werden. Der tatsächlich benutzte Code, der um 1890 vom Erfinder Hollerith vorgeschlagen wurde, ist der Grund für die geringe Informationsdichte. Ein Karton mit 2000 Lochkarten enthält maximal 160 kbyte und kostet etwa 10 DM.

Lochkarten werden mit einem Schreiblocher beschriftet. Seine Bedienung ähnelt der einer Schreibmaschine. Die meisten Schreiblocher beschriften zusätzlich den oberen Rand der Karte mit

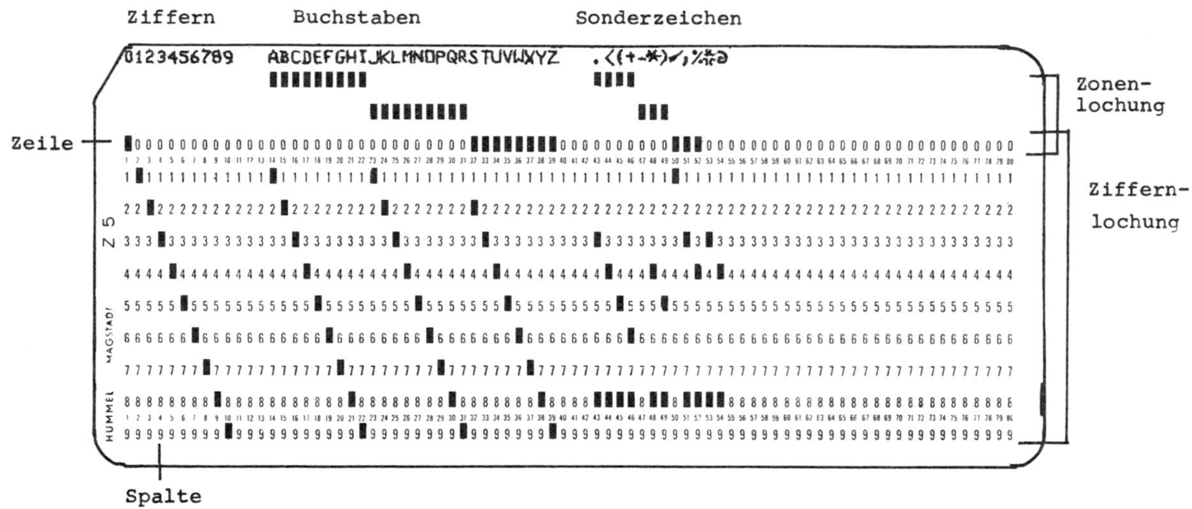


Bild 2 Lochkarte

den gelochten Schriftzeichen. Im Lochkarten Lese-Gerät werden die Löcher photoelektrisch abgetastet, in elektrische Impulse verwandelt und in die Zentraleinheit weitergeleitet. Die Arbeitsgeschwindigkeit liegt bei 10 Karten/s. Meist können mit dem gleichen Gerät Karten mit etwa der halben Geschwindigkeit gestanzt werden.
Das Beschriften von Lochkarten mit FORTRAN-Anweisungen wird in Abschn. 6.2.1, das Lochen von Daten-Karten in Abschn. 6.3 erläutert.

Lochstreifen (punched tape)
Sie haben eine höhere Informationsdichte als Karten und kosten (einschließlich der Geräte) nur etwa 20% der Karten. Eine Rolle Streifen von 300 m Länge (Spulendurchmesser 20 cm) hat eine Kapazität von etwa 75 kbyte. Streifen werden trotz dieser Vorteile seltener als Karten verwendet, weil es sehr mühsam ist, nachträgliche Änderungen durchzuführen.

Ferner hat sich bei den Streifen kein einheitlicher Code durchgesetzt. Häufig wird der internationale Fernschreibcode (CCITT-Code) benutzt. Für ein Schriftzeichen werden 5 Lochstellen benutzt. Die Lochstellen werden hier Kanäle genannt. Ferner werden 8-Kanal Streifen mit dem EBCDI-Code (s.Abschn. 3.1.2) verwendet. Für Sonderzwecke wie Steuerung von Werkzeugmaschinen gibt es auch 6 und 7-Kanal Streifen.

### 2.1.2 Magnetische Speicher und Geräte

Vor der Behandlung der einzelnen Geräte werden einige allgemeine Begriffe erläutert, die Kenngrößen von Speichern.

Definitionen: Die Zugriffszeit zu einem Speicher ist die zur Ausführung des Befehls "Bringe eine Information vom Speicher in das Rechenwerk" benötigte Zeit. Bei einem Speicher mit direktem Zugriff (random access memory, RAM), ist die Zugriffszeit unabhängig von der physischen Lage der Information im Speicher. Bei sequentiellen Speichern (sequential storage) ist dies nicht der Fall. Im Prinzip muß der gesamte Speicher von vorn gelesen werden, bis die gesuchte Information gefunden ist. Die Speicherkapazität ist das Fassungsvermögen des Speichers und wird in kbyte oder Mbyte (s.S. 14) angegeben.

Der Zentralspeicher und Magnetplatte haben direkten Zugriff, Lochkarten und Magnetband sind sequentielle Speicher. Bild 3 zeigt einen Überblick über die Kenngrößen der wichtigsten Speicher. Bei den Kosten wurde eine Jahresmiete des betr. Gerätes, bei den peripheren Speichern außerdem die Materialkosten für $10^6$ kbytes zugrunde gelegt. Das Bild zeigt den Stand von 1980. Im Unterschied zu den meisten anderen Lebensbereichen fallen in der DV die Kosten ständig.

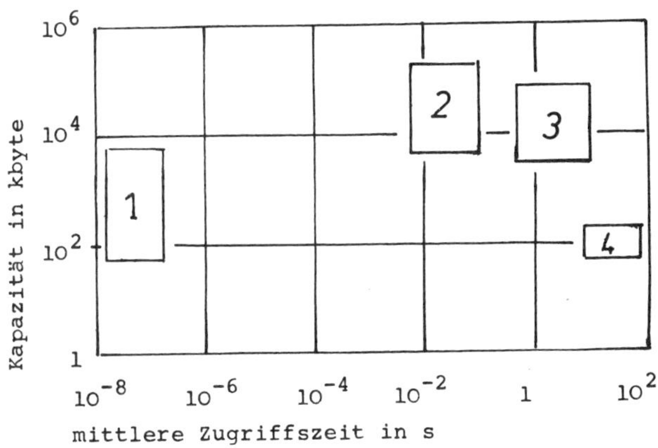


| | | Kosten in DM/kbyte |
|---|---|---|
| 1 | Zentralspeicher | 20 |
| 2 | ein Stapel Platten | 0.3 |
| 3 | eine Rolle Band | 0.03 |
| 4 | ein Karton Lochkarten | 0.15 |

Bild 3 Kenngrößen von Speichern

Zu wünschen wäre ein Speicher mit kurzer Zugriffszeit, grosser Kapazität, der zudem noch preiswert wäre. In Wirklichkeit schließen sich diese Forderungen gegenseitig aus. Die Konsequenzen hieraus werden in Abschn. 2.1.3 erläutert.

Physikalisches Prinzip der magnetischen Speicher

Auf einem Träger aus Metall oder Kunststoff befindet sich eine etwa 0.02 mm dicke magnetisierbare Schicht. Der Träger wird mit konstanter Geschwindigkeit an einem oder mehreren Magnetköpfen vorbei bewegt (s. Bild 4). Die z.B. von der Zentraleinheit in die Schreibspule gelangenden Spannungsimpulse werden in remanente Magnetisierungen wechselnder Richtung verwandelt. Umgekehrt erzeugt jede Änderung der Magnetisierungsrichtung einen Spannungsimpuls in der Lesespule. Schreiben oder Lesen werden oft wie in Bild 4 durch einen Kopf durchgeführt. Manchmal werden dafür getrennte Köpfe benutzt. Dann wird meist sofort nach dem Schreiben jedes Zeichen zur Kontrolle sofort wieder gelesen. Jeder magnetische Speicher kann beliebig oft neu beschrieben werden.

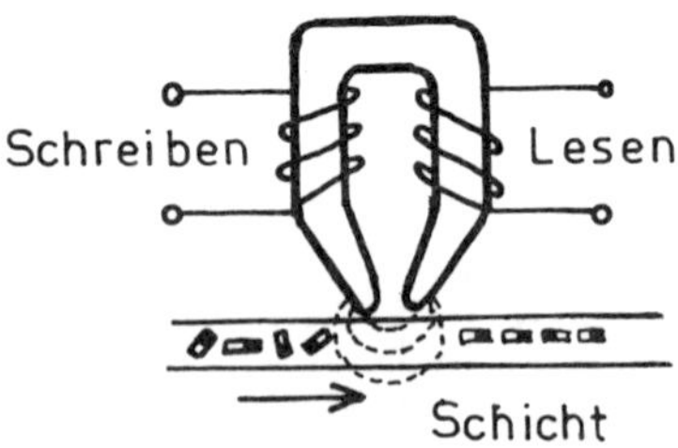


Bild 4 Schreib- Lesekopf

Magnetband (magnetic tape)

Der wesentliche Vorteil des Bandes liegt im geringen Preis. Nachteilig ist die sequentielle Verarbeitungsweise. Das Band wird vorwiegend für sortierte Dateien und zur Archivierung von Daten und Programmen benutzt. Ein Band von 720 m Länge kostet etwa 50.- DM.

Die E/A Geräte arbeiten ähnlich wie ein Tonbandgerät. Meist liegen 7 oder 9 Magnetköpfe nebeneinander. Damit werden alle bits eines Schriftzeichens plus einem Kontrollbit parallel verarbeitet. Die Schreibdichte beträgt je nach dem Aufzeichnungsverfahren 320 byte/cm oder 630 byte/cm. Die Bandgeschwindigkeit beträgt einige m/s. Damit werden im Vergleich zu Papier und Lochkarten erheblich größere E/A Geschwindigkeiten und Kapazitäten erreicht (s.Aufg. 9, S. 37).

Magnetband kann auch manuell beschriftet werden. Die Bedienung dieser Geräte ähnelt der einer Schreibmaschine, bezw. der eines Lochkartenstanzers.

Die kleinste Informationsmenge, die mit Band verarbeitet werden kann, heißt gemäß DIN 66027, Programmiersprache FORTRAN, ein Satz. In der kaufmännischen DV wird sie meist ein Block genannt, weil dort der Begriff Satz vorwiegend für Lochkartensätze benutzt wird. Nach der Verarbeitung eines Satzes wird das Band automatisch angehalten. Die Länge eines Satzes kann vom Programmierer festgelegt werden und beträgt i.allg. einige kbyte. Zwischen je zwei Sätzen befindet sich eine etwa 1.5 cm breite Kluft. Sie wird zum Stoppen und Anfahren des Bandes benötigt. Hierdurch geht etwa 30% der maximal möglichen Kapazität eines Bandes verloren.

Es ist nicht möglich, durch Programmbefehle einen bestimmten Satz direkt anzusteuern. Es kann nur der Satz, der sich augenblicklich vor dem Magnetkopf befindet, verarbeitet werden. Ferner kann das Band um einen Satz oder bis zum Anfang zurückgespult werden. Näheres über die Programmierung des Bandes findet man in Abschn. 9.2.1.

Bei Kleinanlagen werden Magnetbandkassetten verwendet. Das E/A Gerät (oft für 2 unabhängig arbeitende Kassetten) ist fest in der Zentraleinheit installiert. Eine Kassette faßt 40 m Band mit einer Kapazität von einigen hundert kbyte.

Magnetplatte (magnetic disk)

Der Vorteil der Platte liegt in der direkten Zugriffsmöglichkeit, die insbesondere für die in der Technik benutzten Dateien benötigt wird. Auch das Betriebssystem einer RA (Abschn. 3.3) befindet sich meist auf Platten (sofern es sich nicht auf Festwertspeichern befindet), weil es nicht in seiner Gesamtheit im Zentralspeicher Platz hat und ein schneller Zugriff zu den einzelnen Teilen gebraucht wird. Platten sind allerdings wesentlich teurer als Band. Ein Plattenstapel mit etwa der gleichen Kapazität wie ein Band kostet etwa 500.-DM.

Die Magnetplatte befindet sich in ständiger Rotation mit 50 bis 100 Umdrehungen/s. Dadurch ist sie ein Speicher mit direktem Zugriff. Jede Plattenoberfläche enthält einige hundert konzentrische Kreise, die Spuren genannt werden. Jede Oberfläche wird mit einem radial beweglichen Magnetkopf abgetastet, der nur wenige $\mu$m über der Platte "fliegt". Jede Spur enthält eine magnetische Marke, mit der ihr Anfang erkannt werden kann. Die bits eines Schriftzeichens liegen hier im Unterschied zum Magnetband hintereinander. Auf einer Spur können etwa 8 kbyte gespeichert werden.

Bei größeren Anlagen werden Stapel von 6 oder 11 Platten verwendet, die auf einer gemeinsamen Achse, einem sog. Laufwerk, rotieren (Bild 5). Ein Plattengerät enthält meist zwei Laufwerke. Die Menge der übereinanderliegenden Spuren eines Stapels, die nacheinander ohne Bewegung der Zugriffsarme gelesen werden kann, heißt ein Zylinder. Im Stapel erhält jede Spur eine Adresse, die sich aus der Nummer des

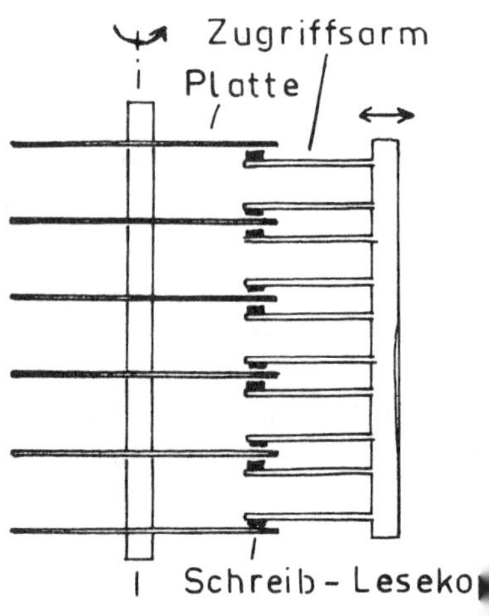


Bild 5 Magnetplattenstapel

Zylinders und der des betr. Magnetkopfes zusammensetzt. Auf jeder Spur kann eine beliebige Anzahl von Sätzen untergebracht werden. Spurübergreifende Sätze sind möglich, zylinderübergreifende nicht. Jeder Satz kann vom Programm direkt angesteuert werden. Näheres hierüber siehe Abschn. 9.2.2.

Bei Kleinanlagen (wie der in diesem Buch benutzten) werden oft Einzelplatten der vorstehend beschriebenen Art benutzt. Eine weitere Verkleinerung ist die sog. Diskette (floppy disk), die nur etwa halb so groß wie eine normale Platte ist und eine Kapazität von einigen hundert kbyte hat. In beiden Fällen wird oft jede Spur in mehrere Sektoren konstanter Länge eingeteilt und es ist nur jeder Sektor direkt adressierbar.

Bei Großanlagen werden Kombinationen von Platten und Bändern verwendet. Das Massenspeichersystem IBM 3850 faßt $10^7$ bis $10^8$ kbytes und erreicht damit die geschätzte Kapazität eines menschlichen Gehirns.

### 2.1.3 Speicherhierarchie

In Bild 3, S. 21 erkennt man zwischen den Zugriffszeiten der peripheren Speicher und der des Zentralspeichers eine Lücke von einigen Zehnerpotenzen. Ein entsprechender Unterschied besteht bei den Kosten. In der gegenwärtigen Forschung wird daran gearbeitet, diese Lücke durch neue Technologien wie z.B. den Magnetblasenspeicher zu schließen. In der Praxis wird die Lücke heute noch durch eine komplizierte Speicherorganisation geschlossen. Bei der Installation einer RA ist es eine wesentliche Aufgabe des sog. Systemanalytikers, eine den speziellen Bedürfnissen des betr. Betriebs angepasste Speicherorganisation zu planen. Der Grundgedanke dieser Organisation besteht darin, nur die unmittelbar gebrauchte Information in den schnellen, teuren Speichern bereit zu halten. Diese Information muß aber rechtzeitig, d.h. vor dem Zugriff durch das Rechenwerk in diese schnellen Speicher transportiert worden sein. Umgekehrt müssen nicht mehr benötigte Informationen in die peripheren Speicher gebracht werden. Eine wichtige Rolle spielt hierbei das Prinzip des virtuellen Speichers, das in Abschn. 3.3.1 näher erläutert wird, weil es durch das Betriebssystem der RA realisiert wird.

Man unterscheidet bis zu vier verschiedene Speicherebenen (Bild 6). Die Register und der Zentralspeicher werden im folgenden Abschnitt behandelt. Der Informationstransport zwischen diesen Ebenen wird teils durch die hardware, teils durch die software gesteuert.

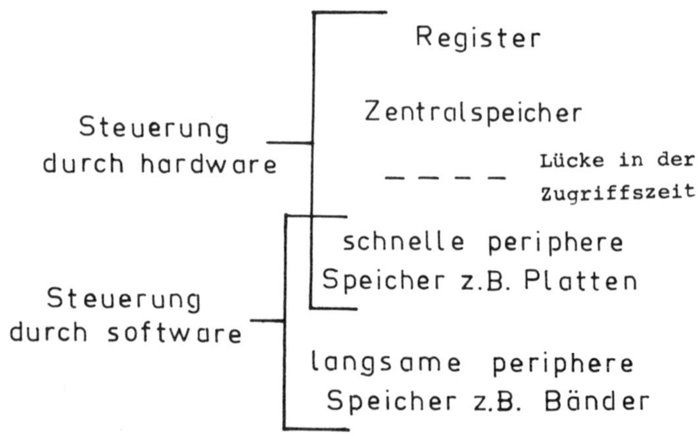


Bild 6 Speicherhierarchie

### 2.1.4 E/A Geräte ohne Speicherfunktion

Ein Datensichtgerät ähnelt einem Fernsehbildschirm. Es wird vor allem im Dialogbetrieb (s. Abschn. 3.4) verwendet. Die Eingabe erfolgt normalerweise über eine Tastatur. Auf dem Schirm können etwa 20 Zeilen zu je 80 bis 120 Zeichen angezeigt werden. Im Gerät befindet sich ein Pufferspeicher, so daß durch Verschieben des Bildes etwa 200 Zeilen angezeigt werden können. Für graphische Verfahren gibt es Schirme, bei denen mittels eines Stiftes, der an seinem Ende eine Photozelle trägt, unmittelbar auf den Schirm "geschrieben" werden kann. Dadurch können z.B. Bilder von Konstruktionsteilen oder elektrischen Schaltungen unmittelbar in die RA eingegeben werden. Auch die Ausgabe von Diagrammen ist möglich.

Die Sprachausgabe ist bereits realisiert. Sie ist in Verbindung mit dem Telefon z.B. für den Abruf von Lager- oder Kontoständen vorteilhaft. Die Eingabe erfolgt heute noch digital über die Wählscheibe des Telefons. Die Spracheingabe befindet sich in der Entwicklung.

## 2.2 ZENTRALEINHEIT

Die Aufgabe der Zentraleinheit ist die Umwandlung der Information, die oft als Verarbeitung im engeren Sinne bezeichnet wird.

> Die Zentraleinheit (ZE) (central processing unit, CPU) besteht aus Ein- und Ausgabewerk, Zentral- und Festwertspeicher, Rechen- und Leitwerk. Rechen- und Leitwerk werden zusammen als Prozessor bezeichnet. Siehe auch Bild 1, S. 16.

Diese Einteilung gilt vor allem für kleine und mittlere RA. Bei Groß-Anlagen besteht die Tendenz zur Dezentralisierung. Die vorstehenden Funktionseinheiten befinden sich dann teilweise auch in Geräten außerhalb der ZE, z.B. in den Datenstationen. Näheres hierzu s. Abschn. 2.3.

Die elektronischen Bauelemente der ZE sind Widerstände, Dioden und Transistoren. Mit der sog. MOS-Technologie (metal oxyde semiconductor) werden sie durch Oxydations- und Diffusionsprozesse auf Plättchen (chips) von 4 mm mal 5 mm Seitenlänge erzeugt. Diese chips werden aus einem Silizium-Ein-Kristall geschnitten. Auf einem chip können bis zu $10^5$ Bauelemente erzeugt werden. Eine ZE mittlerer Größe enthält etwa $5 \cdot 10^4$ chips. Aus den chips werden größere, austauschbare Baueinheiten zusammengesetzt. Die gesamte ZE ist nach dem gleichen technischen Prinzip aufgebaut. (In älteren Anlagen wurde im Zentralspeicher ein völlig anderes Prinzip, die Speicherung in Ferritkernringen, verwendet.)

Alle Teile der ZE enthalten Verknüpfungsglieder. Die folgenden Grundverknüpfungen lassen sich aus etwa je 5 elektronischen Bauelementen herstellen.

Definition: Ein Verknüpfungsglied realisiert die Verknüpfung von Schaltvariablen. Eine Schaltvariable kann nur zwei Werte annehmen (nach DIN 44 300). Die unabhängigen Variablen werden oft die Eingänge, die abhängigen Variablen die Ausgänge des Verknüpfungsgliedes genannt.

Die einfachste Verknüpfung ist das NOT-Glied. Es hat einen Eingang und einen Ausgang, der stets den entgegengesetzten Wert wie der Eingang hat. Es gibt bereits 16 verschiedene Verknüpfungen mit zwei Eingängen $x_1$ und $x_2$ und einem Ausgang z. Technisch wichtig sind vor allem die beiden folgenden:

AND-Verknüpfung

| $x_1$ | $x_2$ | z |
|---|---|---|
| O | O | O |
| O | L | O |
| L | O | O |
| L | L | L |

OR-Verknüpfung

| $x_1$ | $x_2$ | z |
|---|---|---|
| O | O | O |
| O | L | L |
| L | O | L |
| L | L | L |

Man erkennt, daß die AND-Verknüpfung bereits die Multiplikation zweier einstelliger Dualzahlen realisiert. Mit Hilfe der Schaltalgebra kann gezeigt werden, daß sich beliebig komplizierte Verknüpfungen aus diesen drei Grundverknüpfungen durch Parallel- und Serienschaltung zusammensetzen lassen. Deshalb werden nur diese drei Verknüpfungsglieder (oder die negierten AND- und OR-Glieder, sog. NAND und NOR-Glieder) unmittelbar hergestellt.

### 2.2.1 Ein- und Ausgabewerk

Dieses Werk steuert die Informationsübertragung zwischen den E/A Geräten und dem Zentralspeicher. Die E/A Geräte arbeiten erheblich langsamer als die ZE (s. Aufg. 13, S. 38 ). Deshalb arbeiten meist mehrere E/A Geräte gleichzeitig und unabhängig vom Rechenwerk. Wenn ein Gerät mit einer Aufgabe fertig ist, gibt es eine Meldung an das E/A Werk, das dann zusammen mit einem Steuerprogramm des Betriebssystems (s.Abschn. 3.3.1) weiteres veranlasst. Bei Groß-Anlagen arbeitet auch das E/A Werk unabhängig vom Rechenwerk und steuert mehrere der in Abschn. 2.3 beschriebenen Kanäle.

### 2.2.2 Zentral- und Festwertspeicher

Der Zentralspeicher (working storage, main storage) enthält die Programme und Daten vor der eigentlichen Verarbeitung als Binärmuster. Die Codierung ist in Abschn. 3.1 erläutert. Er kann gelesen und beschrieben werden. Aus Bild 3, S. 21 erkennt man die im Vergleich zu den peripheren Speichern erheblich kürzere Zugriffszeit. Der Festwertspeicher enthält Teile des Betriebssystems. Er kann nur gelesen werden (read only memory, ROM). Beide Speicher haben den gleichen technischen Aufbau.

Ein bit wird meist durch eine sog. Flip-Flop Schaltung realisiert. Dieses Speicherglied ist in Bild 7 schematisch dargestellt. Es hat zwei Eingänge R und S. Je nachdem, auf welchen der beiden ein Spannungsimpuls gegeben wurde, liegt am Ausgang Q eine oder keine Spannung und kann dort beliebig oft abgefragt werden, bis der nächste Eingangsimpuls gegeben wird.

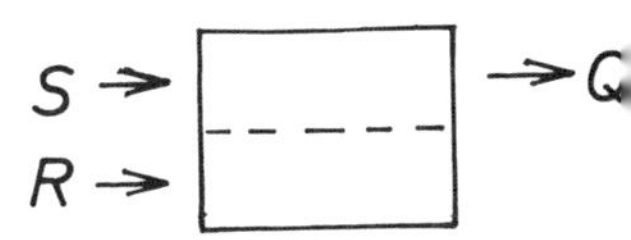


Bild 7 Flip-Flop

Die hardware einer RA wäre zu kompliziert, wenn sie dem Benutzer einen Zugriff zu jedem bit gestatten würde.

Definitionen: Die kleinste vom Benutzer unmittelbar ansprechbare (genauer: in der Maschinensprache adressierbare) Speichereinheit, heißt ein Speicherelement. Diese Elemente werden laufend numeriert. Diese Ordnungszahlen heißen die Adressen. Bei einem byte-orientierten Speicher faßt ein Speicherelement ein byte und wird Speicherstelle genannt. Bei einem wort-orientierten Speicher besteht ein Speicherelement je nach Hersteller aus 2 bis 8 bytes und heißt Speicherzelle. Sein Inhalt heißt Maschinenwort. (Nach DIN 44 300).

Der Begriff Maschinenwort wird auch für eine Gruppe von 4 bytes gebraucht (die meist einzeln adressierbar sind). Die byte-orientierten Speicher sind technisch aufwendiger, aber flexibler in der Programmierung. Sie werden vorwiegend in der kaufmännischen DV benutzt, weil hier der Zugriff zu jedem byte (Zeichen) oft benötigt wird. Die wort-orientierten Speicher werden bei technisch-wissenschaftlichen Problemen bevorzugt, weil hier vorwiegend mit Zahlen gerechnet wird, und eine Zahl ein oder mehrere Maschinenworte belegt (s.Abschn. 3.1). Bei Groß-Anlagen besteht die Wahl zwischen beiden Möglichkeiten.

Die Kapazität des Zentralspeichers wird oft als Maß für die "Größe" einer RA benutzt. Dabei wird stillschweigend vorausgesetzt, daß auch eine adäquate Ausstattung an Peripheriegeräten und software vorhanden ist. Bei den nachstehend angegebenen Kosten sind diese Faktoren mit berücksichtigt. Leider sind die Grenzen der nachstehenden Kategorien nicht einheitlich definiert.

Einteilung von Rechenanlagen

| | Kapazität des Zentralspeichers in kbyte | Monatlicher Mietpreis in $10^3$ DM | Anteil in % |
|---|---|---|---|
| Groß | $10^3 - 10^4$ | 20 - 50 | 5 |
| Mittel | $128 - 10^3$ | 5 - 20 | 35 |
| Klein | 32 - 128 | 1 - 5 | 60 |

Der Kaufpreis beträgt etwa 50 Monatsmieten. Der in der kaufmännischen DV viel gebrauchte Begriff der "mittleren Datentechnik" umfaßt hier die Kleinanlagen. Nach unten besteht ein kontinuierlicher Übergang bis zu den Taschenrechnern. Der Unterschied zwischen einer Rechenanlage und einer Rechenmaschine ist nicht nur durch die Speicherkapazität bedingt, sondern auch durch die Anschlußmöglichkeiten von Peripheriegeräten. Ferner sollte eine RA in mindestens einer problemorientierten Sprache (s.Abschn. 3.2) programmierbar sein.

### 2.2.3 Rechenwerk

Das Kernstück des Rechenwerks ist im einfachsten Fall ein Addierwerk für ganze Zahlen. Die anderen Grundrechnungsarten mit ganzen Zahlen können auf mehrfache Additionen (und Stellenverschieben) zurückgeführt werden. Das Rechnen mit gebrochenen Zahlen und die Verarbeitung von Zeichen wird in diesem Fall von der software realisiert. Größere RA enthalten verschiedene Rechenwerke für die unterschiedlich codierten ganzen und gebrochenen Zahlen sowie die Zeichen (s.Abschn. 3.1). Man unterscheidet folgende Bauprinzipien:

> Definition: Bei einem Parallel-Rechner werden alle bits eines Speicherelements gleichzeitig in mehreren Verknüpfungsgliedern verarbeitet. Bei einem Serien-Rechner gelangen sie nacheinander in das gleiche Verknüpfungsglied.

Bei der Verarbeitung der Befehle müssen Zwischenergebnisse gespeichert werden. Hierfür wird nicht der Zentralspeicher benutzt, sondern Register.

> Definition: Ein Register ist ein Speicher für einige bytes mit besonders schnellem Zugriff. Register befinden sich im Rechen- und Leitwerk.

Beispiele für Register sind: der Akkumulator, er entspricht dem Anzeigeregister bei einem Taschenrechner; die Indexregister werden zur Behandlung von indizierten Größen benötigt.

Näheres über den Aufbau und die Arten der Befehle findet man in Abschn. 3.1.5.

### 2.2.4 Leitwerk

Es hat im einfachsten Fall etwa die gleichen Aufgaben wie ein Mensch beim Arbeiten mit einem nicht programmierbaren Taschenrechner. Es steuert und überwacht den Ablauf aller Operationen. Meistens besteht eine enge Koppelung zwischen den Aufgaben des Leitwerks und denen der Steuerprogramme des Betriebssystems (s. Abschn. 3.3.1).

Je nach der zeitlichen Art der Steuerung sind zwei Arbeitsweisen einer RA zu unterscheiden:

Definition: Beim synchronen Betrieb werden die Operationen aller Verknüpfungsglieder durch einen zentralen Taktgeber gesteuert. Beim asynchronen Betrieb arbeiten die einzelnen Funktionseinheiten unabhängig voneinander und melden dem Leitwerk, wenn eine Aufgabe beendet ist.

Die Taktperiode beim synchronen Betrieb ist ein weiteres Kriterium für die hardware einer RA. Sie liegt zwischen $10^{-9}$ s und $10^{-6}$ s. Für einen Befehl werden je nach Schwierigkeitsgrad zwischen 5 und 50 Takte benötigt. Der asynchrone Betrieb ist schwieriger zu organisieren, aber schneller. Er findet sich vorwiegend bei Groß-Anlagen.

In beiden Fällen gelangt jeder Befehl zunächst aus dem Zentralspeicher in das Leitwerk. Hier wird er in seine Teile zerlegt (s.Abschn. 3.1.5). Diese werden in entsprechende Register weitergeleitet. Die E/A Befehle gelangen zur Ausführung in das E/A Werk, die anderen in das Rechenwerk.

Vor der Ausführung jedes Befehls muß die Adresse des folgenden Befehls festgestellt und im sog. Instruktionsadressregister gespeichert werden, damit er anschließend vom Zentralspeicher geholt werden kann. Im Normalfall stehen die Befehle im Zentralspeicher in aufeinanderfolgenden Speicherzellen. Dann wird der Wert im Instruktionsadressregister vor der Ausführung des Befehls um Eins erhöht. Wird diese normale Reihenfolge durchbrochen, so wird die Adresse des nächsten Befehls aus Angaben des jetzigen Befehls berechnet.

Beim asynchronen Betrieb übernimmt das Leitwerk außerdem die Ablaufsteuerung. Es überwacht den zeitlichen Ablauf der Operationen der unabhängig arbeitenden Funktionseinheiten und Geräte. Wenn z.B. von mehreren Seiten Zugriff zum Zentralspeicher verlangt wird, während dieser besetzt ist, muß eine Prioritätenfolge aufgestellt werden.

## 2.3 KANALPRINZIP. DATENFERNVERARBEITUNG

Bei kleinen Anlagen sind bis zu etwa 5 Peripheriegeräte unmittelbar an die ZE angeschlossen (Bild 1, S. 6). Größere Anlagen können wesentlich mehr Peripheriegeräte bedienen. Diese arbeiten erheblich langsamer als die ZE. Ferner soll die ZE vorwiegend zum Rechnen benutzt werden. Deshalb werden zwischen ZE und Peripherie Kanäle und Steuereinheiten geschaltet. An eine große ZE können bis zu 8 Kanäle, an jeden Kanal bis zu 64 Steuereinheiten und an jede Steuereinheit bis zu 8 E/A Geräte des gleichen Typs angeschlossen werden. Diese hardware Ausstattung ist insbesondere für die im Abschn. 3.4 beschriebenen Verfahren time sharing und multiprogramming erforderlich.

Der Kanal ist eine kleine RA, die auf E/A Operationen spezialisiert ist. Die wesentlichsten Funktionen ergeben sich aus Bild 8, S. 34. Durch einen Befehl von der ZE wird im Kanal ein Programm ausgelöst. Dies holt sich der Kanal entweder vom Zentralspeicher der ZE oder es ist fest in ihm installiert. Für die verschiedenen Steuereinheiten muß der Kanal verschiedene Programme ausführen können. Ferner sammelt der Kanal die von der Peripherie kommenden Informationen zunächst in einem

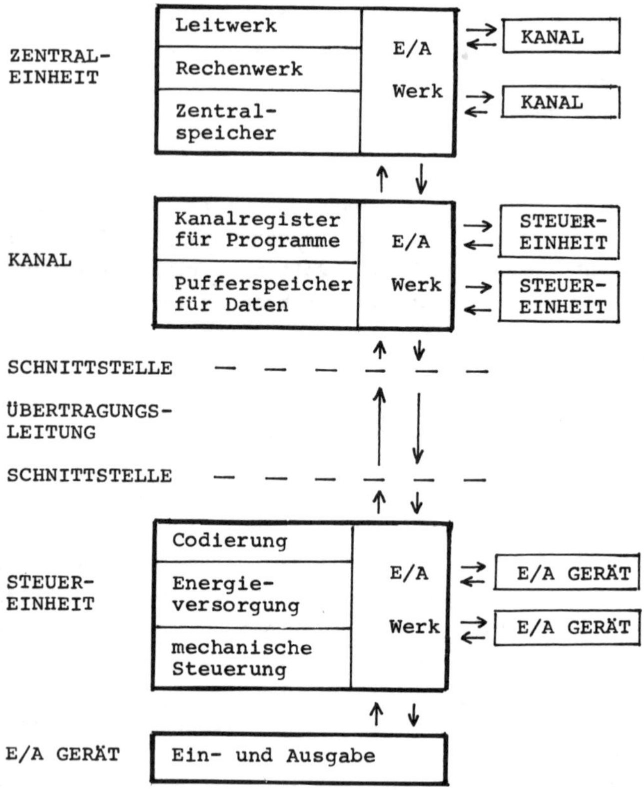


Bild 8 Kanalprinzip

Pufferspeicher und gibt sie erst nach Abschluß einer Operation geschlossen an die ZE ab.

Ein Selektorkanal enthält ein Register für Programme und kann deshalb nur eine Steuereinheit nach der anderen bedienen. Er wird für schnelle E/A Geräte wie z.B. Platten verwendet. Ein Multiplexkanal enthält bis zu 64 Programmregister und kann deshalb scheinbar gleichzeitig (in Wirklichkeit verzahnt) mit verschiedenen Steuereinheiten korrespondieren. Während ein Gerät mechanische Bewegungen ausführt, übernimmt der Kanal einen Teil der Information von einer anderen Steuereinheit und schaltet wieder zur ersten zurück, wenn von dort eine entsprechende Meldung kommt. Diese Kanäle werden für langsame Geräte wie z.B. Lochkartenleser oder Fernschreiber benutzt.

Eine Steuereinheit kann bis zu 8 E/A Geräte der gleichen Art versorgen. Ihre Aufgaben sind ebenfalls aus Bild 8 ersichtlich. Die verschiedenen E/A Geräte arbeiten mit verschiedenen Codes. Die Steuereinheiten erzeugen für alle Geräte einen einheitlichen Code. Näheres hierzu s. Abschn. 3.1.

Bei der Datenfernverarbeitung liegen zwischen Kanal und Steuereinheit die Übertragungseinrichtungen. Sie sind in der BRD Monopol der Deutschen Bundespost. Zur Zeit werden benutzt

| | Übertragungsgeschwindigkeit in bit/s |
|---|---|
| Fernschreibnetz (Telexnetz) | 50 |
| Datexnetz | 200 |
| Fernsprechnetz | 2400 |

Ein europäisches Netz zur Datenfernverarbeitung mit Geschwindigkeiten bis zu $10^4$ bit/s befindet sich im Aufbau. Bei Benutzung von Datenfernverarbeitung entfallen etwa je ein Drittel der Kosten auf die drei Grundfunktionen Speichern, Transport und Umwandlung der Information.

Zwischen dem Übertragungsnetz und den DV-Geräten befinden sich die Schnittstellen. Hier sind für alle Hersteller einheitliche Normen über Spannungspegel, Übertragungsgeschwindigkeiten usw. einzuhalten. Da das heute vorwiegend benutzte Fernsprechnetz zur Übertragung analoger Signale gebaut wurde, befinden sich an den Schnittstellen Modems (Modulator und Demodulator). Diese ebenfalls von der Bundespost gestellten Geräte bringen die digitalen Signale in eine für die Fernübertragung geeignete Form und umgekehrt. Auf weitere Einzelheiten der Datenfernübertragung kann hier nicht eingegangen werden, weil dies zu weit in das Gebiet der Nachrichtentechnik führt.

Die Entwicklung tendiert dahin, das Kanalprinzip zu einem echten Rechnerverbundsystem zu erweitern. Das Endziel ist ein Informationsnetz ähnlich dem heutigen Energienetz, bei dem es für den Verbraucher unerheblich ist, aus welcher Quelle die von ihm benutzte Energie stammt. In diesem Rechnerverbund wird es einige (in der BRD etwa 5 bis 10) Groß-RA, die sog. Anwendungsrechner geben (s. Bild 9). Sie sind jeweils auf bestimmte Problemkreise spezialisiert und verfügen über die entsprechenden Programme und Datenbänke. Die Vermittlungsrechner organisieren den Kontakt der Anwendungsrechner untereinander und zu den Benutzerrechnern. An diese sind jeweils viele Datenstationen angeschlossen. Die Datenstationen verfügen über lokale Programme und Dateien.

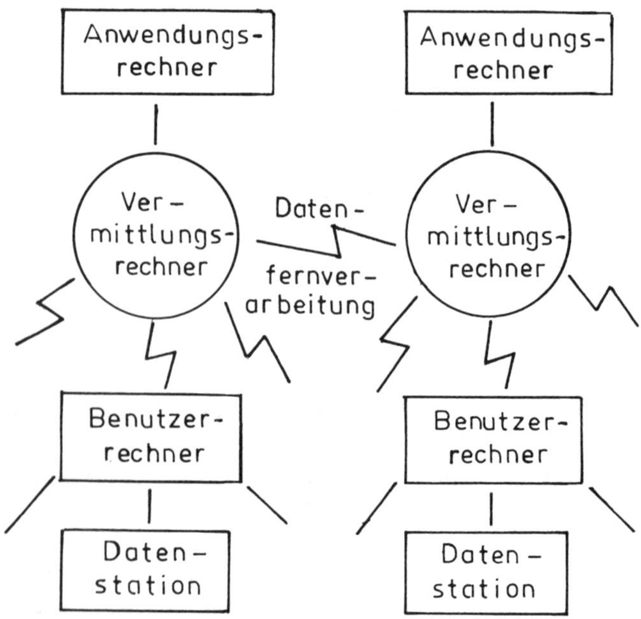


Bild 9 Rechnerverbund

## 2.4 AUFGABEN

Alle Fragen sind aus dem Gedächtnis zu beantworten.

1. Worin besteht der Unterschied zwischen einem Digital- und einem Analogrechner ? Nennen Sie typische Anwendungsgebiete für beide Typen.

2. Was bedeutet der Begriff "speicherprogrammiert" ? Von wem wurde dies Prinzip erfunden ?

3. Welche unterschiedlichen Anforderungen werden an eine digitale RA bei technisch-wissenschaftlichen und bei kaufmännischen Anwendungen gestellt ?

4. Wie heißt der Erfinder der kommerziellen Lochkarte ?

5. Was ist ein Lochkartenfeld ? Was ist ein Satz ?

6. Nennen Sie Vor- und Nachteile der Lochkarte gegenüber dem Lochstreifen.

7. Nennen Sie Vor- und Nachteile des Magnetbandes gegenüber der Platte.

8. Was versteht man unter einem "direkten Zugriff" zu einem Speicher ? Wie heißt die andere Art von Speichern ?

9. 2000 Lochkarten (ein Karton) werden auf Band gespeichert (s.Beisp. 58, S. 180). Je 20 Karten bilden einen Satz. Die Zeichendichte auf dem Band beträgt 630 Z/cm.

Wieviele m Band werden für diese Datei benötigt ? Wieviele Karton Karten können mit dieser Satzstruktur auf ein Band von 720 m nutzbarer Länge gespeichert werden ? Wie groß ist die nutzbare Kapazität des Bandes ? Wie lange dauert das Lesen des Bandes bei einer Bandgeschwindigkeit von 3 m/s, wenn zur Verarbeitung jeder Kluft 0.02 s benötigt werden ? Wie lange dauert das Lesen der entsprechenden Lochkarten bei einer Geschwindigkeit von 10 Karten/s ?

10. Ein Stapel Magnetplatten hat 10 nutzbare Oberflächen. Jede Oberfläche enthält 400 Spuren zu je 8 kbytes.

Wie groß ist die Kapazität dieses Stapels ? Wieviele Karton Lochkarten zu je 2000 Stück können in diesem Stapel gespeichert werden ? Der Stapel rotiert mit 50 Umdr./s. Wie lange dauert das Lesen, wenn alle Spuren eines Zylinders nacheinander ohne Übergangszeit gelesen werden und beim Übergang auf den nächsten Zylinder jeweils die Zeit einer Umdrehung benötigt wird ?

11. Aus welchen Funktionseinheiten besteht die Zentraleinheit ?

12. Was ist ein chip ? Wieviele elektronische Bauelemente enthält ein chip ungefähr ?

13. Beim Lesen von Lochkarten dauert der Vorschub zwischen zwei Spalten $10^{-3}$ s. Die ZE hat eine Taktperiode von $10^{-8}$ s. Für eine Grundrechnungsart zweier ganzer Zahlen benötigt sie 10 Takte. Ein Mensch mit Taschenrechner benötigt für die gleiche Rechnung 4 s.

Wie lange braucht der Mensch für die Rechenleistung, die die RA während des Vorschubs zur nächsten Lochkartenspalte vollbringt ?

14. Was ist ein "wort-orientierter" Zentralspeicher ? Wie heißt die andere Möglichkeit der Speicherorganisation ?

15. Eine ZE hat einen Zentralspeicher mit 150 kbyte. Ist es eine kleine, mittlere oder große Anlage ?

16. Was versteht man unter einem "synchronen Betrieb" einer RA ? Wird er bei kleinen oder großen RA verwendet ?

17. Welche Aufgaben hat ein Kanal ? Bei welchen Betriebsarten der RA wird er besonders benötigt ?

18. Worin besteht der Unterschied zwischen einem Selektor- und einem Multiplexkanal ?

19. Was ist ein Modem ?

# 3 SOFTWARE

## 3.1 Codierung von Daten und Befehlen in der Zentraleinheit

In den Peripheriegeräten werden unterschiedliche Codes benutzt, die von den Steuereinheiten in einen einheitlichen Code umgewandelt werden. Dies ist meist entweder der BCD-Code (binary coded decimal code), bei dem jedes Schriftzeichen durch 6 bits verschlüsselt wird, oder der in DIN 66 003, 7 bit code, genormte Code, der mit dem amerikanischen ASCII Code identisch ist.

In der ZE wird meist der in Abschn. 3.1.2 gezeigte EBCDI-Code benutzt. In diesem Code können Textverarbeitung und einfache Rechnungen mit ganzen Zahlen durchgeführt werden. Für technisch wissenschaftliche Anwendungen werden die Zahlen in die in den Abschn. 3.1.3 und 3.1.4 behandelte Form gebracht. Die Codierung der Befehle ist in Abschn. 3.1.5 erläutert. Die Codeumwandlungen erfolgen innerhalb der ZE durch Codierschaltungen oder durch das Betriebssystem (Abschn. 3.3).

### 3.1.1 Sedezimalsystem

Dieses Zahlensystem mit der Basiszahl 16 wird viel zur Beschreibung von Inhalten des Zentralspeichers und zur Angabe von Adressen verwendet. Es hat 16 verschiedene Ziffern. Für die ersten zehn werden die Ziffern des Dezimalsystems verwendet, für die restlichen die ersten Buchstaben des Alphabets. Die nebenstehende Tafel zeigt eine Zusammenstellung der ersten 16 Zahlen.
Wenn bei einer Zahl die Basis anzugeben ist, wird die Zahl in Klammern gesetzt und die Basis im Dezimalsystem als Index angefügt. Die Umwandlung von Zahlen ins Sedezimalsystem wird hier nicht gezeigt, weil

| Dual | Dezimal | Sedezimal |
|---|---|---|
| OOOO | OO | O |
| OOOL | O1 | 1 |
| OOLO | O2 | 2 |
| OOLL | O3 | 3 |
| OLOO | O4 | 4 |
| OLOL | O5 | 5 |
| OLLO | O6 | 6 |
| OLLL | O7 | 7 |
| LOOO | O8 | 8 |
| LOOL | O9 | 9 |
| LOLO | 10 | A |
| LOLL | 11 | B |
| LLOO | 12 | C |
| LLOL | 13 | D |
| LLLO | 14 | E |
| LLLL | 15 | F |

dies von der RA durchgeführt wird. Für den Benutzer ist es aber notwendig, Sedezimalzahlen lesen, d.h. sie in das Dezimalsystem verwandeln zu können.

Beispiel 1. Umwandlungen aus dem Sedezimalsystem.

$(18)_{16} = (1\cdot16^1 + 8\cdot16^0)_{10} = (24)_{10}$

$(ABBA)_{16} = (10\cdot16^3 + 11\cdot16^2 + 11\cdot16^1 + 10\cdot16^0)_{10} = (43962)_{10}$

$(0.8)_{16} = (8\cdot16^{-1})_{10} = (0.5)_{10}$

$(0.\overline{3})_{16} = (3\cdot16^{-1} + 3\cdot16^{-2} + 3\cdot16^{-3} + \dots)_{10} = (0.2)_{10}$

Bei der Beschreibung von Speicherinhalten werden jeweils vier Binärzeichen, unabhängig von ihrer Bedeutung, gemäß der Tafel auf S. 39 durch eine Sedezimalziffer dargestellt. Ein byte wird also durch zwei Sedezimalziffern dargestellt.

### 3.1.2 Schriftzeichen. EBCDI-Code

Diese Zeichen werden in der ZE im EBCDI-Code (extended binary coded decimal interchange code) gespeichert. Jedes Zeichen wird durch ein byte dargestellt. Im Prinzip können mit diesem Code $2^8 = 256$ verschiedene Zeichen verschlüsselt werden. Auf Groß-Anlagen werden manchmal Groß- und Klein-Buchstaben unterschieden. Ferner werden nicht nur Zeichen, sondern auch Begriffe wie Steueranweisungen für E/A Geräte verschlüsselt. Beispiel: neue Zeile anfangen.

In der oberen Zeile von Bild 10 findet man die ersten vier und in der linken Spalte die letzten vier bits für jedes Zeichen sowie die entsprechende Sedezimalziffer. Z.B. ist der Buchstabe A = LLOO OOOL = C1.

Man erkennt, daß alle Dezimalziffern in diesem Code mit LLLL = F beginnen und die letzten vier bits die entsprechenden Dualzahlen sind. Dies wird speziell in der kaufmännischen DV die "ungepackte Form" einer Dezimalziffer genannt. Durch Programmbefehle ist es möglich, die ersten vier LLLL zu löschen und

| bit Nr. 4-7 Ziffernt. | | bit Nr. 0-3 (Zonenteil) | | | | | | | | | | | | | | | |
|---|---|---|---|---|---|---|---|---|---|---|---|---|---|---|---|---|---|
| | | 0 | 1 | 2 | 3 | 4 | 5 | 6 | 7 | 8 | 9 | A | B | C | D | E | F |
| | | 0000 | 000L | 00L0 | 00LL | 0L00 | 0L0L | 0LL0 | 0LLL | L000 | L00L | L0L0 | L0LL | LL00 | LL0L | LLL0 | LLLL |
| 0 | 0000 | | | | | blank | & | – | | | | | | plus | min | | 0 |
| 1 | 000L | | | | | | | / | | a | j | | | A | J | | 1 |
| 2 | 00L0 | | | | | | | | | b | k | s | | B | K | S | 2 |
| 3 | 00LL | | | | | | | | | c | l | t | | C | L | T | 3 |
| 4 | 0L00 | Steuer-zeichen | | | | | | | | d | m | u | | D | M | U | 4 |
| 5 | 0L0L | | | | | | | | | e | n | v | | E | N | V | 5 |
| 6 | 0LL0 | | | | | | | | | f | o | w | | F | O | W | 6 |
| 7 | 0LLL | | | | | | | | | g | p | x | | G | P | X | 7 |
| 8 | L000 | | | | | | | | | h | q | y | | H | Q | Y | 8 |
| 9 | L00L | | | | | | | | | i | r | z | | I | R | Z | 9 |
| A | L0L0 | | | | | | ! | | : | | | | | | | | |
| B | L0LL | | | | | . | $ | , | # | | | | | | | | |
| C | LL00 | | | | | < | * | % | @ | | | | | | | | |
| D | LL0L | | | | | ( | ) | _ | ' | | | | | | | | |
| E | LLL0 | | | | | + | ; | > | = | | | | | | | | |
| F | LLLL | | | | | OR | NOT | ? | " | | | | | | | | |

Bild 10 EBCDI-Code

zwei Dualzahlen in einem byte zu speichern. Dies wird die "gepackte Form" genannt. Das Vorzeichen einer Zahl wird in der ungepackten Form im Zonenteil der letzten Ziffer statt LLLL und in der gepackten Form nach der letzten Ziffer verschlüsselt. Der Code ist in der 1. Zeile von Bild 10 mit "plus" und "min" bezeichnet. Auch in der gepackten Form belegt die Zahl einschließlich Vorzeichen stets eine ganze Anzahl von bytes, ggf. beginnt sie also mit 0000.

In der gepackten Form können einfache Rechnungen mit ganzen Zahlen durchgeführt werden. Das Rechnen in diesem Code ist wesentlich komplizierter als im Dualsystem. Dieser Code wird trotzdem häufig in der kaufmännischen DV benutzt, weil hier mit vielen Zahlen nur einfache Rechenoperationen durchgeführt werden. Der größere Aufwand beim Rechnen erfordert deshalb weniger Zeit als die bei der Benutzung des Dualsystems erforderlichen zweimaligen Umwandlungen. Bei technisch-wissenschaftlichen Problemen werden hingegen meist mit wenigen Zahlen komplizierte Rechnungen durchgeführt. Deshalb werden die Zahlen hier meist in die in den folgenden Abschnitten behandelten Formen gebracht.

Definition: Wird mit einer Zahl ziffernweise im Dezimalsystem gerechnet, spricht man von einem Dezimalrechner. Wird die Zahl vor dem Rechnen ins Dualsystem verwandelt, ist es ein Dualrechner. Bei Größ-Anlagen kann zwischen beiden Möglichkeiten gewählt werden.

### 3.1.3 Festpunktzahlen

Hier steht der Radixpunkt (das ist der Trennpunkt zwischen dem ganzzahligen und gebrochenen Anteil einer Zahl) stets an einer (gedachten) festen Stelle der Zahl und wird nicht verschlüsselt und von der RA nicht verarbeitet. Meist ist dies die Stelle nach der Einer-Ziffer. Die Festpunktzahlen sind deshalb meist die ganzen Zahlen der Mathematik und werden deshalb in FORTRAN "integer" (ganze Zahlen) genannt. Eine Festpunktzahl wird in einer oder zwei Zellen (s.S. 30) gespeichert.

Nur das Rechnen mit Festpunktzahlen liefert exakte Werte.

Die Darstellung der positiven Zahlen entspricht unmittelbar dem bekannten Dualsystem. Bei negativen Zahlen und dem Operationszeichen "minus" wird von der RA zunächst die Komplementärzahl (kurz: Komplement) gebildet und diese addiert. Die Komplementärzahl entsteht durch Negation (NOT-Glied, s.S. 28) plus L.

Beispiel 2. Subtraktion durch Addition des Komplements.

| | | |
|---|---|---|
| +12 = ...OOLLOO | +8 = ...OOLOOO | -12 = ...LLOLOO |
| Neg. ...LLOOLL | Neg. ...LLOLLL | - 8 = ...LLLOOO |
| + L | + L | -20 = ...LOLLOO |
| -12 = ...LLOLOO | -8 = ...LLLOOO | Neg. ...OLOOLL |
| +14 = ...OOLLLO | +6 = ...OOOLLO | + L |
| + 2 = ...OOOOLO | -2 = ...LLLLLO | +20 = ...OLOLOO |

Wie man aus diesem Beispiel erkennt, beginnt eine positive Zahl stets mit O und eine negative mit L. Das erste bit eines Wortes (oft mit Nr. O bezeichnet) wird deshalb als Vorzeichenbit bezeichnet.

In einem Speicherwort von 4 bits hätten +8 und -8 die gleiche Form LOOO. Wegen der erforderlichen Eindeutigkeit können in diesem Speicher nur Zahlen im Bereich $-8 \leq z \leq +7$ dargestellt werden. Allgemein gilt:

> In einem Wort mit n bits kann ein Bereich von
> $-2^{n-1} \leq z \leq +2^{n-1} - 1$ dargestellt werden.

Wird die Kapazität eines Wortes überschritten, so werden Anzeiger gesetzt, die im Programm abgefragt werden können. Auf dieses Problem des sog. Überlaufs kann hier nicht näher eingegangen werden. Dem Anfänger ist zu empfehlen, Überläufe zu vermeiden.

Die Multiplikation und Division von Festpunktzahlen wird auf mehrfache Addition bezw. Subtraktion und Stellenverschieben zurückgeführt.

### 3.1.4 Gleitpunktzahlen

Bei diesen Zahlen wird die während der Rechnung veränderliche Lage des Radixpunktes von der RA berücksichtigt. Sie entsprechen den gebrochenen Zahlen der Mathematik und werden in FORTRAN "real" (reelle Zahlen) genannt.

Beim Rechnen mit Gleitpunktzahlen treten Rundungsfehler auf, die bei umfangreichen Rechnungen erheblich werden können.

Eine Gleitpunktzahl hat die Form

$$z = m\,B^n$$

m Mantisse
B Basis

Der Exponent n wird so gewählt, daß $B^{-1} \leq m < B^0$ ist. Die Mantisse ist also ein echter Bruch, dessen erste Ziffer nach dem Radixpunkt verschieden von Null ist.

Beispiel: Mit B = 10 ist $12 = 0.12 \cdot 10^2$ $0.0003 = 0.3 \cdot 10^{-3}$

Bei einem Dualrechner ist meist B = 16 (manchmal auch B = 8 oder B = 2). Bei jeder Basis bewirkt die Verschiebung des Radixpunktes um eine Stelle nach links eine Erhöhung und um eine Stelle nach rechts eine Verminderung des Exponenten um Eins. Um beim Exponenten das Verschlüsseln negativer Zahlen zu vermeiden, wird eine willkürlich gewählte positive Konstante dazu addiert. Die Summe heißt Charakteristik und wird als Dualzahl gespeichert.

Bei der Mantisse wird jede Sedezimalziffer gemäß der Tafel auf S. 39 durch vier bits als Dualzahl dargestellt. Dies gleicht einer unmittelbaren Umwandlung in eine Dualzahl. Im Unterschied zu den Festpunktzahlen wird von der Mantisse meist der Absolutbetrag gespeichert. Das Vorzeichen (O für positiv und L für negativ) wird in einem getrennten bit, z.B. vor der Charakteristik, gespeichert. Die Basis und der Radixpunkt werden nicht gespeichert. Damit ergibt sich der folgende Aufbau einer Gleitpunktzahl:

| | | |
|---|---|---|
| Vorz.<br>1 bit | Charakteristik<br>7 bits | Mantisse<br>24 bits |

Diese Länge entspricht bei vielen RA einer sog. kurzen Gleitpunktzahl. Bei einer langen (genaueren) Gleitpunktzahl hat die Mantisse 56 bits.

Beispiel 3. Darstellung von Gleitpunktzahlen. (s.Beisp. 1, S. 40). Der Einfachheit halber werden hier nach dem Vorzeichenbit nur 3 bits für die Charakteristik und 8 bits für die Mantisse angenommen. Die Ziffern der linken Spalte sind Sedezimalziffern. Dies entspricht der Form wie diese Zahl z.B. als Speicherinhalt gedruckt würde. Es folgt die binäre Darstellung und die Umwandlung in das Dezimalsystem. Die zum Exponenten addierte Konstante beträgt hier LOO.

618 = OLLO OOOL LOOO $(+0.18\cdot 10^{2})_{16} = (+18)_{16} = (+24)_{10}$

3CO = OOLL LLOO OOOO $(+0.C0\cdot 10^{-1})_{16} = (+0.0C)_{16} = (+12/256)_{10}$

DB4 = LLOL LOLL OLOO $(-0.B4\cdot 10^{1})_{16} = (-B.4)_{16} = (-11.25)_{10}$

Bei der Addition und Subtraktion von Gleitpunktzahlen müssen beide Operanden die gleiche Charakteristik haben. Hierzu wird zunächst ein Operand durch Stellenverschieben entsprechend umgeformt. Multiplizieren und Dividieren geschieht nach den Regeln der Potenzrechnung. Überläufe werden durch Anzeiger gemeldet.

### 3.1.5 Befehle

Die Befehle werden in folgende Gruppen eingeteilt:

| | |
|---|---|
| E/A Befehle | arithmetische Operationen |
| Codeumwandlungen | logische Operationen |
| Interner Datentransport | Steuerbefehle |
| Stellenverschieben | (auch Sprungbefehle, Verzweigungen, logische Entscheidungen genannt) |

Eine Klein-Anlage kann etwa 30 verschiedene Befehle verarbeiten, Mittel- und Groß-Anlagen jeweils das doppelte. Je nach Gruppe belegt ein Befehl 2 bis 6 bytes. Interner Datentransport bedeutet Umspeichern innerhalb des Zentralspeichers sowie zwischen dem Zentralspeicher und den Registern. Die mathematischen Grundlagen der arithmetischen Operationen wurden in den vorausgegangenen Abschnitten behandelt. Die logischen Operationen sind die auf S. 28 beschriebenen Verknüpfungen. Die Existenz der Steuerbefehle ist einer der entscheidenden Unterschiede zwischen einer Rechenmaschine und Rechenanlage. Mit einem Steuerbefehl kann das Programm an zwei verschiedenen Stellen fortgesetzt werden,je nachdem ob eine im Befehl angegebene Bedingung erfüllt ist oder nicht. Eine solche Bedingung ist z.B. "Ist der Inhalt des Akkumulators positiv ?" Es kann bewiesen werden, daß sich beliebig komplizierte logische Probleme (wie z.B. Schachspielen) auf Folgen derartiger binärer Entscheidungen zurückführen lassen.

Der Aufbau eines Befehls wird am Beispiel eines arithmetischen Befehls einer Zwei-Adreß-Maschine erklärt

| | | |
|---|---|---|
| Operations-schlüssel | Adresse des 1. Operanden | Adresse des 2. Operanden |

Der Operationsschlüssel kennzeichnet die auszuführende Operation, z.B. "Multiplizieren zweier Festpunktzahlen". Im Adreßteil stehen die Nummern der Speicherzellen (genauer: die Nummern der jeweils niedrigsten Zelle), in denen die Operanden zu finden sind. Nach dem Ausführen der Operation wird das Ergebnis in der Adresse des 1. Operanden gespeichert, der dadurch gelöscht wird. Der 2. Operand bleibt erhalten. Falls der 1. Operand anschließend noch gebraucht wird, muß er vorher durch einen internen Transportbefehl in eine andere Speicherzelle gebracht werden. Hierdurch bleibt er auf seinem "alten" Platz erhalten.

Um Speicherplatz zu sparen, steht im Adreßteil meist nicht die gesamte Adresse, sondern nur deren letzte Stellen. Die ersten Stellen, die oft innerhalb eines Programmes für alle Operanden gleich sind, stehen in einem sog. Basisregister und werden automatisch hinzuaddiert. Bei Befehlen mit binär codierten Dezimalzahlen muß außerdem die Anzahl der Ziffern jedes Operanden, die sog. Feldlänge, angegeben werden.

Bei den Steuerbefehlen steht im Feld des 1. Operanden eine oder mehrere zu prüfende Bedingungen. Ist mindestens eine

Bedingung erfüllt, so wird "gesprungen", d.h. das Programm wird mit der Adresse fortgesetzt, die im Feld des 2. Operanden angegeben ist. Andernfalls wird das Programm mit dem auf den Steuerbefehl folgenden Befehl fortgesetzt.

Klein-Anlagen sind oft Ein-Adreß-Maschinen. Der Befehl enthält nur eine Adresse. Bei arithmetischen Operationen muß der 2. Operand vorher durch einen Transportbefehl in ein Register gebracht worden sein. Dann folgt der arithmetische Befehl. Das Ergebnis steht meist im Akkumulator und muß ggf. durch einen weiteren Transportbefehl in den Zentralspeicher gebracht werden.

Taschenrechner sind Null-Adreß-Maschinen. Hier kann nur eine Operationstaste gedrückt werden. Beide Operanden müssen vorher in bestimmten Registern stehen. Dies wird besonders bei Rechnern mit der sog. umgekehrten polnischen Notation deutlich.

## 3.2 PROGRAMMIERSPRACHEN

### 3.2.1 Maschinensprache

Die Menge der im vorigen Abschnitt genannten Befehle in binärer Codierung bildet die Maschinensprache einer RA. Im Prinzip hat jede RA eine eigene Maschinensprache, eine Tendenz zur Normierung ist vorhanden. Das Programmieren in dieser Sprache ist mühsam und wird heute nur noch von Herstellern von Betriebssystemen (s.Abschn. 3.3) verlangt. Der Benutzer einer RA programmiert in einer der beiden folgenden Sprachen.

### 3.2.2 Maschinenorientierte Sprache

Hier werden die Befehle der Maschinensprache durch leicht zu merkende Abkürzungen codiert, z.B. A für Addieren oder M für Multiplizieren. Vor allem aber wird die Berechnung der Adressen der Operanden der RA übertragen. Im Programm werden die Operanden durch symbolische Adressen angegeben. Das Verständnis dieses Begriffs ist auch für die Anwendung einer problemorientierten Sprache unerläßlich.

Definition: Eine symbolische Adresse wird durch einen Namen angegeben. Dieser Name ist im Programm das Symbol für eine Speicherzelle.

In erster Näherung ist ein Name eine frei wählbare Buchstabenkombination, die für den Programmierer eine sinnfällige Bedeutung hat, z.B. R für Radius. Der Anfänger neigt dazu, diesen Namen mit der "Zahl selbst" zu identifizieren. Es ist, wie gesagt, die Adresse einer Speicherzelle, in der im Laufe eines Programms i.allg. verschiedene Zahlen stehen.

Das Produkt $r\pi$ könnte z.B. durch folgenden Befehl berechnet werden:

M R PI

Dies wäre z.B. in eine Lochkarte zu lochen. In welche Spalten die Operation und die Operanden zu lochen sind, hängt von der tatsächlich benutzten Sprache ab. Man beachte, daß gemäß den Ausführungen in Abschn. 3.1.5 nach Ausführung der Operation das Produkt in der Zelle R steht.

Ein in einer maschinenorientierten Sprache geschriebenes Programm muß von einem Programm des Betriebssystems, dem assembler (s.Abschn. 3.3.2), zunächst in die Maschinensprache übersetzt werden. Leider wird der Begriff "assembler" manchmal auch für die Sprache selbst benutzt.

Definition: Ein in einer maschinenorientierten oder problemorientierten Sprache geschriebenes Programm heißt Quellprogramm. Das übersetzte Programm heißt Ziel- oder Objektprogramm.

Für häufig vorkommende Befehlsfolgen, insbesondere die komplizierten E/A Operationen mit den dabei erforderlichen Umcodierungen, gibt es in den meisten maschinenorientierten Sprachen sog. Makrobefehle (kurz: Makros), die vom assembler in eine Folge von Maschinenbefehlen übersetzt werden. Im Prinzip ist aber eine maschinenorientierte Sprache dadurch gekennzeichnet, daß jede Anweisung im Programm einem Maschinenbefehl entspricht.

Die maschinenorientierte Sprache wird für häufig vorkommende Teilaufgaben (sog. Unterprogramme) benutzt. Sowohl die Rechenzeit als auch der Speicherbedarf eines Programms ist um jeweils etwa 40% geringer als bei Anwendung einer problemorientierten Sprache. Z.Zt. arbeitet ein geschickter Programmierer noch besser als der zur Übersetzung der problemorientierten Sprache erforderliche compiler. Andererseits ist der Arbeitsaufwand für das Programmieren bei einer maschinenorientierten Sprache etwa doppelt so groß wie bei einer problemorientierten.

### 3.2.3 Problemorientierte Sprachen

Diese Sprachen sind im Prinzip unabhängig von den Eigenschaften einer speziellen RA. Ihr Aufbau orientiert sich an einem bestimmten Problemkreis. Diese Sprachen sind für den Menschen am leichtesten erlernbar. Für das Verständnis vieler Regeln sind aber die in den vorigen Abschnitten behandelten Begriffe wichtig.

Bei den meisten Sprachen wird zunächst das gesamte Quellprogramm durch einen compiler in die Maschinensprache übersetzt und kann dann gespeichert und beliebig oft ausgeführt werden. Die Daten werden erst vor, bezw. während der Ausführung eingegeben. Es ist also zwischen der (einmaligen) Übersetzungszeit und der Ausführungszeit zu unterscheiden. Nachteilig ist bei diesem Verfahren, daß bei jeder Änderung das gesamte Programm neu übersetzt werden muß. Deshalb wird insbesondere bei den sog. Dialogsprachen das Quellprogramm gespeichert und bei jeder Ausführung Anweisung für Anweisung durch einen interpreter übersetzt. Dies erfordert mehr Speicherplatz und Rechenzeit. Günstiger ist dieses Verfahren lediglich bei häufigen Programmänderungen (z.B. während der Testphase). Die Entwicklung geht deshalb dahin, ein Programm zunächst interpretieren und erst abschließend compilieren zu lassen.

Die Anwendung einer Dialogsprache empfiehlt sich, wenn während des Programmablaufs Eingabedaten verlangt werden, die von vorherigen Ausgabedaten abhängig sind. Beispiel: Planspiele.

Das Vorhandensein eines oder mehrerer compiler und/oder interpreter ist eines der wichtigsten Kriterien für die software einer RA.

Es gibt etwa 100 verschiedene problemorientierte Sprachen. Die Eigenschaften der wichtigsten werden nun kurz beschrieben.

FORTRAN (formula translation) eignet sich für Probleme aus dem Bereich der Naturwissenschaft und Technik und wird ab Abschn. 6 ausführlich behandelt.

ALGOL (algorithmic language) hat mit FORTRAN viele Gemeinsamkeiten. Es wurde an Hochschulen entwickelt und ist deshalb systematischer aufgebaut als FORTRAN. Die Schwäche liegt in den sehr bescheidenen Möglichkeiten der Datenorganisation und der Kommunikation mit der Peripherie.

BASIC (beginners all purpose symbolic instruction code) ähnelt ebenfalls dem FORTRAN und ALGOL. Es ist eine Dialogsprache, die insbesondere viel in Schulen zum Erlernen des Programmierens benutzt wird.

APL (a programming language) ist eine Dialogsprache für anspruchsvolle mathematische Probleme, auch aus dem Gebiet der Wirtschaftsmathematik.

COBOL (common bussiness oriented language) ist die in der kaufmännischen DV am meisten verwendete problemorientierte Sprache. Sie gestattet vor allem Textverarbeitung und den Umgang mit großen Dateien.

PL/1 (programming langunage one) ist eine Verbindung von FORTRAN, ALGOL und COBOL. Sie ist deshalb am vielseitigsten, erfordert aber zu ihrer Ausführung bereits eine Groß-RA.

APT (automatically programmed tools) dient zur numerischen Steuerung von Werkzeugmaschinen. Oft wird die Teilsprache EXAPT benutzt. Sie gliedert sich in drei Teile für Bohren, Fräsen und Drehen.

PEARL (process and experiment automation realtime language) wird in der Prozeßdatenverarbeitung eingesetzt. Sie ermöglicht die sog. Echtzeit-Verarbeitung: das Programm muß in der gleichen Zeit ablaufen wie ein tatsächlicher technischer Prozeß (s.auch Abschn. 3.4).

Ferner gibt es noch Programmiersprachen für Dokumentation, Schreiben von Lehrprogrammen, Logistik und andere Gebiete. Im Rechenzentrum der Gesamthochschule Dortmund betrug 1975 der Anteil der verschiedenen Programmiersprachen: FORTRAN 39%, PL/1 36%, ALGOL 16%, maschinenorientiert 6%, COBOL 3%.

## 3.3 BETRIEBSSYSTEM

Dieses System (operating system, OS) ist im wesentlichen identisch mit dem Begriff "software". Es besteht aus einer Menge von Programmen, die vom Hersteller der RA geliefert werden und den Betrieb einer RA erst praktisch möglich machen. Die Herstellung eines Betriebssystems für eine Groß-Anlage erfordert einige hundert Mannjahre. Es belegt etwa 20% der Speicherkapazität der RA. Genaueres über Betriebssysteme findet man z.B. in [13], [17].

Bild 11 zeigt den Aufbau eines Betriebssystems. Das Grundprogramm befindet sich stets im Zentralspeicher. Die anderen

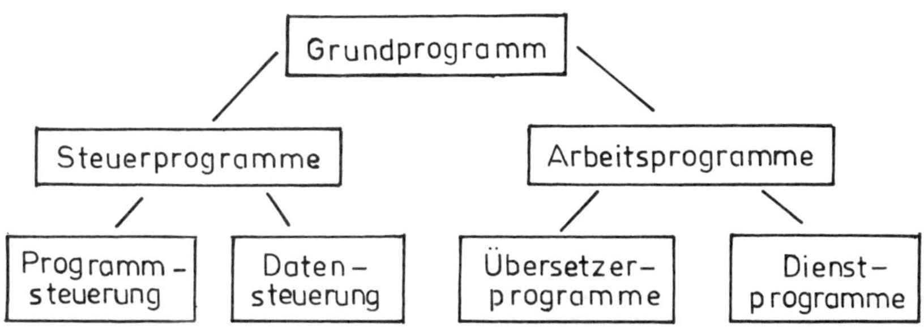


Bild 11 Aufbau des Betriebssystems

Teile befinden sich in den peripheren Speichern und werden bei Bedarf in den Zentralspeicher geholt (aufgerufen). Der Benutzer ruft diese Programme durch festgelegte Zeichenfolgen auf, die z.B. auf Lochkarten (sog. Steuerkarten) gelocht sind oder über die Fernschreibmaschine eingegeben werden.

### 3.3.1 Steuerprogramme

Sie liefern dem Bediener (operator) der RA über ein Datensichtgerät oder eine Schreibmaschine ein laufendes Protokoll der Verarbeitung. Hierzu gehört z.B. eine Buchführung über die von den verschiedenen Geräten und Benutzern verbrauchten Rechenzeiten. Ferner werden ggf. Fehlermeldungen angezeigt. Diese ständige Fehlerkontrolle des Informationsflusses erfordert seitens der hardware und software einen erheblichen Aufwand, der dem Benutzer unbemerkt bleibt. Die Steuerprogramme stehen in enger Verbindung mit dem Leitwerk (Abschn. 2.2.4). Je nach RA können die gleichen Aufgaben entweder durch das Leitwerk oder durch Steuerprogramme gelöst werden.

Die Programmsteuerung bringt im einfachsten Fall für jedes neue Programm das erforderliche Übersetzungsprogramm in den Zentralspeicher und reserviert Platz für die Übersetzung und die Ausführung des Programms. Dabei ist darauf zu achten, daß keine anderweitig benötigten Speicherbereiche überschrieben werden. Ferner koordinieren diese Programme die in Abschn. 3.4 behandelten Verfahren. Dabei tritt das Problem der Verarbeitung von Warteschlangen auf.

Die Datensteuerung legt fest, welches E/A Gerät (von mehreren gleichen) für ein bestimmtes Programm benutzt wird und stellt die Verbindung zu diesem Gerät bezw. zum Kanal (Abschn. 2.3) her. Spezielle Programme sind für die Datenfernverarbeitung erforderlich.

Ferner realisieren diese Programme das insbesondere bei Groß-Anlagen vorhandene Prinzip des virtuellen Speichers. Hier braucht der Benutzer in seinem Programm nicht mehr zwischen

Zentral- und peripheren Speichern zu unterscheiden, sondern kann annehmen, daß er einen gemeinsamen (scheinbaren = virtuellen) Speicher zur Verfügung hat. Man sagt: mehrere Inhalte des Zentralspeichers werden auf periphere Speicher abgebildet. Die Datensteuerung teilt die peripheren Speicher in "Seiten" (pages) von 2 bis 4 kbyte Inhalt ein und holt sie bei Bedarf in den Zentralspeicher. Dieser Datentransport ist so organisiert, daß die Daten im Zentralspeicher zur Verfügung stehen, wenn das Rechenwerk Zugriff verlangt. Das gleiche Prinzip wird bei der auf S. 25 beschriebenen Kombination von Bändern und Platten angewandt. Hier werden die Platteninhalte auf die Bänder abgebildet. Dieses Prinzip gewährleistet, insbesondere bei den Verfahren des Abschn. 3.4, eine optimale Ausnutzung des teuren Zentralspeichers und löst das Problem der sehr unterschiedlichen Zugriffszeiten zu den verschiedenen Speicherebenen (Abschn. 2.1.3).

### 3.3.2 Arbeitsprogramme

Die <u>Übersetzerprogramme</u> übersetzen Quellprogramme aus den höheren Programmiersprachen in die Maschinensprache. Man unterscheidet (s.Abschn. 3.2)

| | |
|---|---|
| assembler | für maschinenorientierte Sprachen |
| compiler | für problemorientierte Sprachen |
| interpreter | für Dialogsprachen |
| emulator | zur Simulation einer RA auf einer anderen |

Mit einem emulator können Programme von älteren Anlagen auf einer neuen Anlage verarbeitet werden. Ferner gibt es Programme zur Simulation eines Analogrechners (s.S. 12) auf einem Digitalrechner.

Die <u>Dienstprogramme</u> lösen die verschiedensten Aufgaben der Systemprogrammierung, wie z.B.

Datentransport zwischen verschiedenen Speichern, z.B. Platte auf Band oder Auszug des Zentralspeichers drucken;

Zusammenstellen von Hauptprogramm und Unterprogrammen zu einem ausführbaren Programm , das sog. Binden;

Verwaltung von Dateien und Programmbibliotheken, z.B. Führen von Tabellen mit Namen und Adressen;

Datenschutz;

Testhilfen (s.Abschn. 10).

Obwohl nicht zur Systemprogrammierung gehörig, werden meist noch folgende Programme zu den Dienstprogrammen gezählt: Berechnung der elementaren mathematischen Funktionen, Grundaufgaben der kaufmännischen DV wie Mischen und Sortieren von Dateien.

Gelegentlich werden auch die Benutzerprogramme zu den Arbeitsprogrammen gezählt. Sie beziehen sich nicht auf Systemprogrammierung, sondern auf Anwendungsgebiete wie z.B. Statistik, Optimierung, elektrische Netzberechnung. Auch diese Programme werden oft vom Hersteller der RA oder von Spezialfirmen geliefert und deshalb mit zur software gerechnet.

## 3.4 BETRIEBSARTEN

Die folgenden Betriebsarten erfordern ein enges Zusammenwirken von hardware und software, das nun nicht mehr im einzelnen geschildert wird. Die Konsequenzen dieser Betriebsarten für das Programmieren sind in Abschn. 4.3 beschrieben.

Der Stapelbetrieb (batch processing) ist die einfachste Betriebsart. Die verschiedenen Programme werden nacheinander z.B. als Lochkartenstapel eingegeben. Das Betriebssystem steuert den Übergang von einem Programm zum anderen, holt z.B. die erforderlichen Übersetzerprogramme in den Zentralspeicher, veranlaßt ggf. nach der Übersetzung die Ausführung. Das nächste Programm kann in dieser Betriebsart aber erst bekonnen werden, wenn das in Arbeit befindliche vollständig beendet ist. Hierdurch geht viel Rechenzeit verloren, weil die ZE oft auf die wesentlich langsameren E/A Geräte warten muß. Wenn z.B. ein Programm nur im Lesen und Drucken von Lochkarten besteht, befindet sich die ZE in über 90% der Zeit im Wartezustand.

Beim Mehrprogrammbetrieb (multiprogramming mode) werden scheinbar gleichzeitig, in Wirklichkeit aber überlappt, mehrere Programme bearbeitet. Von den Peripheriegeräten können mehrere gleichzeitig und unabhängig arbeiten. Meist ist aber nur ein Rechenwerk vorhanden. Weil hierzu mehrere Programme Zugriff verlangen, müssen Prioritäten gesetzt werden.

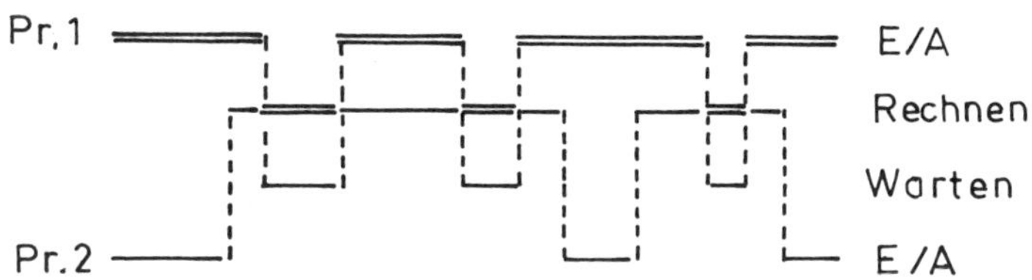


Bild 12 Mehrprogrammbetrieb

In Bild 12 hat Programm 1, das zweckmäßigerweise E/A intensiv ist, die höhere Priorität. Immer, wenn hier gerechnet werden soll, muß Programm 2, das zweckmäßigerweise rechenintensiv ist, warten. Dies Bild ist unmaßstäblich, weil in Wirklichkeit die Zeiten der E/A im Vergleich zu den Rechenzeiten wesentlich länger sind.

Beim Teilnehmerbetrieb (Dialogbetrieb, time sharing) können mehrere Teilnehmer scheinbar gleichzeitig, in Wirklichkeit überlappt, mit der RA arbeiten. Im einfachsten Fall bekommt jeder Teilnehmer die ZE in gleichen Intervallen von z.B. 2 s für eine wesentlich kürzere Zeit von z.B. 0.05 s zur Verfügung gestellt. Die Operationen, die er zwischenzeitlich ausführt, z.B. Eintasten von Zeichen in eine Fernschreibmaschine, gelangen zunächst in einen Pufferspeicher und werden erst zur

ZE übertragen, wenn er wieder an der Reihe ist. Dadurch hat jeder Teilnehmer den Eindruck, daß die ZE nur für ihn arbeitet. Bei techn.-wiss. Anwendungen bearbeiten die verschiedenen Teilnehmer meist verschiedene Programme. Dann müssen bei jedem Teilnehmerwechsel Programme und Dateien aus dem Zentral- in periphere Speicher und umgekehrt transportiert werden.

Ein speziell in der kaufmännischen DV auftretender Spezialfall ist der Teilhaberbetrieb. Hier führen die verschiedenen Benutzer mit dem gleichen Programm Änderungen des Datenspeichers durch, die für die folgenden Teilnehmer von Bedeutung sind. Beispiele: Buchungen, Platzreservierungen.

Beim Echt-Zeit Betrieb (real time processing) müssen die Verarbeitungsergebnisse innerhalb einer vorgegebenen Zeit verfügbar sein. Er wird in der Prozeßdatenverarbeitung gebraucht, wo ein Programm synchron zu einem technischen Prozeß ablaufen muß. Auch der Teilhaberbetrieb wird manchmal als Echt-Zeit Betrieb bezeichnet, weil hier im Unterschied zur Stapelverarbeitung der Geschäftsvorgang unmittelbar verarbeitet wird.

## 3.5 AUFGABEN

20. Wie lauten die folgenden ganzen Sedezimalzahlen im Dezimalsystem ? a) A1 b) 1A c) COCA d) AFFE

21. Wie wird die Dezimalzahl -12 in "gepackter Form" gespeichert ?

22. Wie lauten die folgenden dualen Festpunktzahlen im Dezimalsystem ? Wenn das 1. bit ein L ist, so ist es eine Komplementärzahl. a) OLLOLO b) LOLOLO c) LLLLLL d) LOOOOO

23. Die folgenden Zahlen sind Gleitpunktzahlen. Wie lauten sie im Dezimalsystem ? Die Bedeutung der Binärstellen ist die gleiche wie in Beisp. 3, S. 45.

a) 610 b) D10 c) CAO d) 999

24. Welche Gruppen von Befehlen gibt es ?

25. Aus welchen Teilen setzt sich ein Maschinenbefehl einer Zwei-Adreß Maschine zusammen ?

26. Was ist eine symbolische Adresse ?

27. Was ist ein Makrobefehl ?

28. Was ist ein compiler ?

29. Nennen Sie Namen von problemorientierten Sprachen, mit denen man mathematische Probleme lösen kann.

30. Zu welchen Teilen des Betriebssystems gehören folgende Programme

a) Stanzen eines in die Maschinensprache übersetzten Programms auf Lochkarten,

b) Lösen linearer Gleichungssysteme,

c) Abwickeln einer Warteschlange beim multiprogramming.

31. Wie heißt die einfachste Betriebsart einer RA ? Welchen Nachteil hat sie ?

32. Worin besteht der Unterschied zwischen einem Teilnehmer- und einem Teilhaberbetrieb ?

# 4 ENTWICKLUNG EINES PROGRAMMS

## 4.1 PROBLEMANALYSE

In der Problemanalyse sind das Ziel, die dazu erforderlichen Mittel sowie die Verarbeitungsgrundsätze exakt zu beschreiben.

Die Zielbeschreibung umfaßt im einfachsten Fall eine genaue Aufzählung von Form (Lochkarten, Papier, Datensichtgerät) und Inhalt der Ergebnisse, die ein Programm liefern soll. Eine zweckmäßige Abgrenzung der Leistung eines Programms erfordert viel Erfahrung. Je vielseitiger ein Programm ist, umso schwieriger und störanfälliger wird seine Bedienung. Oft tritt ein sog. Zielkonflikt auf: von mehreren wünschenswerten, aber sich ausschließenden Zielen muß man sich für eins entscheiden.

Anschließend ist zu klären, welche Mittel zur Erreichung des Ziels erforderlich sind. Im einfachsten Fall geht es um Form und Inhalt der Eingabedaten. Schon aus einfachen mathematischen Problemen ist bekannt, daß eine Überbestimmung, d.h. zu viele Eingabedaten eine Problemlösung genau so verhindern können wie zu wenige Daten. Oft zeigt sich, daß zur Bereitstellung einer computer-gerechten Eingabe organisatorische Umstellungen im Betrieb erforderlich sind. Hier sind grundsätzliche Entscheidungen notwendig, ob das angestrebte Ziel den Einsatz der dazu erforderlichen Mittel rechtfertigt.

Schließlich sind die Verarbeitungsgrundsätze zu klären. Sollen die Programme im Betrieb geschrieben oder in Auftrag gegeben werden ? Ist das Rechenzentrum personell und materiell in der Lage bei vorhandenen Programmen die gestellte Aufgabe zu lösen ? Welche Betriebsart der RA (Abschn. 3.4) ist am vorteilhaftesten ?

Bei größeren Problemen wird die Problemanalyse in Gruppenarbeit durchgeführt. Erst wenn die vorstehenden Fragen vollständig beantwortet sind, kann dem Programmierer ein klar definierter Auftrag gegeben werden.

## 4.2 Arbeitsschritte bei der Herstellung

Die Herstellung kann grob in zwei Phasen gegliedert werden: den Entwurf und die anschließende Implementierung (Realisierung) des Programms. Im folgenden wird eine genauere Gliederung gegeben, die als Prüfliste bei einer tatsächlichen Herstellung benutzt werden kann. Dabei entsprechen die Ziffern 1 bis 6 dem Entwurf und die Ziffern 7 bis 10 der Implementierung. Die verschiedenen Schritte werden zunächst nur stichwortartig aufgezählt und anschließend genauer erläutert. In Beisp. 36, S. 133 wird ihre Anwendung auf ein Programm gezeigt.

1. Übersetzen des technischen Problems in mathematische Form. Sollen z.B. in einem Gleichstromnetz bei gegebenen Widerstän-

den und Spannungen die Zweigströme berechnet werden, ist ein lineares Gleichungssystem aufzustellen.

2. Auswahl eines geeigneten numerischen Lösungsverfahrens. Z.B. Gauß-Algorithmus oder Stiefel-Verfahren für das vorstehende Gleichungssystem.

3. Rechnen von Testbeispielen mit einem Taschenrechner. Dabei nicht nur sehr einfache Daten wählen, weil dann oft Fehler im Programm nicht erkannt werden.

4. Analyse der E/A Daten: Wertebereiche festlegen. Wieviele Zahlen kommen in eine Lochkarte, in welche Spalten werden sie gelocht (ev. Programmkarte für den Schreiblocher entwerfen). Form der Ausgabelisten festlegen, bei graphischer Ausgabe Maßstäbe bestimmen.

5. Belegungsplan für die Speicher anlegen. Dies ist nur bei umfangreichen Programmen mit Benutzung verschiedener peripherer Speicher erforderlich.

6. Programmablaufplan herstellen.

7. Schreiben des Programms in einer Programmiersprache. Dies wird manchmal Codieren genannt.

8. Testen des Programms mit den Zahlenwerten von Ziff. 3.

9. Anfertigen einer Programmbeschreibung.

10. Anweisung für den Benutzer schreiben.

Zunächst sei die für alles weitere ausschlaggebende Bedeutung der Ziffern 1 und 2 betont. Sie werden im folgenden stets als richtig gelöst vorausgesetzt. Es ist nicht möglich, im Rahmen dieser Einführung "Ansätze" zu üben. Die in den folgenden Beispielen gezeigten numerischen Verfahren werden bei zahlreichen technischen Problemen benötigt. Ferner kann in einer Einführung nicht auf die wichtigen Fragen der numerischen Konvergenz von Näherungsverfahren und der Fehlerfortpflanzung eingegangen werden. Genaueres hierzu findet man z.B. in [2],[20].

Auch Ziffer 3 wird hier nicht behandelt.

Die Ziffern 4 und 5 bilden für den Anfänger den schwierigsten Teil des Programmierens und werden deshalb erst in den Abschn. 6.3 und 9 ausführlicher behandelt. In der Praxis ist es aber unbedingt zu empfehlen, die Fragen der Datenorganisation vollständig vor dem Schreiben des Programms zu klären. In der kaufmännischen DV wird hierfür oft ein eigener Datenflußplan hergestellt. Der Transport und die Speicherung der Information in den verschiedenen peripheren Speichern wird mit genormten Symbolen ähnlich wie im Programmablaufplan dargestellt. Der Inhalt des Plans hängt eng mit den tatsächlich vorhandenen Geräten zusammen, er ist also viel maschinenabhängiger als der Programmablaufplan. Die Umwandlung der Information (Verarbeitung im engeren Sinne), die im Programmablaufplan den Schwerpunkt bildet, wird im Datenflußplan nur angedeutet.

Die Ziffern 6 und 7 bilden das Programmieren im engeren Sinne und werden in den folgenden Abschnitten ausführlich behandelt.

Ziffer 8 wird in Abschn. 5.3 und 10 behandelt. Bereits hier sei erwähnt, daß das Testen eines Programmes etwa 50% der Gesamtarbeitszeit erfordert.

Die Ziffer 9 soll gewährleisten, daß auch nach längerer Zeit Programmänderungen durchgeführt und Fehler gefunden werden können. Die Programmbeschreibung ergänzt den Programmablaufplan und soll so ausführlich sein, daß ein anderer Bearbeiter gleicher Vorbildung das Programm ohne Rückfragen an den Autor versteht. Außer der inhaltlichen Beschreibung enthält eine Programmbeschreibung auch betriebstechnische Angaben über das Programm wie: Name des Bearbeiters, benötigte Rechenzeit, durchgeführte Änderungen usw. Außerdem sollten die Testergebnisse hinzugefügt werden.

Wegen der ständig wachsenden Bedeutung der Programmdokumentation wurden bereits Verfahren entwickelt, die sich hierfür der Hilfe von RA bedienen. Auch eine Tendenz zur Normierung zeichnet sich ab.

Ziffer 10 ist von 9 klar zu trennen. Ein Benutzer braucht das Programm nicht zu kennen. Ihm genügen exakte Angaben über Form und Inhalt der E/A Daten sowie Hinweise auf benötigte Unterprogramme und periphere Speicher. Bei Lochkarteneingabe empfiehlt sich ein Muster der Datenkarten.

## 4.3 AUSFÜHRUNG

Die maschinentechnischen Aspekte der verschiedenen Betriebsarten sind in Abschn. 3.4 geschildert.

### 4.3.1 Stapelverarbeitung. Mehrprogrammbetrieb

Das Quellprogramm und die Daten werden auf Lochkarten, -streifen oder einen anderen Datenträger übertragen. Genaueres hierzu s. Abschn. 6.2.1. Ferner sind die zur Steuerung des Betriebssystems erforderlichen Anweisungen hinzuzufügen. Diese sind bei den verschiedenen RA verschieden. Dieser Kartenstapel wird dem Rechenzentrum übergeben. Die meisten Zentren arbeiten im sog. closed shop Betrieb, d.h. der Benutzer hat keinen Zutritt zur RA.

Beim ersten Testlauf empfiehlt es sich, eine Liste des Programms drucken zu lassen. Meist werden jetzt noch sog. syntaktische Fehler (Abschn. 10) vorhanden sein. Dann wird das Programm nicht ausgeführt, sondern eine Liste der Fehler gedruckt. Die Fehler werden korrigiert und der nächste Testlauf beginnt. Dabei ist es ratsam, nicht jedesmal eine neue Liste drucken zu lassen, weil dies viel Zeit kostet.

Wenn keine syntaktischen Fehler gefunden werden, wird das Programm ausgeführt. Aber auch dann kann es noch weitere Fehler enthalten, die meist erheblich schwieriger zu finden sind. Sie wirken sich in folgender Weise aus: Die RA stoppt während der Verarbeitung, dann werden dem Operator (manchmal) weitere Fehlermeldungen angezeigt, z.B. das Format der Eingabedaten stimmt nicht mit dem Programm überein. Auch wenn die Verarbeitung formal korrekt beendet wird, können Ergebnisse erzielt werden, die nicht mit den Testwerten übereinstimmen. Näheres hierüber s. Abschn. 5.3 und 10.

Wenn das Programm fehlerfrei ist, kann entschieden werden, ob es in der Maschinensprache auf einen peripheren Speicher übertragen werden soll. Dann spart man bei einer späteren Benutzung die Übersetzungszeit, die meist erheblich länger ist als die Ausführungszeit.

### 4.3.2 Teilnehmerbetrieb

Alle Informationen werden über eine Tastatur eingegeben. Diese steuert ein Datensichtgerät oder eine Fernschreibmaschine, die mit der ZE verbunden sind. Zunächst muß sich der Benutzer mit einer Kenn-Nr., die ihn als zugelassenen Benutzer ausweist, anmelden. Er bekommt Speicherplatz zugeteilt und die verbrauchte Rechenzeit wird gemessen. Nun können Steueranweisungen für das Betriebssystem und das Programm eingegeben werden. Jede Eingabezeile entspricht einer Programmanweisung (s.Abschn. 6.2.1) und kann korrigiert werden, ehe sie mit einem abschließenden Steuerzeichen der RA zur weiteren Verarbeitung übergeben wird. Oft erfolgt bereits jetzt eine erste Prüfung auf formale Fehler Nachdem das gesamte Programm eingegeben ist, erfolgt die Übersetzung, wobei ggf. wieder Fehler angezeigt werden. Erst wenn die Übersetzung fehlerfrei ist, kann die Ausführung erfolgen.

Bei der Benutzung einer Fernschreibmaschine entsteht ein bleibendes Protokoll des Dialoges. Dafür sind beim Datensichtgerät die Korrekturmöglichkeiten einfacher.

Der Teilnehmerbetrieb eignet sich insbesonders für die Testphase eines Programms, weil die Fehlermeldungen schnell erfolgen, während es beim Stapelbetrieb Stunden dauern kann, bis der Benutzer seine Liste erhält. Auch im Teilnehmerbetrieb ist es möglich, Programme oder Dateien auf periphere Speicher zu bringen oder von dort abzurufen.

# 5 PROGRAMMABLAUFPLAN

**Definition:** Ein Programmablaufplan (programm flow chart) ist die graphische Darstellung von Strukturmerkmalen eines Programms, die im wesentlichen aus Sinnbildern mit dazugehörigem Text und orientierten Verbindungslinien besteht.

Ein Programmablaufplan (auch Flußdiagramm, Blockdiagramm, im folgenden kurz Plan genannt) wird in der Praxis vor allem bei umfangreichen Problemen hergestellt, weil er anschaulicher als das eigentliche Programm ist. Auch Fehler können oft im Plan leichter erkannt werden als im Programm. Ferner kann ein Plan noch unabhängig von einer bestimmten Programmiersprache sein. Hier werden die Pläne im Hinblick auf FORTRAN dargestellt, auch die Bezeichnungen innerhalb der Pläne entsprechen bereits FORTRAN-Regeln, die im Abschn. 6 im einzelnen erläutert werden.

## 5.1 SINNBILDER

Die in der obigen Definition erwähnten Sinnbilder sind in DIN 66 001, Sinnbilder für Datenfluß- und Programmablaufpläne, genormt. Entsprechende Schablonen sind im Handel erhältlich. Die wichtigsten sind in Bild 13 dargestellt. Neben jedes Sinnbild dürfen Erläuterungen geschrieben werden. Der Inhalt der Sinnbilder ist nicht genormt und richtet sich z.B. danach, ob der Plan nur einen ersten groben Überblick geben soll, oder bereits im Hinblick auf eine bestimmte Programmiersprache geschrieben wird. Bei umfangreichen Problemen werden oft mehrere Pläne verschiedener "Feinheitsstufe" hergestellt. Es ist i.allg. nicht erforderlich, im Plan jede einzelne Anweisung des späteren Programms aufzuführen. Insofern sind die in den folgenden Beispielen gezeigten Pläne nicht typisch.

Grenzstellen sind im einfachsten Fall Anfang und Ende des Programms. Das Symbol "Anfang" bedeutet in FORTRAN das Einlesen nicht genormter Steueranweisungen für das Betriebssystem. Das Symbol "Ende" entspricht FORTRAN-Anweisungen.

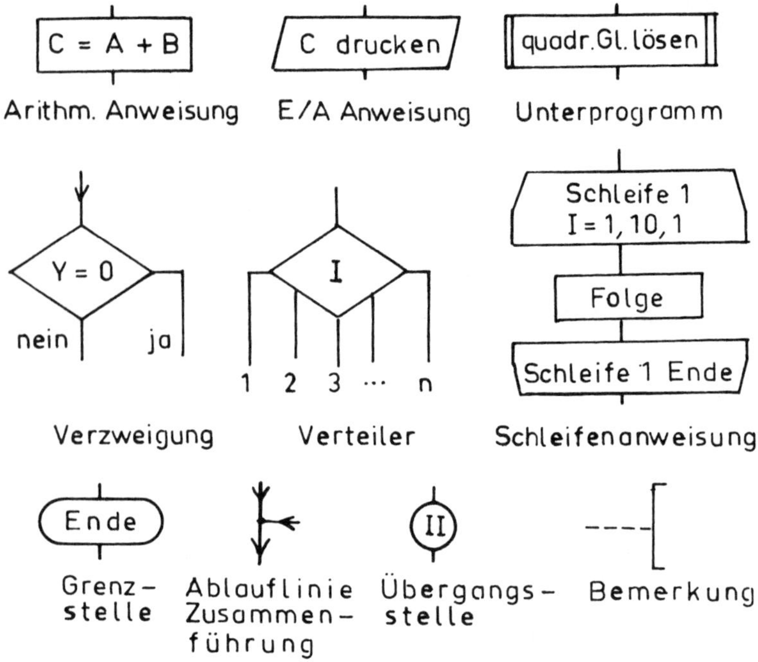


Bild 13 Sinnbilder von Programmablaufplänen

Das Verständnis des Begriffs arithmetische Anweisung ist nicht ganz einfach, aber von grundlegender Bedeutung. Hier folgt eine erste Erklärung, die in Abschn. 6 präzisiert wird. Die in einer arithmetischen Anweisung durch Namen (d.h. im wesentlichen durch Buchstaben) bezeichneten Größen werden in einer problemorientierten Sprache Variable bezw. Funktionen genannt. Die Namen können weitgehend beliebig gewählt werden, insbesondere so, daß sie die in der Technik übliche Bedeutung von physikalischen Größen haben.

Im Plan und Programm bedeutet aber ein Name die symbolische Adresse einer Speicherzelle, in der der Zahlenwert der betr. Variablen, bezw. der Funktionswert gespeichert ist.

Diese Begriffe stimmen deshalb beim Programmieren nicht immer mit der üblichen mathematischen Bedeutung überein. Die durch Ziffern dargestellten Zahlen heißen Konstante und bedeuten die Zahlen selbst (also nicht die echten Adressen der Speicherzellen). Näheres hierzu s. Abschn. 3.2.2 und 6.1.

Die arithmetischen Operationen, die auf der rechten Seite einer Anweisung angegeben sind, werden mit den Zahlen ausgeführt, die in den durch die Namen angegebenen Speicherzellen stehen, bezw. mit den Konstanten. Das Ergebnis wird in die Speicherzelle gebracht, deren symbolische Adresse auf der linken Seite der Anweisung steht.

Definition: Diese Operation heißt Wertzuweisung an eine Variable durch eine arithmetische Anweisung. Als Operationszeichen dient das Gleichheitszeichen. Es hat also bei Programmiersprachen eine andere Bedeutung als in der Mathematik.

Beispiel 4. Arithmetische Anweisungen.

| arithmetische Anweisung | E r l ä u t e r u n g |
|---|---|
| C = A + B | Die Inhalte der Speicherzellen mit den symbolischen Adressen A und B werden addiert. Das Ergebnis gelangt in Speicherzelle C. |
| X = X + DX | Rechte Seite wie eben. Das Ergebnis gelangt in Zelle X, wodurch der "frühere" Inhalt gelöscht wird. In dieser Zelle steht nach dieser Anweisung der "neue" x-Wert, der z.B. zur Berechnung eines Funktionswertes gebraucht wird. |
| I = I + 1 | Zum Inhalt des Indexspeichers I wird 1 addiert und bildet den neuen Inhalt. Der Index wird also um 1 erhöht. |
| Y = SIN(X) | Von der Zelle X wird der Winkel geholt, der sin-Wert gebildet und in Zelle Y gespeichert. |

| | |
|---|---|
| X = SIN(X) | Rechte Seite wie eben. Der sin-Wert gelangt in die Zelle, in der früher der Winkel stand. Diese Anweisung ist sinnvoll, wenn der Winkel nun nicht mehr gebraucht wird, weil hierdurch eine Zelle gespart wurde. Diese Anweisung bedeutet also nicht etwa die Aufforderung zum Lösen einer transzendenten Bestimmungsgleichung. |
| 5 = 3 + 2 | Falsch, weil links keine Konstante stehen darf. |
| A + B = C | Falsch, weil links nur eine Variable stehen darf. |

Auch den Variablen auf der rechten Seite einer arithmetischen Anweisung müssen in früheren Programmteilen Werte zugewiesen worden sein.

Definition: Die erstmalige Wertzuweisung an eine Variable in einem Programm nennt man das Initialisieren der Variablen.

Dies geschieht meist durch eine Eingabe-Anweisung oder durch eine arithmetische Anweisung, in der links die Variable und rechts eine Konstante steht, z.B. X = 0. .

Ein- und Ausgabe. In dieses Sinnbild werden die Namen der Variablen geschrieben, die ein- oder ausgegeben werden sollen. Das gewünschte Gerät darf hinzugefügt werden. Ob es sich um Ein- oder Ausgabe handelt, ergibt sich meist aus der weiteren Struktur des Plans, darf aber ebenfalls dazu geschrieben werden.

Beispiel 5. Ein- und Ausgabe Anweisungen.

| E/A Anweisung | E r l ä u t e r u n g |
|---|---|
| A, B, C von einer Lochkarte lesen | Von der sich z.Zt. der Ausführung dieser Anweisung in der Lesestation des Lochkartenlesers befindlichen Karte werden drei Zahlen gelesen und umcodiert. Die erste Zahl auf der Karte gelangt in die Zelle mit der symbolischen Adresse A, die zweite in Zelle B, die dritte in Zelle C. Nach Ausführung dieser Anweisung wird der Lesestation automatisch die nächste Lochkarte zugeführt. Dies entspricht der sequentiellen Verarbeitung. |

| | |
|---|---|
| X, Y mit dem Zeilendrucker drucken | Aus den Zellen mit den symbolischen Adressen X und Y werden die Werte geholt, umcodiert und in einer Zeile gedruckt. Nach dieser Anweisung erfolgt automatisch ein Zeilenvorschub. |

Unterprogramme (UP). Mehrere Anweisungen, die eine Teilaufgabe des Programms lösen, können zu einem UP zusammengefaßt werden. In das Sinnbild wird die Aufgabenstellung geschrieben, z.B. "quadratische Gleichung lösen" oder "Matrix lesen". Im Rahmen der strukturierten Programmierung (s.S. 70) spielt das Aufteilen eines Programms in UP'e eine wichtige Rolle und wird in Abschn. 8 ausführlich behandelt.

Verzweigungen bilden das entscheidende Strukturmerkmal der Pläne. Es gibt verschiedene Formen. Im einfachsten Falle steht im Sinnbild eine Frage, die nur mit "ja" oder "nein" beantwortet werden kann, z.B. "Ist y = 0 ?" Je nach der Antwort wird das Programm auf zwei verschiedenen Wegen fortgesetzt. Man sagt, die Verzweigung hat zwei Ausgänge (s. Beisp. 6, S. 75). Für diese in Plänen häufig verwendete Form gibt es in Basic FORTRAN keine unmittelbar entsprechende Anweisung, sondern sie muß auf eine der beiden folgenden Arten realisiert werden, für die je eine eigene Anweisung vorhanden ist.

Schreibt man in das Sinnbild einen arithmetischen Ausdruck, so kann das Programm auf drei verschiedenen Wegen fortgesetzt werden, je nachdem der Wert des Ausdrucks kleiner, gleich oder größer Null ist (s. Beisp. 7, S. 77). Von diesen Wegen dürfen auch zwei gleich sein. Für den obigen Fall würde der Ausdruck also einfach "y" heißen.

Eine weitere Form der Verzweigung ist der Verteiler oder programmierte Schalter. In Das Symbol wird ein Variablenname, z.B. I, geschrieben. In einem früheren Programmteil wurde dieser Variablen der positive ganzzahlige Wert i zugewiesen. Im Anschluß an die Verzweigung wird nun der Weg Nr. i eingeschlagen (s.Beisp. 12, S.85). Nach den Prinzipien der strukturierten Programmierung soll von diesen Schaltern aber nur sparsamer Gebrauch gemacht werden.

Die Schleifenbegrenzung wird in Abschn. 7.1 im Zusammenhang mit der Laufanweisung näher erläutert (s. Bild 34, S. 136).

Ablauflinie und Zusammenführung. Die vorstehenden Sinnbilder werden durch Ablauflinien verbunden, die in Zweifelsfällen mit Richtungspfeilen zu versehen sind. Vorzugsrichtungen sind von oben nach unten und von links nach rechts. Bei einer Zusammenführung verschiedener Wege sind Pfeile anzugeben. Sich kreuzende Linien ohne Pfeile bedeuten keine Zusammenführung, sollen aber vermieden werden.

Übergangsstellen werden benutzt, wenn eine Ablauflinie nicht bis zum nächsten Sinnbild oder bis zur Zusammenführung gezeichnet werden kann. Die Ablauflinie endet dann in einer Übergangsstelle, in die ein beliebiges Zeichen geschrieben wird. Die Fortsetzung findet an einer zweiten Übergangsstelle mit dem gleichen Zeichen statt. Ein Übergang darf von mehreren Stellen zur gleichen Stelle erfolgen, aber nicht umgekehrt (das wäre eine Verzweigung ohne Bedingung).

Bemerkungen dürfen neben jedes Symbol geschrieben werden .

## 5.2 STRUKTURMERKMALE. ARBEITSMETHODIK

Unabhängig von ihrem Inhalt zeigen die Pläne bestimmte Strukturmerkmale. Bild 14 zeigt drei Grundstrukturen.

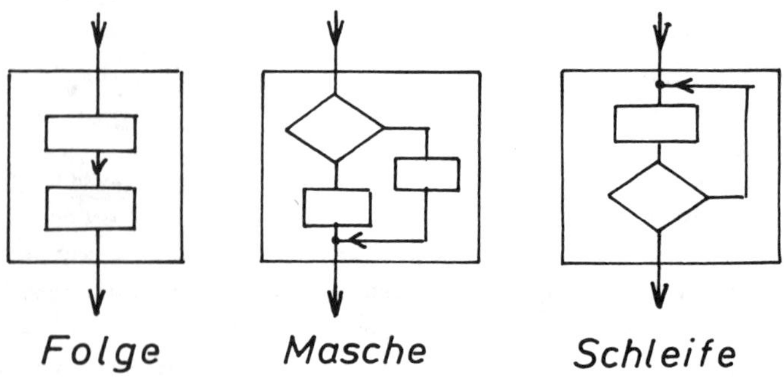


Bild 14 Grundstrukturen von Programmablaufplänen

Definition: Enthält ein Programmteil keine Verzweigungen, so ist es eine Folge (von Anweisungen). Werden im Anschluß an eine Verzweigung verschiedene Wege durchlaufen, die sich an einer (zeitlich) späteren Stelle des Programms wieder treffen, entsteht eine Masche. Die einzelnen Wege heißen die Zweige der Masche. Wird im Anschluß an eine Verzweigung zu einer früheren Stelle des Programms gesprungen, so entsteht eine Schleife.

Bei einem Programmablauf wird von jeder Masche nur ein Zweig einmal durchlaufen. Die Anweisungen, die innerhalb einer Schleife stehen, werden hingegen bei einem Programmablauf i.a. mehrfach durchlaufen. Je nach der Art wie eine Schleife verlassen wird, d.h. wie der andere Ausgang der Verzweigung erreicht wird, unterscheidet man:

Bei induktiven Schleifen steht die Anzahl n der Durchläufe vor dem ersten Durchlauf fest. Die Durchläufe werden laufend gezählt, bis n erreicht ist. Dann wird die Schleife verlassen. (s. Beisp. 8, S. 80).

Bei sukzessiven Schleifen wird bei der Verzweigung jedesmal eine sog. "äußere Bedingung" geprüft, z.B. der Inhalt einer eben eingelesenen Lochkarte oder die Stellung eines per Hand eingestellten Maschinenschalters. Die Anzahl der Durchläufe ist hier vor dem ersten Durchlauf nicht bekannt.
(s. Beisp. 9, S. 82).

Bei iterativen Schleifen wird bei der Verzweigung jedesmal eine sog. "innere Bedingung" geprüft. Dies ist meist eine mathematische Konvergenzbedingung, z.B. das Unterschreiten einer vorgegebenen Schranke für einen Näherungswert. (s. Beisp. 11, S.83). Die Anzahl der Durchläufe ist auch hier vor dem ersten Durchlauf nicht bekannt. Oft ist es zweckmäßig, sie zu zählen, um dadurch eine Aussage über die Güte des verwendeten Näherungsverfahrens zu erhalten.

Die Arbeitsmethodik bei der Herstellung der Pläne ist eng mit diesen Strukturen verknüpft. Bei der sich immer mehr durchsetzenden Methode der strukturierten Programmierung sollen in einem Plan nur die in Bild 14 gezeigten Grundstrukturen auftreten (zumindest nicht wesentlich kompliziertere). Jede Struktur hat nur einen Eingang und einen Ausgang und kann deshalb als

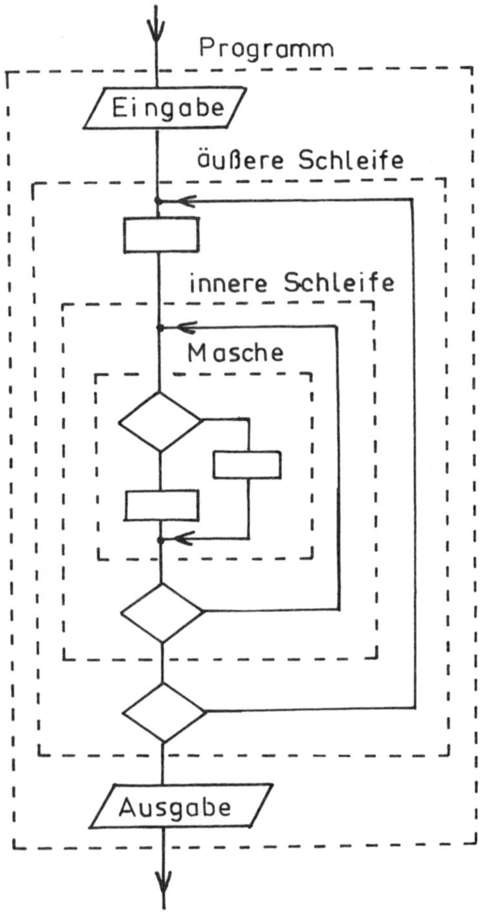


Bild 15 Geschachtelte Grundstrukturen

eine Anweisung betrachtet werden, die in diesem Zusammenhang oft Modul genannt wird. Entsprechend kann jedes Anweisungssymbol (außer den Verzweigungen) innerhalb der Struktur wieder eine Struktur bedeuten. Der gesamte Plan besteht also nur aus ineinandergeschachtelten Grundstrukturen wie Bild 15 und Beisp. 13, S.87 zeigen.

Das Gegenteil dieses Prinzips bilden die sog. "wilden Sprünge" vom Ausgang einer Verzweigung in entfernte Teile des Programms. Hierdurch kann zwar manchmal das Programm etwas verkürzt werden. Bei späteren Änderungen verursachen diese Sprünge aber erfahrungsgemäß viel Mehrarbeit und Fehler.

Abgesehen von ganz einfachen Fällen können die Anweisungen eines Plans nicht sofort in der Reihenfolge hingeschrieben werden, in der sie endgültig stehen. Bei der Reihenfolge der Bearbeitung gibt es zwei Möglichkeiten. Bei der "top-down Methode" arbeitet man vom Großen ins Kleine. Es werden zunächst nur wenige Moduls gebildet, z.B. Eingabe - Verarbeitung - Ausgabe. Dann wird jeder dieser Moduls weiter verfeinert. Man versucht, möglichst lange ohne Verzweigungen auszukommen. Viele dieser Moduls werden die in Abschn. 8 behandelten Unterprogramme sein. Wesentlich ist, daß diese Moduls unabhängig voneinander bearbeitet und getestet werden können. Diese Methode empfiehlt sich insbesondere bei umfangreichen Problemen.

Bei kleineren Aufgaben (wie z.B. in diesem Buch) kommt man meist mit der umgekehrten "bottom-up Methode" schneller zum Ziel. Man beginnt mit dem mathematisch entscheidenden Schritt, der sog. zentralen Anweisung und überlegt sich, was vorher und hinterher zu tun ist, damit diese Anweisung ausgeführt werden kann.

Diese Methoden sind keine Patentrezepte. Wie bei anderen kreativen Tätigkeiten, ist auch hier oft eine "Idee" entscheidend, deren Notwendigkeit im Nachhinein nicht zwingend begründet werden kann. Andererseits gilt auch hier das Sprichwort

"Übung macht den Meister". Zunächst wird der Anfänger froh sein, wenn er ein Problem überhaupt gelöst hat und das Programm "läuft". In der Praxis werden aber an ein Programm eine Reihe von Qualitätsansprüchen gestellt.

Die Qualitätsansprüche schließen sich teilweise gegenseitig aus und man muß sich bereits beim Beginn der Bearbeitung klar für einen entscheiden.

Die folgende Aufzählung ist gleichzeitig eine Prioritätenliste gemäß den heutigen Anschauungen. Dazu sei bemerkt, daß vor zehn Jahren, die Prioritäten in nahezu umgekehrter Reihenfolge gesetzt wurden.

1. Sicherheit und Benutzerfreundlichkeit. Diese Forderungen gelten insbesondere, wenn das Programm für einen großen Benutzerkreis geschrieben wird. Sie setzen allerdings die meiste Programmiererfahrung voraus. Benutzerfreundlichkeit bedeutet, daß die E/A in einer auch dem Laien verständlichen Form erfolgt. Sicherheit bedeutet, daß die RA auch in Grenz- und Ausnahmefällen sowie bei typischen Eingabefehlern in einer dem Benutzer verständlichen Form reagiert und nicht etwa stoppt oder sinnlose Ergebnisse druckt.

Im Programm müssen für diese Fälle Abfragen mit sog. Fehlerausgängen vorgesehen werden. Ein einfaches Beispiel ist die Ausgabe "lineare Lösung" als Sonderfall einer quadratischen Gleichung in Beisp. 14, S. 90. Bei den Eingabedaten kann natürlich nicht jeder mögliche Fehler kontrolliert werden, aber oft helfen sog. Plausibilitätskontrollen, wenn die Daten innerhalb bekannter Schranken liegen. Auch empfiehlt es sich, die Eingabedaten zur Kontrolle wieder auszugeben.

Ferner sind an kritischen Stellen Prüfungen auf Überlauf oder Unterlauf vorzusehen. Ein Überlauf tritt ein, wenn eine Zahl für den vorgesehenen Speicherplatz zu groß ist (s.Abschn. 3.1.3 und 3.1.4). Ein Unterlauf tritt ein, wenn wegen Rundungsfehlern eine Zahl dicht bei Null mit Null gleichgesetzt wird.

Dies führt insbesondere bei folgenden Divisionen zu Fehlern. In den meisten FORTRAN-compilern sind für diese Prüfungen eigene, nicht genormte,Anweisungen vorhanden (s. S. 200).

2. Übersichtlichkeit. Dies ist keineswegs nur eine pädagogische Forderung, sondern ein echter Kostenfaktor. Die Wartungskosten des Programms (z.B. bei späteren Änderungen) werden hierdurch beeinflußt. Durch die geschilderte Methode der strukturierten Programmierung wird die Übersichtlichkeit entscheidend verbessert. Auch das Einführen von zusätzlichen Namen trägt zur Übersichtlichkeit bei. Bei einzelnen Speicherzellen braucht man nicht kleinlich zu sein. Lediglich mit den in Abschn. 7.2 behandelten Bereichsnamen soll man sparsam umgehen. Eine ausführliche Programmbeschreibung trägt ebenfalls zur Übersichtlichkeit bei (s.Ziff. 9, S. 59).

3. Kurze Rechenzeit. Man spricht hier von dynamischer Kürze. Hierauf ist Wert zu legen, wenn man in einem "fremden" Rechenzentrum rechnet, weil hier meist die Rechenzeit zu bezahlen ist. Häufig benutzte Unterprogramme sind dann in einer maschinenorientierten Sprache zu schreiben (s.Abschn. 3.2.2). Auch durch geschickte Formulierung von Ausdrücken kann Rechenzeit gespart werden. Kommt z.B. in einer Schleife der Ausdruck X/(A+B) vor, bei dem sich der X-Wert bei jedem Durchlauf der Schleife ändert, A und B aber konstant bleiben, so wird trotzdem jedesmal die Summe A+B neu gebildet. Da ferner auch eine RA schneller multiplizieren als dividieren kann, empfiehlt es sich, vor der Schleife einmal C = 1./(A+B) zu bilden, und in der Schleife nur noch C * X zu rechnen. ( * bedeutet in FORTRAN Multiplikation).

Ferner unterscheiden sich verschiedene mathematische Verfahren oft erheblich in Bezug auf die benötigte Rechenzeit. Als Faustregel gilt, daß die Rechenzeit umso größer ist, desto höher die Genauigkeit ist. Die geforderte Genauigkeit sollte deshalb bereits in der Problemanalyse exakt angegeben werden.

4. Wenig Speicherplatz. Man spricht hier von statischer Kürze. Diese Forderung tritt auf, wenn große Programme auf kleinen RA verarbeitet werden sollen. Hier ist mit den in Abschn. 7.2 behandelten Bereichen sparsam umzugehen. Auch die E/A Anweisungen sind sowohl in Bezug auf Speicherplatz als auch Rechenzeit sehr aufwendig. Zweige von Maschen sind zu überprüfen, ob sie gleiche oder ähnliche Anweisungen enthalten. Diese können vor die Masche gelegt werden (s.Beisp. 7, S.77 u. 14, S.90). Auch die Aufteilung eines Programms in Teilprogramme hilft Speicherplatz sparen, weil diese Teile notfalls getrennt verarbeitet werden könne

## 5.3 FEHLER

Eine Reihe von Fehlern sind unabhängig von einer bestimmten Programmiersprache und können bereits im Plan erkannt werden. Die häufigsten sind:

Schreibfehler in Formeln. Formale Verstöße gegen Sprachregeln werden i.allg. von der RA erkannt (s.S. 61). Falsche Vorzeichen, falsche Werte von Konstanten (z.B. Vertauschen zweier Ziffern), ein fehlendes Klammerpaar u.ä. können hingegen von der RA nicht erkannt werden.

Initialisierungsfehler. Es wird vergessen, einzelne Variable zu initialisieren (s.S. 66). Manche compiler setzen automatisch den Wert aller Variablen zunächst gleich Null.

Schleifenfehler. Bei Zählschleifen wird ein Durchgang zu viel oder zu wenig gezählt, je nachdem der Anfangswert des Zählindex gleich Null oder Eins gesetzt wurde. Bereits hier sei erwähnt, daß in FORTRAN der Indexwert Null an vielen Stellen verboten ist.

Bei iterativen Schleifen wird ein falscher, oder überhaupt kein Ausgang gefunden. Im letzten Fall muß das Programm vom Operator per Hand gestoppt werden. Ein falscher Ausgang entsteht z.B. wenn bei einer Abfrage auf einen Wert dicht bei

Null das Absolutzeichen vergessen wird (Beisp. 11, S. 83). Kein Ausgang wird gefunden, wenn eine Gleitpunktzahl auf Null abgefragt wird, dieser Wert aber infolge Rundungsfehler nie erreicht wird, z.B. der Nullstelle einer Funktion.

Zur Kontrolle des Plans empfiehlt es sich, den Plan mit einfachen Testwerten Schritt für Schritt durchzuarbeiten. Dabei ist insbesondere auf den richtigen "Einlauf" von Maschen und den Ausgang von Schleifen zu achten. Dieser sog. Schreibtischtest ist zwar anfangs etwas mühsam. Aber man gewinnt hier schnell Routine und vor allem Verständnis für die Arbeitsweise der RA. Letzlich wird aber auch Arbeitszeit gespart, denn es ist einfacher, einen Plan zu korrigieren als ein bereits abgelochtes Programm. Weiteres hierzu s. Abschn. 10.

## 5.4 BEISPIELE

Für jedes Beispiel wird hier ein Plan entwickelt und in einem späteren, hier zitierten Beispiel das entsprechende FORTRAN-Programm.

Beispiel 6. Sortieren von drei Zahlen. (FORTRAN s. Beisp. 25, S.124). In den Speicherzellen mit den symbolischen Adressen A, B und C stehen drei Zahlen. Sie sind so zu ordnen (sortieren), daß nach Ablauf des Programms in A die kleinste, in B die mittlere und in C die größte Zahl steht. Mit diesem Beispiel soll nochmals verdeutlicht werden, daß A, B und C symbolische Adressen sind, und nicht etwa "die Zahlen selbst". Dies wird nun nicht mehr jedesmal ausdrücklich betont, sondern die folgende, abgekürzte Ausdrucksweise gewählt.

Der Grundgedanke des Plans (Bild 16) besteht darin, zunächst A mit B, dann A mit C und schließlich B mit C zu vergleichen. Stehen die Zahlen richtig, wird der nächste Vergleich durchgeführt, andernfalls wird vorher getauscht. Das Tauschen wird als Unterprogramm durchgeführt. Zu dessen Verständnis sei wiederholt, daß der Inhalt einer Zelle automatisch ge-

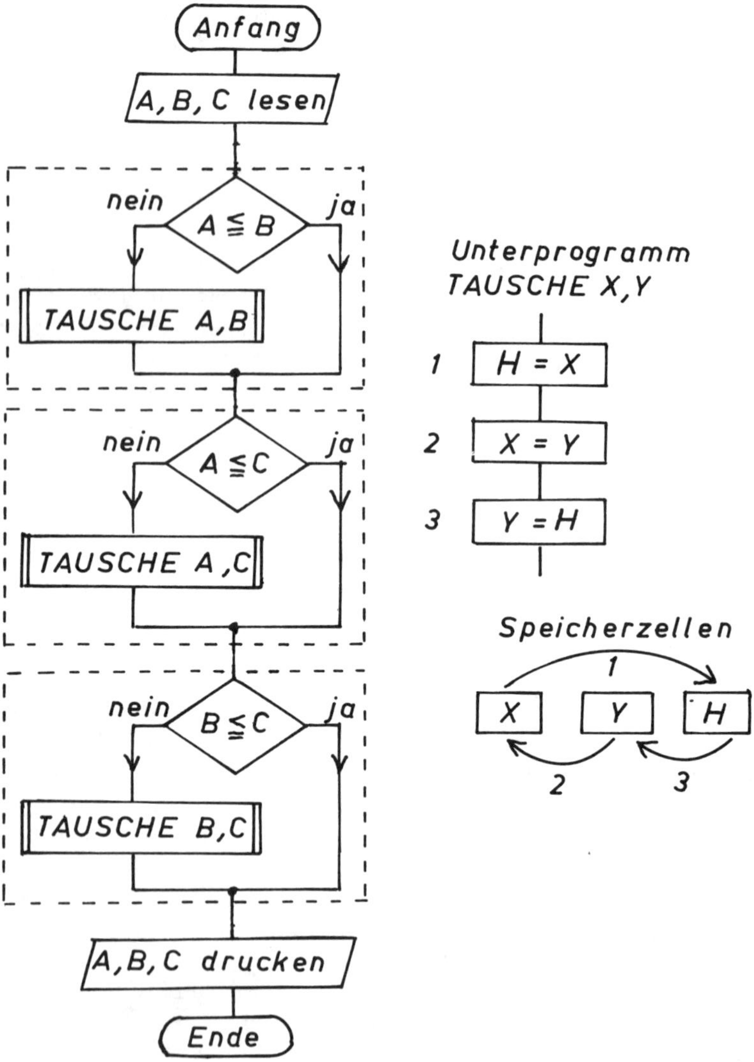


Bild 16 Sortieren von drei Zahlen

löscht wird, wenn durch eine Anweisung ein neuer Inhalt eingespeichert wird. Deshalb ist zum Tauschen der Hilfsspeicher H erforderlich.

Im Sinne der strukturierten Programmierung besteht der Plan aus einer <u>Folge</u> von fünf Moduls: Eingabe, dreimal Tauschen, Ausgabe. Wenn eine vierte Zahl zum Sortieren hinzukäme, brauchte man bereits 6 Vertauschungen. Allgemein bei n Zahlen $\binom{n}{n-2}$ Vertauschungen. In der hier gezeigten Form ist dann das Problem nicht mehr lösbar. Da das Sortieren z.B. in der Statistik häufig gebraucht wird, zeigt Beisp. 43, S. 149 ein allgemeines Sortierprogramm.

<u>Beispiel 7</u>. <u>Lage eines Punktes in der Ebene</u>. (FORTRAN s. Beisp. 26, S. 124). Ein eingelesenes Zahlenpaar bedeutet die rechtwinkligen Koordinaten eines Punktes in der Ebene. Je nach seiner Lage soll die aus Bild 17 ersichtliche Kennziffer gedruckt werden.

Der Grundgedanke besteht in Vorzeichenabfragen der x- und y-Werte. Zunächst wird der x-Wert abgefragt und in Bild 17 anschließend in jedem Zweig der y-Wert. Auf Grund der Hinweise auf S. 74 ist diese Lösung nicht optimal. Bild 18 zeigt eine bessere Lösung. Hier sind zwar drei zusätzliche Zellen K1, K2 und K3 erforderlich, aber die beiden "gesparten" Abfragen würden mehr Speicherplatz und Rechenzeit beanspruchen.

Diese beiden Beispiele zeigten, wie völlig verschiedene Probleme durch die gleiche Planstruktur - Maschen - erfaßt werden können. Die folgenden Beispiele zeigen die Anwendung von Schleifen.

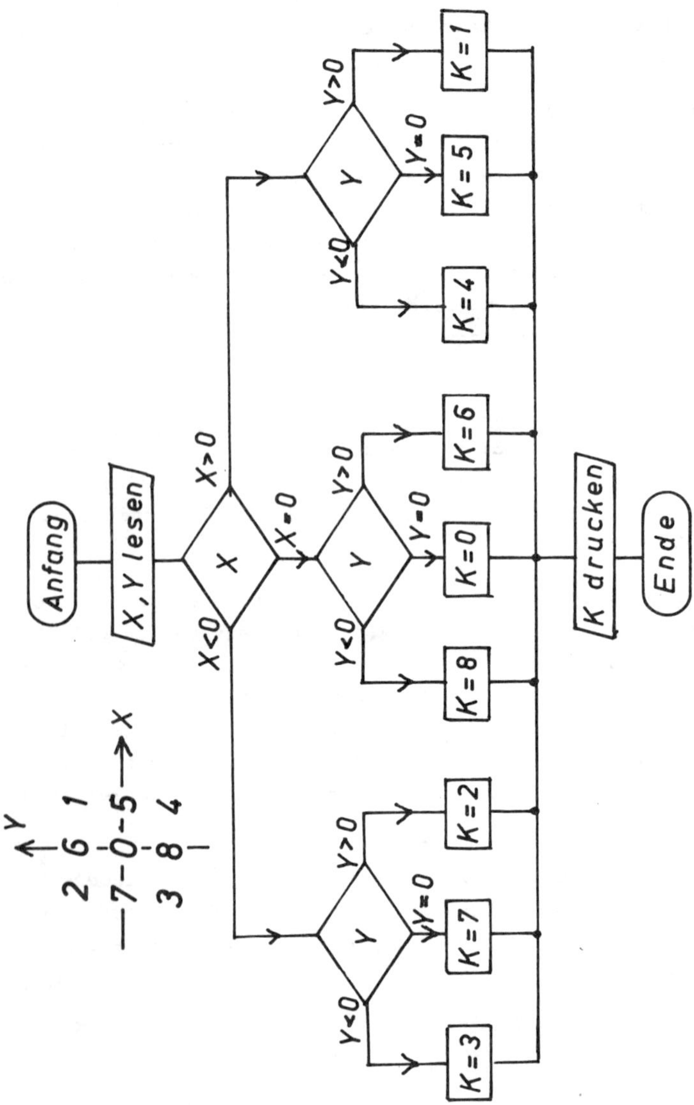


Bild 17 Lage eines Punktes

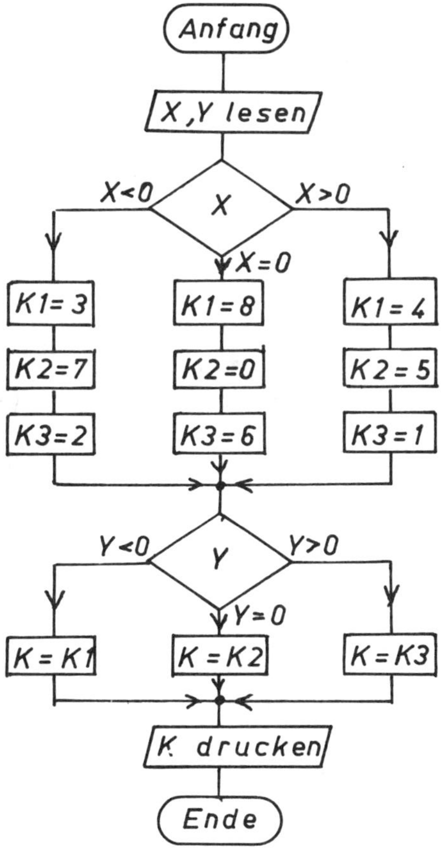


Bild 18 Lage eines Punktes

<u>Beispiel 8</u>. <u>Produktsumme.</u> (FORTRAN s. Beisp. 27, S. 124).
Eine in der angewandten Mathematik sehr häufige Rechenoperation ist das Bilden einer Produktsumme

$$s = \sum_{i=1}^{n} a_i b_i = a_1 b_1 + a_2 b_2 + \ldots + a_n b_n$$

Zunächst wird angenommen, daß die Anzahl n der Summanden eingelesen wird. Diese Voraussetzung wird im nächsten Beispiel nicht mehr gemacht.

Im Sinne der auf S. 71 geschilderten bottom-up Methode wird der Plan mit der "zentralen Anweisung" begonnen. Das ist hier offensichtlich das Bilden der Summe.

Die Summe wird in einer Zelle S gebildet, zum jeweiligen Inhalt wird stets der nächste Summand AI * BI hinzuaddiert. Diese Anweisung lautet

S = S + AI * BI

Nun überlegt man sich, was vorher zu tun ist, um diese Anweisung ausführen zu können. Dies ist das Einlesen der Werte AI und BI. Ferner darf nicht vergessen werden, den Summenspeicher S zunächst zu löschen (wie bei einem Taschenrechner). Der nächste Entwurf lautet also

S = O
AI, BI lesen
S = S + AI * BI

Damit würden beim ersten Durchlauf $a_1$ und $b_1$ gelesen und die Summe $s = 0 + a_1 b_1$ gebildet. Nun ist das nächste Wertepaar zu lesen.

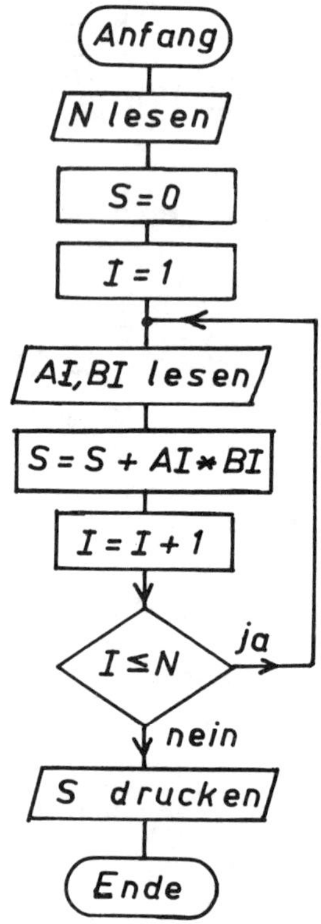


Bild 19 Produktsumme

Die entscheidende Idee dieses Plans besteht nun darin, nicht etwa eine neue Leseanweisung hinzuschreiben, sondern dies mit einer Schleife zu versuchen. Damit gelangt man ziemlich zwingend zu der in Bild 19 gezeigten Lösung.

Ferner sei bemerkt, daß sämtliche Eingangsdaten nacheinander in die beiden Zellen AI und BI gelangen. Das bedeutet, daß diese Werte nach Ausführung der Summenbildung nicht mehr im Hauptspeicher verfügbar sind. Braucht man im Rahmen eines größeren Programms diese Werte für weitere Rechnungen, sind in FORTRAN sog. indizierte Variable zu benutzen. Statt AI und BI wäre dann "nur" A(I) und B(I) zu schreiben, dann gelangt jeder eingelesene Wert in eine andere Speicherzelle. Näheres hierzu s. Abschn. 7.2.

Im vorstehenden Beispiel handelte es sich um eine induktive Schleife. In vielen Fällen wird die Anzahl der Summanden nicht bekannt sein, sondern soll von der RA gezählt werden. Hierzu ist eine sukzessive Schleife erforderlich, die durch eine Endkarte verlassen wird.

Definition: Auf einer Datenendkarte sind Werte gelocht, die von der RA als nicht mehr zu den Daten gehörig erkannt werden.

Dies kann verschieden realisiert werden. Meist benutzt man eins der beiden folgenden Verfahren:

1. Auf jeder Datenkarte steht in den ersten Spalten eine Kennziffer, die in der kaufmännischen DV die "Kartenart" genannt wird. Die Datenendkarte trägt eine ungültige Kennziffer.

2. Oft ist bekannt, innerhalb welcher Schranken die Daten liegen. Z.B. sind alle Werte kleiner als $10^6$ oder alle Werte sind größer als Null. Die Datenendkarte enthält als erste Zahl einen Wert außerhalb dieser Schranken.

Man beachte beim Zählen der Karten, daß in beiden Fällen die

Datenendkarte keine Datenkarte mehr ist. Es ist auch möglich, das Programm so zu schreiben, daß die letzte Datenkarte als solche erkannt wird, indem man z.B. als letzte Zahl einen Wert außerhalb der Schranken locht.

Weiteres zum Dateiende s.S. 123.

Beispiel 9. Produktsumme mit Endkarte. (FORTRAN Beisp. 28, S. 124). Auf der Datenendkarte ist die Kartenart K ≠ 0. Nach dem Verlassen der Schleife ist I die Anzahl der Summanden, wenn zunächst I = 0 gesetzt wird. Bild 20 zeigt die Lösung.

Auch Beisp. 7, S. 77 kann mit einer Endkarte leicht so abgeändert werden, daß eine beliebige Anzahl von Lochkarten gelesen und jedesmal die Lage des Punktes bestimmt wird.

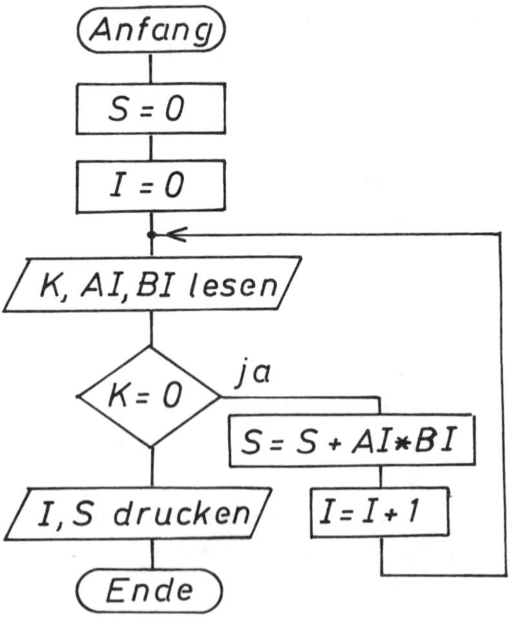


Bild 20 Produktsumme

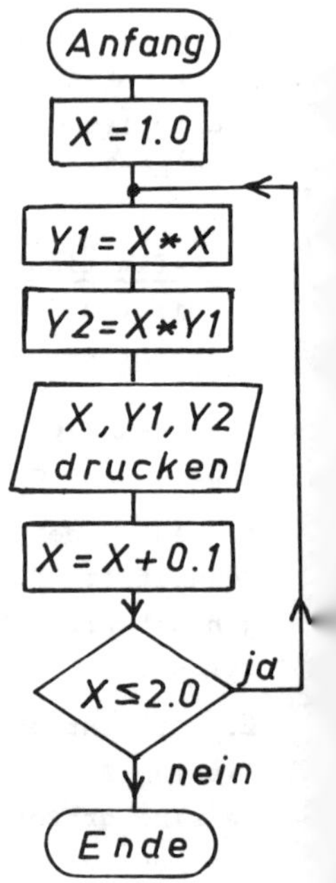


Bild 21 Funktionstaf

<u>Beispiel 10</u>. <u>Funktionstafel.</u> (FORTRAN Beisp. 29, S. 126). Es sind für $1.0 \le x \le 2.0$ mit $\Delta x = 0.1$ die Werte $y_1 = x^2$ und $y_2 = x^3$ zu berechnen und zu drucken.

An diesem Beispiel ist typisch, daß das Berechnen der Funktionswerte, das bei Rechnungen mit dem Rechenschieber oder einem Taschenrechner den wesentlichen Teil der Arbeitszeit in Anspruch nimmt, im Plan und Programm auch bei erheblich komplizierteren Gleichungen durch wenige Anweisungen erledigt werden kann. Andererseits muß hier auf Dinge geachtet werden, die bei einer Berechnung durch den Menschen selbstverständlich sind, wie z.B. das Programmende.

Bild 21 zeigt eine Lösung. Die zentralen Anweisungen sind die Funktionsgleichungen. Man beachte, wie $y_2$ aus $y_1$ berechnet werden kann. Derartige Zusammenhänge bestehen oft auch bei komplizierteren Gleichungen. Vor diesen Anweisungen ist der erste Wert $x_{min}$ anzugeben. Anschließend erfolgt das Erhöhen des x-Wertes, das Drucken einer Zeile sowie die Endabfrage.

In dieser einfachen Form sind keine Datenkarten erforderlich. Das Problem kann leicht geändert werden, indem beliebige Werte der Schranken $x_{min}$ und $x_{max}$ sowie die Schrittweite $\Delta x$ über eine Lochkarte eingelesen wird. Die Berechnung einer Funktionstafel mit zwei unabhängigen Variablen ist in Beisp. 42, S.146 gezeigt.

Das folgende Beispiel zeigt eine iterative Schleife.

<u>Beispiel 11</u>. <u>Numerische Differentiation</u>. (FORTRAN Beisp. 30, S. 126). Die 1. Ableitung einer stetigen und differenzierbaren Funktion f(x) an der Stelle $x_1$ ist gemäß dem Bild auf S. 84

$$y_1' = \lim_{\Delta x \to 0} \frac{\Delta y}{\Delta x} = \lim_{\Delta x/2 \to 0} \frac{f(x_1 + \Delta x/2) - f(x_1 - \Delta x/2)}{2\,(\Delta x/2)}$$

Numerisch wird eine Folge von Differenzenquotienten $\Delta y/\Delta x$ berechnet, bei der die Werte von $\Delta x/2$ durch laufendes Halbieren eine Nullfolge bilden. Diese Folge konvergiert schneller als eine Folge der Differenzenquotienten aus den Stellen $x_1$ und $x_1 + \Delta x$. Im Plan ist $\Delta x/2$ die symbolische Adresse einer Speicherzelle. Jeder Differenzenquotient wird nach der gleichen Formel berechnet, lediglich der Wert von $\Delta x/2$ ändert sich. Es liegt deshalb nahe, diese Berechnung in einer Schleife durchzuführen. Der richtige Eingang und das Verlassen dieser Schleife, d.h. der Beginn und der Abbruch der Folge bilden das programmiertechnische Problem dieses Verfahrens.

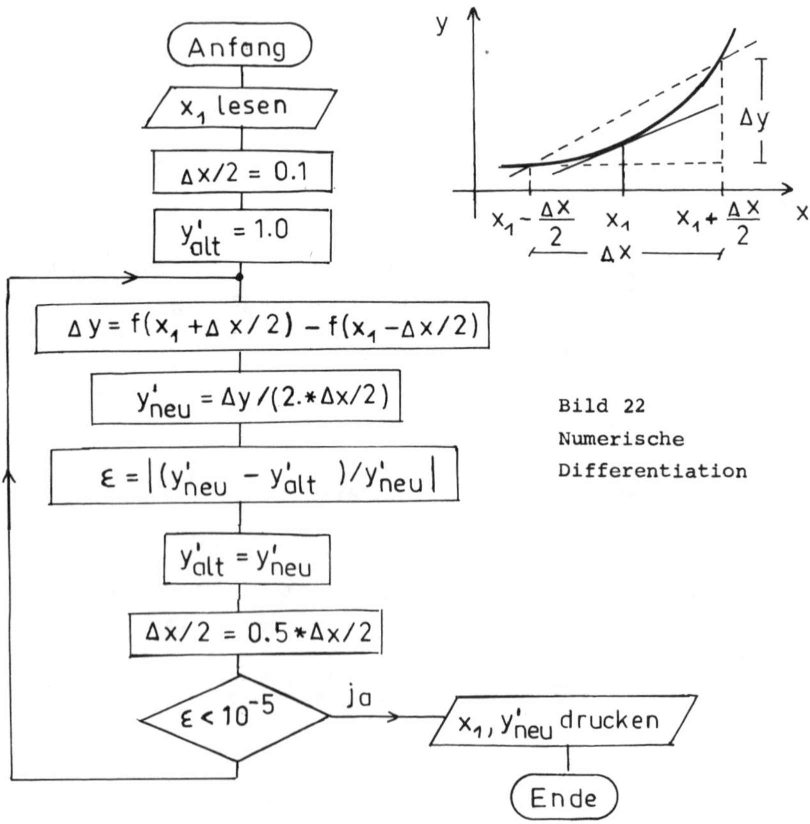


Bild 22
Numerische
Differentiation

Der Grundgedanke der Lösung besteht darin, zwei aufeinanderfolgende Werte der Folge, die kurz mit $y'_{alt}$ und $y'_{neu}$ bezeichnet werden, miteinander zu vergleichen. Wenn sie innerhalb einer vorgegebenen Stellenzahl übereinstimmen, gilt die Lösung als gefunden.

Hierzu wird die Prüfgröße $\varepsilon = |(y'_{neu} - y'_{alt})/y'_{neu}|$ gebildet. Die Absolutstriche sind erforderlich, weil andernfalls die Schleife z.B. verlassen würde, wenn $\varepsilon = -5$ wäre. Offensichtlich soll aber $\varepsilon \approx 0$ sein. Durch $y'_{neu}$ ist zu dividieren, weil jede RA nur mit einer begrenzten Anzahl von Ziffern arbeitet. Wenn y' groß ist, würde andernfalls die vorgegebene Schranke $10^{-5}$ vielleicht nie erreicht.

Damit der 1. Durchlauf der Schleife vollzogen werden kann, müssen die Startwerte von $\Delta x/2$ und $y'_{alt}$ vorgegeben werden. Die gewählten Zahlenwerte sind willkürlich.

Beispiel 12. Flächenmomente von Profilen. (FORTRAN Beisp. 31, S.127). In der Festigkeitslehre wird für verschiedene Profilformen, die hier nicht dargestellt sind, das Flächenmoment I nach folgenden Formeln berechnet

Profil 1 $\quad I = (BH^3)/12$

Profil 2 $\quad I = (BH^3 - bh^3)/12$

Profil 3 $\quad I = (BH^3 + bh^3)/12$

Profil 4 $\quad I = (Be_1^3 - bh^3 + ae_2^3)/3$

$$e_1 = \frac{aH^2 + bd^2}{2(aH + bd)} \qquad e_2 = H - e_1$$

Für eine beliebige Anzahl von Profilen dieser vier Arten soll für beliebige Abmessungen das Flächenmoment I berechnet werden.

Für jedes Profil werden auf einer Lochkarte eine Schlüsselzahl K für die Profilart sowie die Abmessungen B, b, H, h, a, d gelocht. Das Programm soll die Lochkarten lesen, die richtige Formel finden, I berechnen und eine Ausgabeliste mit den Abmessungen und den Flächenmomenten drucken. Das Programm soll enden, wenn K = 0 (Leerkarte) gelesen wird.

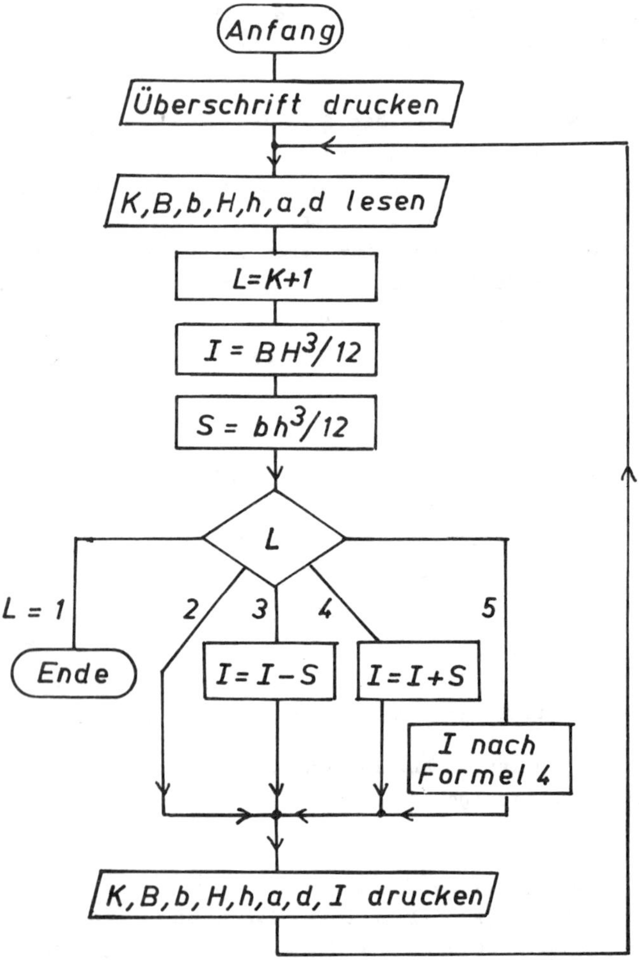


Bild 23 Flächenmomente von Profilen

Wie der Plan in Bild 23 zeigt, handelt es sich strukturell um eine sukzessive Schleife mit einem Verteiler (programmierten Schalter) mit fünf Ausgängen. Die Anweisung L = K + 1 ist für FORTRAN erforderlich, weil dort in der Verteiler-Anweisung ein Zweig Nr. 0 nicht zulässig ist. (Warum darf diese Anweisung nicht lauten K = K + 1 ?).

Ferner ist es zweckmäßig, die Grundformeln $BH^3/12$ und $bh^3/12$ vor den Verteiler zu legen, weil dadurch in Zweig 3 und 4 Speicherplatz gespart und Zweig 2 direkt zur Ausgabeanweisung geführt wird.

Beispiel 13. Es ist eine Nullstelle der Funktion (FORTRAN Beisp. 32, S. 127)

$$y = x^2 + e^x - 2$$

mit dem anschließend beschriebenen Näherungsverfahren zu berechnen. Zunächst sei bemerkt, daß dieses Problem in Abschn. 8 unter wesentlich allgemeineren Voraussetzungen behandelt wird. Hier wird angenommen, daß zwei Wertepaare der Funktion bekannt sind, deren Ordinaten verschiedene Vorzeichen haben. Bei der obigen Gleichung sind dies die Wertepaare $P_1(0.0\ ;\ -1.0)$ und $P_2(1.0\ ;\ 1.7183)$. Wenn in diesem Intervall keine Unstetigkeitsstelle liegt, muß es mindestens eine Nullstelle enthalten.

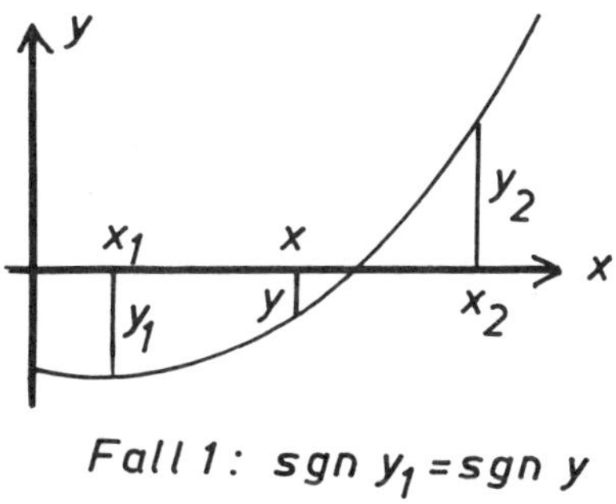


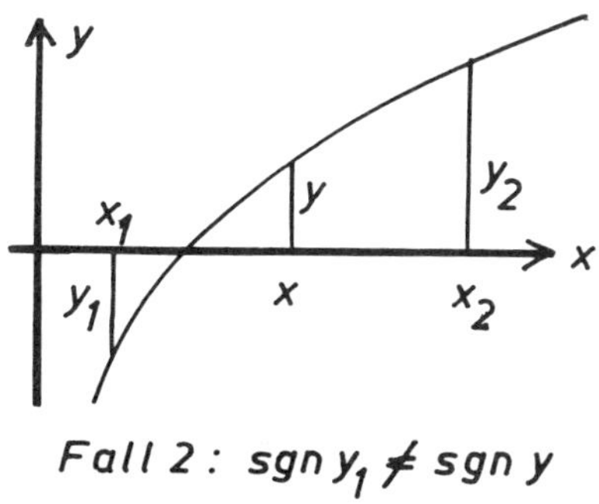


Bild 24 Eingabeln einer Nullstelle

Das Näherungsverfahren besteht im Eingabeln der Nullstelle (Bild 24). Das Intervall $[x_1 x_2]$ wird halbiert. Für die mittlere Abszisse x wird der Funktionswert y berechnet. Je nach seinem Vorzeichen muß die Nullstelle im linken oder rech-

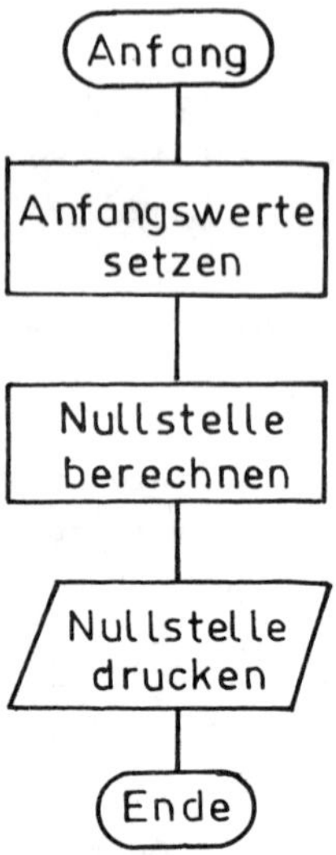


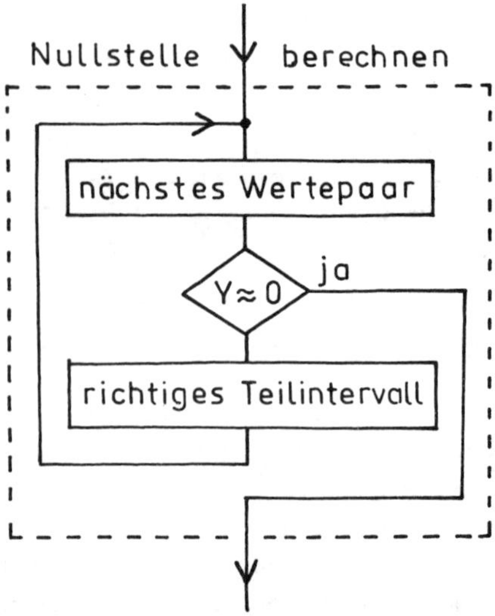


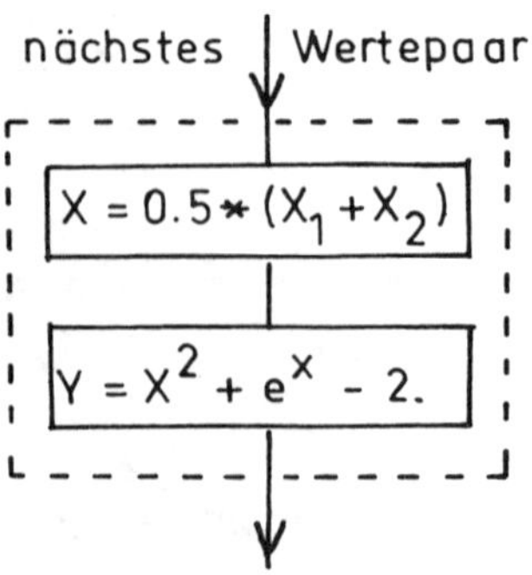


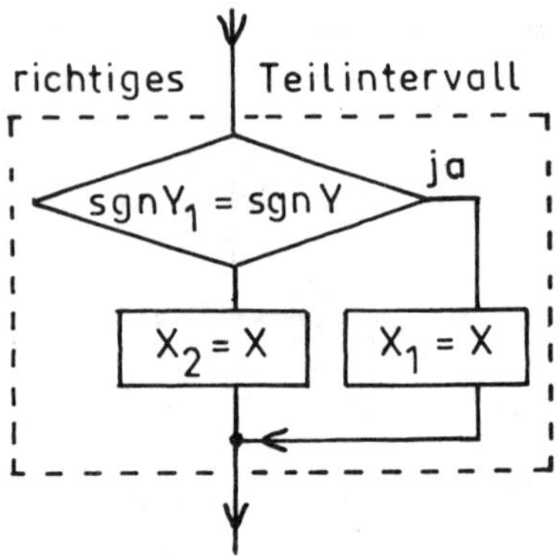


Bild 25 Strukturierte Programmierung

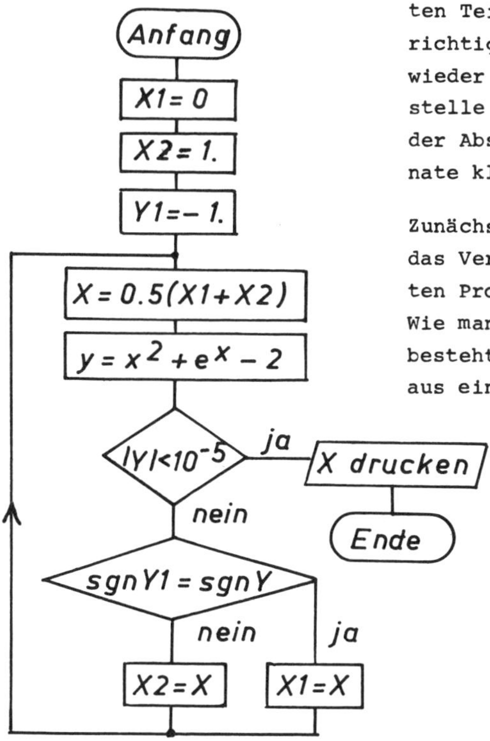


ten Teilintervall liegen. Das richtige Teilintervall wird wieder halbiert usw. Die Nullstelle gilt als gefunden, wenn der Absolutbetrag einer Ordinate kleiner als $10^{-5}$ ist.

Zunächst wird hier nochmals das Verfahren der strukturierten Programmierung gezeigt. Wie man aus Bild 25 erkennt, besteht die erste Zerlegung aus einer Folge von 3 Moduls.

Bild 26 Nullstelle einer Funktion

Das mittlere Modul wird weiter verfeinert, wobei mehrere Schritte erforderlich sind. Im Modul "richtiges Teilintervall finden" würde die Frage $y < 0$ zu Fehlern führen, wenn das Vorzeichen von $y_1$ anders wäre als in diesem Beispiel. Auf den Nachweis, daß die Anweisungen in den beiden Zweigen auch dann richtig sind, wenn die Ausgangswerte $y_1$ und $y_2$ die umgekehrten Vorzeichen haben wie in diesem Beispiel, wird verzichtet.

Bild 26 zeigt den Plan in herkömmlicher Form. Man beachte, daß im Programm eine Anweisung $y_2 = \ldots$ überflüssig wäre. Auch der Anfangswert von $y_1$ braucht nur vor der Schleife gesetzt werden, da es bei der Abfrage nur auf das Vorzeichen, aber nicht auf den Zahlenwert von $y_1$ ankommt.

Beispiel 14. Lösen einer quadratischen Gleichung. (FORTRAN Beisp. 33, S.128). Über die Tastatur der Konsolschreibmaschine werden jeweils drei Zahlen a, b, c eingegeben. Sie sind die Koeffizienten einer quadratischen Gleichung

$$ax^2 + bx + c = 0$$

mit der Lösung

$$x_{1,2} = \frac{-b \pm \sqrt{b^2 - 4ac}}{2a}$$

Im Plan sind auch die Fälle vorzusehen, daß einzelne Koeffizienten Null werden. Das Programm soll enden, wenn a = b = c = 0 eingelesen wird. Die Realteile der Lösung werden mit X1 und X2, die Imaginärteile mit Y1 und Y2 bezeichnet. Die Form der Ausgabe ist aus dem folgenden Zahlenbeispiel ersichtlich

| X1 | Y1 | X2 | Y2 | |
|---|---|---|---|---|
| +1 | 0 | -9 | 0 | wenn $x_{1,2} = -4 \pm \sqrt{+25}$ |
| -4 | +5 | -4 | -5 | wenn $x_{1,2} = -4 \pm \sqrt{-25}$ |

Es wäre in FORTRAN auch möglich, als Lösung z.B.

X = -4 +- 5J zu drucken. Dies ist aber bereits recht schwierig. Bei vielen Wertesätzen ist die obige Form auch übersichtlicher.

Der Plan (Bild 27) hat nach dem Einlesen der Koeffizienten mit den Nullabfragen der Koeffizienten zu beginnen. In welcher Reihenfolge diese Abfragen durchgeführt werden, ist bereits nicht mehr selbstverständlich. Wegen des Nenner 2A wurde mit der Abfrage A = 0 ? begonnen. Im Ja-Zweig dieser Abfrage folgt B = 0 ? Dies ergibt sich daraus, daß im Nein-Zweig von A = 0 ? der B-Wert nicht abgefragt zu werden braucht, weil die obige Formel auch für B = 0 (aber nicht für A = 0) gilt. Entsprechendes gilt für die Abfrage von C. Dies alles erkennt man aber nur, nachdem andere Lösungen probiert und

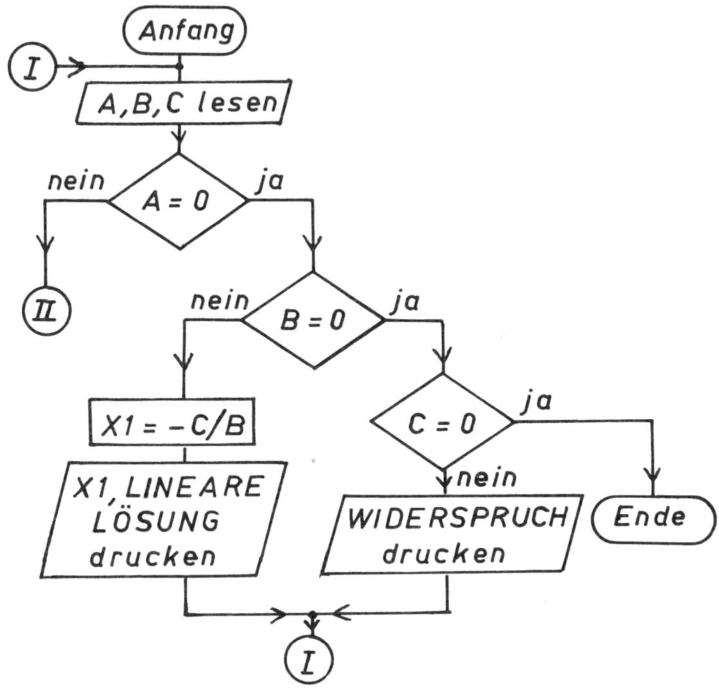


Bild 27 quadratische Gleichung, Nullabfrage der Koeffizienten

verworfen wurden, was dem Leser hiermit empfohlen sei. Im Nein-Zweig von B = 0 ist eine andere Form der Ausgabe gewählt, außer dem Wert von X1 wird der Text "lineare Lösung" gedruckt.

Für den Rest der Aufgabe wird in Bild 28 eine vorläufige Lösung gezeigt, die man erhält, wenn nach der Vorzeichenabfrage der Diskriminante D jeder Zweig der Maschen einzeln programmiert wird. Erst dann wird der Anfänger erkennen, daß in den verschiedenen Zweigen zum Teil die gleichen Anweisungen auftreten, die nach den Ausführungen auf S. 74 vor die Verzweigung gelegt werden können. Bild 29 zeigt dann die endgültige Lösung.

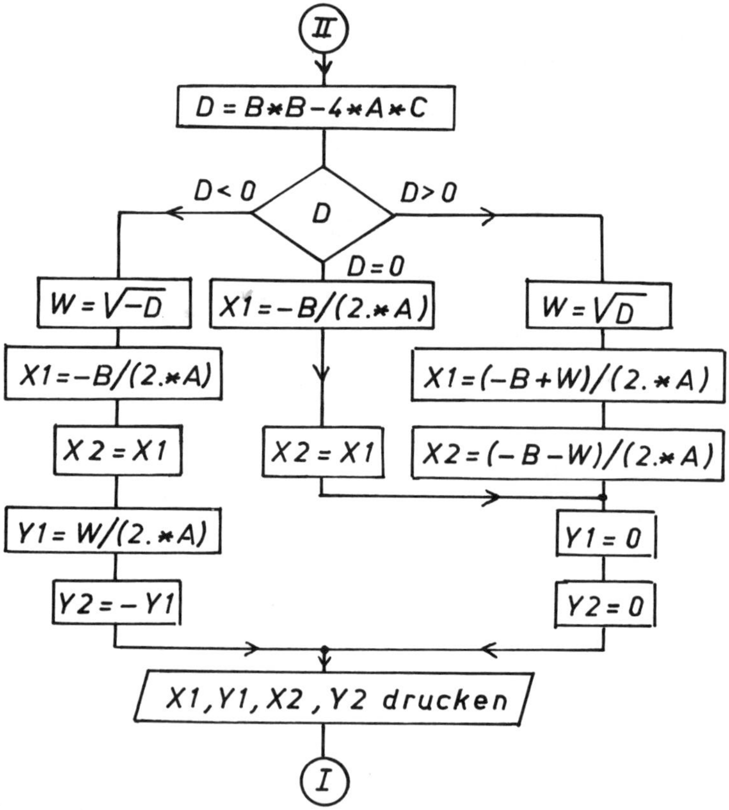


Bild 28 quadratische Gleichung, erster Entwurf

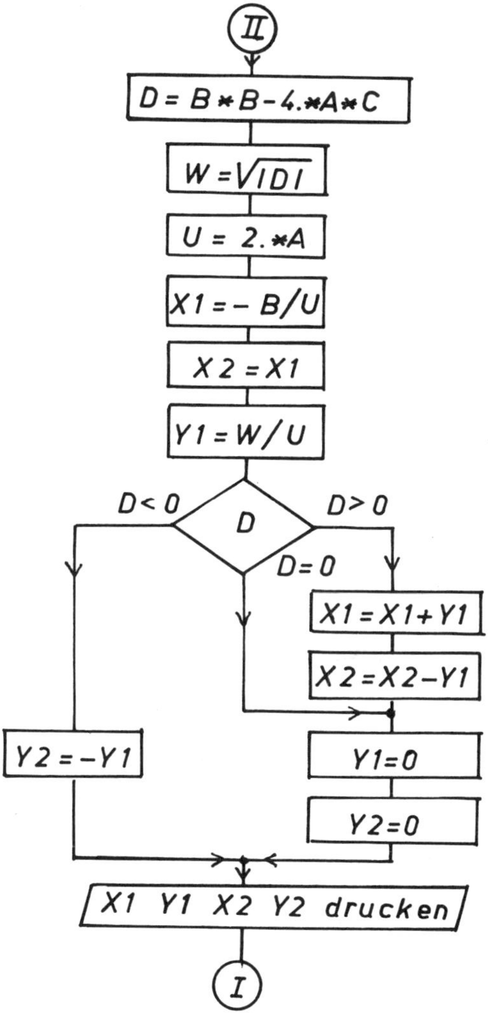


Bild 29 quadratische Gleichung, Lösung

Beispiel 15. Mischen zweier Dateien. (FORTRAN Aufg.62, S. 196)
Diese Grundaufgabe der kaufmännischen DV ist auch für den Ingenieur von Bedeutung. Auf einem Magnetband befindet sich eine sog. Stammdatei. Sie enthält Daten, die sich längere Zeit nicht ändern, z.B. Namen und Anschriften von Kunden. In diesem Beispiel sind der Einfachheit halber die Angaben über jeden Kunden in einem Satz gespeichert. Auf Lochkarten befindet sich eine sog. Bewegungsdatei. Sie enthält Angaben, die sich bei jeder Bearbeitung ändern, z.B. die Bestellungen dieser Kunden. Für jeden Kunden ist eine beliebige Anzahl von Lochkarten (auch keine) vorhanden. Beide Dateien sind nach dem gleichen Merkmal, z.B. der Kundennummer sortiert.

Ein Mischen dieser Dateien ist z.B. beim Schreiben von Rechnungen erforderlich. Bei der ersten gelesenen Karte jedes Kunden wird zunächst der Inhalt des entsprechenden Magnetbandsatzes geschrieben, dann der Inhalt der Lochkarte. Bei den folgenden Lochkarten des gleichen Kunden ist nur noch der Inhalt der Lochkarte zu schreiben. Die Datenendkarte trägt die Kundennummer Null.

Das Problem besteht hier im sog. Gruppenwechsel. Es ist nicht bekannt, wieviele Karten für jeden Kunden vorhanden sind. Der "nächste" Bandsatz kann erst gedruckt werden, nachdem die Karte des "nächsten" Kunden gelesen wurde. Er ist aber vor der Karte zu drucken.

In der in Bild 30 gezeigten Lösung bedeutet KB die Kundennummer auf dem Band, KK die auf der Karte. Mit Hilfe des programmierten Schalters werden doppelte Druckanweisungen vermieden. Es ist möglich, mit einem zweiten Schalter auch die im Vorlauf auftretende doppelte Leseanweisung für das Band zu vermeiden. Dadurch wird aber das Programm recht unübersichtlich.

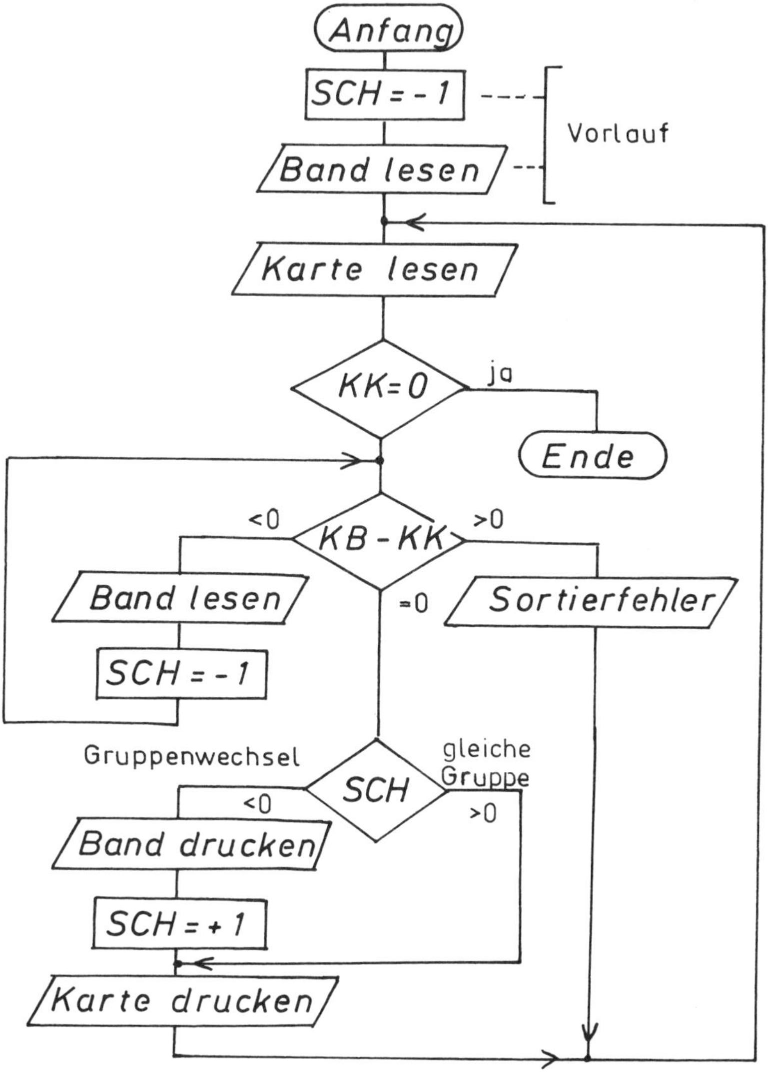


Bild 30 Mischen zweier Dateien

## 5.5 Aufgaben

33. Kleinste und größte Zahl einer Menge. Auf einer beliebigen Anzahl Lochkarten steht je eine ganze Zahl im Bereich $0 \leq N \leq 10000$. Es ist die kleinste Zahl MIN und die größte Zahl MAX zu finden und zu drucken. Das Programm endet, wenn eine negative Zahl eingelesen wird. Anmerkung: Dies Problem kann als sehr einfache Methode zum Suchen von Extremwerten von Funktionen benutzt werden, wenn die Zahlen nicht eingelesen, sondern aus einer Funktionsgleichung berechnet werden. Hinweis: In beiden Fällen ist es nicht erforderlich, daß sich alle Werte gleichzeitig im Hauptspeicher befinden.

34. Berechnen des Binomialkoeffizienten $\binom{n}{k}$. Die ganzzahligen Werte n und k werden eingelesen. Ferner soll stets $1 < k < n$ sein. Hinweis: Wenn man zur Berechnung die Definitionsformel für den Binomialkoeffizienten benutzt und etwa Zähler und Nenner getrennt berechnet, wird schnell die Kapazität einer Speicherzelle überschritten. Deshalb verwende man folgende Rekursionsformel $\binom{n}{i} = \binom{n}{i-1} \frac{n - (i-1)}{i}$

Für i = 1 erhält man auf der rechten Seite $\binom{n}{0} = 1$. Dieser Wert wird vorgegeben. Ab i = 2 kann dann die Rekursionsformel benutzt werden.

35. Umrechnen von rechtwinkligen Koordinaten x; y in Polarkoordinaten r; $\varphi$. Auf einer beliebigen Anzahl von Datenkarten steht je ein Wertepaar x; y. Daraus sind die Polarkoordinaten $r = \sqrt{x^2 + y^2}$ $\quad \varphi = \arctan \frac{y}{x}$

zu berechnen und zu drucken.

Diese Gleichungen können als je eine Anweisung geschrieben werden. Beim arctan müssen aber Fallunterscheidungen für die verschiedenen Quadranten und insbesondere für x = 0 vorgenommen werden. Als Funktionswert arctan berechnet die RA den Hauptwert der Funktion, das ist ein Winkel im Intervall $-\frac{\pi}{2} < \varphi < +\frac{\pi}{2}$ . Das Programm soll enden, wenn x = y = 0 eingelesen wird.

36. Funktionstafel mit Schranken. Mit der Anweisung Y = F(X) kann ein Funktionswert berechnet werden. Ein Wertepaar x; y ist aber nur zu drucken, wenn es innerhalb der abgeschlossenen Intervalle

$$x_{min} \leq x \leq x_{max} \quad \text{und} \quad y_{min} \leq y \leq y_{max}$$

liegt. Innerhalb dieser Intervalle ist die Funktion definiert. Die Grenzen $x_{min}$, $x_{max}$, $y_{min}$, $y_{max}$ sowie die konstante Schrittweite $\Delta x$ werden über eine Lochkarte eingelesen. Anmerkung: Dieses Problem ist wichtig, wenn die Funktionskurve in einem vorgegebenen Maßstab gezeichnet werden soll (s. Abschn. 9.3).

37. Es ist eine Tafel der in der Statistik benötigten Gauß-Normalverteilung $\varphi(x)$ und ihrer Integralfunktion im Intervall $0 \leq x \leq 3.0$ mit der Schrittweite $\Delta x = 0.1$ zu berechnen und zu drucken.

$$\varphi(x) = \frac{1}{\sqrt{2\pi}} e^{-x^2/2}$$ kann als eine Anweisung geschrieben werden. Die Integralfunktion läßt sich als Reihe darstellen

$$\Psi(x) = 100\int_0^x \varphi(u)\,du = \frac{100}{\sqrt{2\pi}} \cdot \left[ x - \frac{x^3}{3\cdot 2} + \frac{x^5}{5\cdot 2^2\cdot 2!} - \frac{x^7}{7\cdot 2^3\cdot 3!} + \ldots \right]$$

Hinweis: jedes Glied der Reihe kann aus dem bekannten vorhergehenden mit

$$a_i = a_{i-1} \frac{-x^2\cdot(2i-1)}{2i(2i+1)}$$ berechnet werden.

Der Wert $a_0 = x$ für $i = 0$ ist vorzugeben. Die Summation der Reihe für einen x-Wert endet, wenn ein $|a_i| < 10^{-6}$ wird.

38. Rechnungssummen. Auf einer beliebigen Anzahl von Datenkarten steht jeweils eine Kundennummer und ein Rechnungsbetrag. Die Karten sind nach Kd.Nr. sortiert. Für jeden Kunden kann eine beliebige Anzahl von Karten vorhanden sein. Das Programm soll die Rechnungsbeträge für jeden Kunden addieren und die nebenstehende Liste drucken. Das Programm endet, wenn die Kd.Nr. Null (Leerkarte) eingelesen wird.

| Kd.Nr. | Summe |
|---|---|
| 4113 | 234.50 |
| 4145 | 88.90 |
| 4146 | 189.60 |
| u.s.w. | |

Hinweis: Gruppenwechsel, s.Beisp. 15, S. 94.

# 6 ELEMENTE VON FORTRAN

Die erste Sprachversion, das FORTRAN II, erschien 1956. Dieses Buch basiert auf der 1972 erschienenen ISO-Empfehlung R 1539, Programming Language FORTRAN, die 1975 als DIN 66027, Programmiersprache FORTRAN, in englischer Sprache in das deutsche Normenwerk übernommen wurde und allgemein als FORTRAN IV bezeichnet wird. Es gibt drei Sprachebenen (levels): Full, Intermediate und Basic FORTRAN. Jede höhere Ebene schließt die niederen voll ein. Entsprechend ist FORTRAN IV eine Teilmenge der noch nicht genormten neueren Versionen.

Das hier behandelte Basic FORTRAN IV erlaubt bereits das Programmieren umfangreicher technischer sowie einfacher kaufmännischer Probleme und wird deshalb in der Praxis sehr viel verwendet. Die beiden höheren Sprachebenen werden im folgenden zusammenfassend als "Gesamtsprache" bezeichnet. Sie bieten zusätzlich die Möglichkeit des Rechnens mit komplexen und logischen Größen sowie eine größere Flexibilität in der Datenorganisation. Hierauf wird an entsprechenden Stellen jeweils hingewiesen.

## 6.1 KONSTANTE, VARIABLE, FUNKTIONEN, AUSDRÜCKE

Beim Erlernen einer Sprache ist zwischen zwei Arten von Regeln zu unterscheiden:

1. syntaktische Regeln (Syntax) betreffen den formalen Aufbau der Sprache. Dazu gehören bei einer natürlichen Sprache z.B. Rechtschreibung und Grammatik.

2. semantische Regeln (Semantik) behandeln den Inhalt und die Bedeutung von Begriffen. So kann z.B. der Begriff "Mutter" je nach seinem Zusammenhang im Text eine völlig verschiedene Bedeutung haben (Verwandtschaftsgrad, technisches Bauelement) und wäre dementsprechend auch verschieden zu übersetzen. Derartige Mehrdeutigkeiten sind leider auch bei Programmiersprachen nicht ausgeschlossen.

Bereits im Abschn. 5 wurde eine Reihe von Begriffen im Hinblick auf FORTRAN semantisch definiert. Der Schwerpunkt der folgenden Ausführungen liegt deshalb zunächst auf der Syntax der Sprache. Diese erscheint ziemlich selbstverständlich, wenn man FORTRAN liest. Um Programme zu schreiben, die von einer RA verarbeitet werden sollen, ist aber eine exakte Kenntnis und Anwendung dieser Regeln erforderlich. Bereits das Fehlen eines Punktes oder eines Kommas verhindert die Ausführung eines Programms (s.Abschn. 10).

Die Zeichen der Sprache sind:

| | |
|---|---|
| Großbuchstaben (ohne Umlaute) | A B C . . . . X Y Z |
| arabische Ziffern | 0 1 2 . . . . 7 8 9 |
| Sonderzeichen | b . , = + - * / ** ( ) |

Das erste Sonderzeichen bedeutet "Zwischenraum" (blank), z.B. die Leertaste der Schreibmaschine. In Verbindung mit Zahlen wird es oft wie die Ziffer Null behandelt, bei Textverarbeitung ist es aber ein Sonderzeichen. Die Bedeutung der anderen Sonderzeichen wird an geeigneter Stelle erläutert.

Aus diesen Zeichen setzen sich alle höheren Sprachelemente, insbesondere die im nächsten Abschnitt behandelten Anweisungen, zusammen. Aus den Ziffern werden Zahlen gebildet. Ihre Schreibweise wird zunächst erläutert.

Die Zahlen werden nach zwei verschiedenen Prinzipien eingeteilt. Das erste Prinzip beruht auf der Art der Darstellung der Zahl im Zentralspeicher bezw. Rechenwerk der ZE und wurde in den Abschn. 3.1.3 und 3.1.4 ausführlich behandelt.

> Definition: Der Typ (type, mode) einer Zahl bezeichnet die Art der Darstellung im Zentralspeicher bezw. Rechenwerk der ZE. In Basic FORTRAN gibt es zwei Typen: integer und real.

Der Typ integer entspricht den Festpunkt-, der Typ real den Gleitpunktzahlen. Der Kürze halber wird im folgenden von ganzen und gebrochenen Zahlen gesprochen.

In der Gesamtsprache werden die gebrochenen Zahlen in zwei Genauigkeitsklassen real und double precision eingeteilt. Ferner gibt es dort noch die Typen complex und logical. Complex besteht aus einem geordneten Paar reeller Zahlen (Real- und Imaginärteil einer komplexen Zahl). Der Typ logical kann nur die beiden Werte O und L annehmen.

Das zweite Einteilungsprinzip beruht auf der unterschiedlichen Schreibweise im Quellprogramm.

Definition: Eine Zahl, die im Quellprogramm durch ihre Ziffern dargestellt wird, heißt Konstante. Wird sie durch einen Namen dargestellt, heißt sie Variable.

Man beachte, daß diese Begriffe in FORTRAN anders definiert sind als in der Mathematik. Insbesondere werden oft Konstante im Sinne der Mathematik wie z.B. die Zahl $\pi$ oder Materialkonstante im Programm durch Namen dargestellt, weil dieser einfacher zu schreiben ist als z.B. sechs richtige Ziffern.

Beide Einteilungsprinzipien werden nun überlagert, und man erhält die in der folgenden Übersicht dargestellten vier Arten von Zahlen

| | | Darstellung im Speicher | |
|---|---|---|---|
| | | ganz | gebrochen |
| Darstellung im Programm | Konstante | ganze Konstante | gebrochene Konstante |
| | Variable | ganze Variable | gebrochene Variable |

Für die Schreibweise von Konstanten gilt folgende Regel:

ganzzahlige Konstante werden ohne, gebrochene mit Dezimalpunkt geschrieben. Ein Vorzeichen + darf man weglassen.

Man beachte, daß hier kein Komma verwendet werden darf. Der Dezimalpunkt darf nicht etwa deshalb weggelassen werden, weil eine Zahl ganz ist. Entscheidend ist, wie sie verarbeitet werden soll.

| | | | |
|---|---|---|---|
| Beispiele: | -500 | 38 | sind ganzzahlige Konstante |
| | -500. | 3.14159 | sind gebrochene Konstante |

Wieviele gültige Ziffern eine Konstante haben darf, hängt von der RA ab. Wenn der Betrag einer gebrochenen Konstanten sehr groß oder sehr klein ist, benutzt man folgende Schreibweise

| mathematische Schreibweise | F O R T R A N | | Normalform |
|---|---|---|---|
| $-3{,}75\cdot 10^{6}$ | -3.75E+06 | oder | -0.375E+07 |
| 0,000789 | 7.89E-04 | oder | 0.789E-03 |

Bei der Eingabe ist die Stellung des Dezimalpunktes innerhalb der Zahl beliebig. Die Ausgabe durch die RA erfolgt stets in der rechten sog. Normalform, die mit 0. beginnt. Die Basis der ausgehobenen Zehnerpotenz wird durch E ersetzt, es ist kein Multiplikationszeichen zu schreiben.

Die E/A Daten sind stets Konstante. Sie werden auch dann als Konstante bezeichnet, wenn sie keine Zahlen, sondern beliebige Zeichen sind. Im Quellprogramm werden Konstante und Variable benutzt.

Nun zur Schreibweise von Variablen. Sie werden im Programm durch Namen dargestellt. Wie die folgende Definition zeigt, ist diese Beziehung aber nicht umkehrbar.

> Definition: Ein Name ist eine Folge von höchstens 5 (in der Gesamtsprache 6) Zeichen. Das erste Zeichen muß ein Buchstabe sein, die anderen dürfen Ziffern, aber keine Sonderzeichen sein. Namen dienen zur Bezeichnung von Variablen, Funktionen und Programmen.

Wie bereits im Abschn. 5.1 erläutert wurde, bedeutet ein Variablenname die symbolische Adresse einer Speicherzelle. Er bezeichnet innerhalb eines Programms stets die gleiche Zelle.

Daraus folgt nicht, daß dort stets die gleiche Zahl steht. Ein Variablenname wird so gewählt, daß eine sinnfällige Beziehung zu der entsprechenden technischen Größe besteht, die in dieser Zelle gespeichert ist. Es gibt allerdings folgende Einschränkungen:

Wortsymbole und Namen von Standardfunktionen dürfen nicht als Variablennamen benutzt werden.

Definition: Ein Wortsymbol (Schlüsselwort) ist eine Folge von Buchstaben mit genormter Form und Bedeutung.

Ein Wortsymbol ist eine Anweisung und wird vom compiler in eine Folge von Maschinenbefehlen übersetzt. Es gibt etwa 20 Wortsymbole. Es sind englische Worte, deren Bedeutung klar erkennbar ist.

Beispiel: READ WRITE STOP sind Wortsymbole.

Die Standardfunktionen werden auf S. 103 behandelt.

In diesem Abschn. 6 werden nur sog. einfache Variable behandelt. Die hierfür entwickelten Regeln gelten aber auch sinngemäß für die in Abschn. 7 behandelten indizierten Variablen. Der Unterschied zwischen diesen beiden Arten wird in Abschn. 7.2 erklärt.

Zur Unterscheidung zwischen ganzen und gebrochenen Variablen wird bei der sog. impliziten Typ-Vereinbarung auf Grund des Anfangsbuchstabens des Namens unterschieden:

Der Name einer ganzzahligen Variablen muß mit einem der folgenden Buchstaben beginnen: I J K L M N
Der Name einer gebrochenen Variablen beginnt mit einem beliebigen anderen Anfangsbuchstaben.

| | | | | |
|---|---|---|---|---|
| Beispiele: | MIN | MAX | I2 | sind ganzzahlige Variable |
| | XMIN | ALPHA | PI | sind gebrochene Variable |

Die folgende Regel gehört bereits zur Gesamtsprache: Soll von der impliziten Typ-Vereinbarung abgewichen werden, so muß am Programmbeginn mindestens eine der folgenden Spezifikationsanweisungen stehen

| | |
|---|---|
| INTEGER | Liste von Variablen, die in diesem Programm ganzzahlig sein sollen |
| REAL | Liste von Variablen, die in diesem Programm gebrochen sein sollen |

Die Wortsymbole INTEGER und REAL bezeichnen den gewünschten Typ. Eine Zusammenstellung aller Spezifikationsanweisungen findet sich in Abschn. 8.4. Weitere Anweisungen, die Listen enthalten, folgen in Abschn. 6.2.

Definition: Eine Liste folgt nach einer Anweisung. Sie enthält eine beliebige Anzahl von Listenelementen, die durch Kommata zu trennen sind. Nach dem letzten Element steht kein Komma. Manche Listen sind in Klammern einzuschließen, andere nicht. Dies wird jeweils bei den betr. Anweisungen angegeben.

Beispiel: REAL KAPPA, NENN ist eine Spezifikationsanweisung für gebrochene Variable

Standard-Funktionen, im folgenden kurz Funktionen genannt, sind Unterprogramme, die in jedem compiler vorhanden sind. Sie haben genormte Namen. Da ihre Anwendung (der sog. Aufruf) sehr einfach ist, wird sie bereits hier erklärt. Genaueres über Unterprogramme folgt in Abschn. 8.

In der Gesamtsprache zählen die meisten elementaren Funktionen der Mathematik zu den Standard-Funktionen. Die folgende Tafel zeigt die Funktionen des Basic FORTRAN. Wie die fehlenden Funktionen, z.B. die Hyperbelfunktionen, leicht selbst erzeugt werden können, wird in Abschn. 8 gezeigt. Die in der rechten Spalte der Tafel aufgeführten Operationen werden in der Mathematik nicht als Funktionen bezeichnet.

## Standard-Funktionen

| mathem. Form | FORTRAN | Wirkung bezw. mathem. Form | | FORTRAN |
|---|---|---|---|---|
| $e^x$ | EXP(X) | Typumwandlungen | | |
| ln x | ALOG(X) | ganz in gebrochen | | FLOAT(N) |
| sin x | SIN(X) | gebrochen in ganz | | IFIX(X) |
| cos x | COS(X) | Absolutwert bilden | | |
| arctan x | ATAN(X) | ganze Zahl | $\|n\|$ | IABS(N) |
| tanh x | TANH(X) | gebrochene Zahl | $\|x\|$ | ABS(X) |
| $\sqrt{x}$ | SQRT(X) | Übertragen des Vorzeichens | | |
| | | ganze Zahlen | $\|m\|$ sgn n | ISIGN(M,N) |
| | | gebrochene Z. | $\|x\|$ sgn y | SIGN(X,Y) |

Auch bei den Funktionen bestimmt der erste Buchstabe des Namens den Typ des Funktionswertes. Bei den Winkelfunktionen wird der Winkel, beim arctan der Funktionswert im Bogenmaß gezählt. Das Argument der Quadratwurzel und des Logarithmus muß positiv sein.

Die Rechenoperationen werden durch folgende Sonderzeichen dargestellt:

| mathematische Bezeichnung | FORTRAN | mathematische Bezeichnung | FORTRAN |
|---|---|---|---|
| Addition | + | Multiplikation | * |
| Subtraktion | - | Division | / |
| | | Potenzieren | ** |

Definition: Eine oder mehrere, durch die vorstehenden Operationszeichen und ggf. Klammern verbundene Konstante, Variable oder Funktionsaufrufe bilden einen arithmetischen Ausdruck (arithmetic expression).

Die maximal zulässige Länge eines Ausdrucks beträgt in Basic-FORTRAN ungefähr 400 Zeichen. Näheres s. Abschn. 6.2.1.

Für die Verwendung von Operationszeichen in Ausdrücken gelten folgende Regeln:

1. Es dürfen nie zwei Operationszeichen aufeinander folgen, ggf. sind sie durch Klammern zu trennen. Das Zeichen ** für Potenzieren gilt als ein Zeichen. Klammern gelten nicht als Operationszeichen. Hier dürfen mehrere aufeinander folgen.

2. Vor und nach Operationszeichen und Klammern dürfen blanks geschrieben werden.

3. Der Gebrauch von Klammern entspricht dem der Mathematik. Insbesondere dürfen überflüssige Klammern gesetzt werden.

4. Bei Verknüpfungen verschiedener Stufe (z.B. Addition und Multiplikation) erkennt der compiler die höhere Stufe. Es brauchen also keine Klammern gesetzt werden.

5. Bei Verknüpfungen gleicher Stufe wird ohne Klammern von links nach rechts gerechnet. Ausnahme: Beim Potenzieren von Potenzen sind Klammern zu setzen.

6. Das Multiplikationszeichen ist stets zu schreiben.

7. Wenn bei einer Division Zähler und Nenner vom Typ ganz (integer) sind, wird der Divisionsrest weggelassen.

Definition: In einem gemischten Ausdruck kommen Konstante und/oder Variable verschiedenen Typs vor.

Viele compiler können gemischte Ausdrücke verarbeiten. Wenn nicht bekannt ist, wie sie in die Maschinensprache übersetzt werden, sollte man sie aber vermeiden und ggf. die Funktionen FLOAT bezw. IFIX benutzen. Eine Ausnahme von dieser Empfehlung bildet das Potenzieren. Wenn der Exponent ganz ist, sollte man einen gemischten Ausdruck benutzen, weil dann die Potenz in eine entsprechende Anzahl von Faktoren zerlegt wird. Bei gebrochenem Exponenten wird zur Berechnung der Potenz die Identität

$$a^b = e^{b \ln a}$$ benutzt.

Dies erfordert i.allg. mehr Rechenzeit als die Zerlegung in Faktoren. Außerdem muß in diesem Fall $a > 0$ sein.

Für Funktionsaufrufe gilt folgende Regel: Das Argument eines Funktionsaufrufes ist ein Ausdruck und muß in Klammern gesetzt werden. Daraus folgt z.B., daß im Argument eines Funktionsaufrufes wieder Funktionsaufrufe stattfinden dürfen, wie in der letzten Zeile des folgenden Beisp. 16 gezeigt ist.

Die Ergebnisse dieses Abschnitts können grob in der Aussage zusammengefaßt werden: ein FORTRAN-Ausdruck hat große Ähnlichkeit mit der rechten Seite einer "Formel". Wie das folgende Beispiel zeigt, können mit diesem elementaren FORTRAN bereits recht komplizierte Formeln dargestellt werden.

Beispiel 16. FORTRAN-Ausdrücke.

| mathematische Schreibweise | F O R T R A N |
|---|---|
| $\frac{a\,c}{b}$ | `A*C/B` oder `A/B*C` |
| $\frac{a}{b\,c}$ | `A/B/C` oder `A/(B*C)` |
| $\frac{a+b}{-c}$ | `(A+B)/(-C)` |
| $\sqrt{a^2+b^2}$ | `SQRT(A*A + B*B)` |
| $\sqrt[3]{x}$ | `X**0.333333` nicht `X**(1/3)` Die Integer-Division 1/3 ergibt 0 ! |
| $e^{-x^2/2}$ | `EXP(-0.5*X*X)` |
| $A \sin(\omega t + \varphi)$ | `A*SIN(OMEGA*T + PHI)` |
| $\operatorname{arsinh} x = \ln(x + \sqrt{1+x^2})$ | `ALOG(X + SQRT(1. + X*X))` |

Außer den hier behandelten arithmetischen Operationen und Ausdrücken enthält die Gesamtsprache zur Verknüpfung von logischen Variablen und Konstanten die Operationen Negation, Konjunktion und Disjunktion. Sie werden durch die Wortsymbole .NOT. .AND. .OR. dargestellt. Ferner gibt es dort noch die sog. Vergleichsoperatoren wie "kleiner als", "grösser als " usw.

## 6.2 ARITHMETISCHE- UND STEUERANWEISUNGEN

### 6.2.1 Einteilung und Schreibweise von Anweisungen

In Anlehnung an die Symbole des Programmablaufplans (s.S. 64) werden die Anweisungen in folgende Gruppen eingeteilt:

| F O R T R A N | in Abschn. | Programmablaufplan |
|---|---|---|
| arithmetische Anweisungen (arithmetic statements) | 6.2 |  |
| Steueranweisungen (control statements) | | |
| Sprunganweisungen | 6.2 |  |
| Laufanweisung | 7.1 |  |
| sonstige Steueranweisungen | 6.2 | 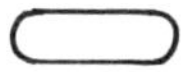 |
| Ein- und Ausgabeanweisungen (in- and output statements) | 6.3 |  |
| Unterprogrammanweisungen (procedure statements) | 8 |  |
| Spezifikationsanweisungen (specification statements) | 8.4 | keine Entsprechung |

Gelegentlich erfolgt auch eine Einteilung in ausführbare und nicht ausführbare Anweisungen. Eine ausführbare Anweisung wird vom compiler in einen oder mehrere Befehle der Maschinensprache umgewandelt. Bei einer nicht ausführbaren Anweisung ist dies nicht der Fall. Beispiele für nicht ausführbare Anweisungen sind die Spezifikationsanweisungen und die in Abschn. 6.3 erläuterte FORMAT-Anweisung. Fast alle anderen Anweisungen sind ausführbar. Manche FORTRAN-Regeln beziehen sich auf diese Einteilung.

Wie bereits mehrfach erwähnt, werden die symbolischen Adressen der Speicherzellen, in denen Daten stehen, durch Namen gekennzeichnet. Entsprechend gilt für Anweisungen:

Die symbolischen Adressen der Anweisungen werden durch Anweisungsnummern angegeben. Sie sind positive ganze Konstante. Es brauchen nicht alle Anweisungen numeriert zu werden. Die Anweisungsnummern brauchen im Programm keine geordnete Zahlenfolge zu bilden.

Für das Schreiben von Anweisungen gelten folgende Regeln:

Für jede Anweisung ist eine neue Lochkarte zu beginnen. Sie ist in folgenden Spalten zu lochen:

| 1 | 2 .. 5 | 6 | 7 ................ 72 | 73 ..... 80 |
| --- | --- | --- | --- | --- |
| | Anw.Nr. | | Anweisung | Lfd.Nr. der Lochkarte |
| C bei Kommentarkarte | | Zeichen für eine Folgekarte | | |

Bild 31 Einteilung einer Lochkarte

Ist in Spalte 1 ein C gelocht, so wird zwar der nachfolgende Inhalt der Karte bei der Liste des Programms gedruckt (s. Abschn. 4.3), aber bei der Verarbeitung des Programms nicht beachtet. Auf diese Weise können sog. Kommentarkarten erzeugt werden. Bei einfachen Programmen können sie die Programmbeschreibung (Abschn. 4.2,Ziff.9) ersetzen.

In die Spalten 2 bis 5 wird die Anweisungsnummer gelocht, wenn die Anweisung zu numerieren ist. In der Gesamtsprache darf die Anweisungsnummer auch fünfstellig sein. Ggf. ist die Spalte 1 mit zu benutzen.

Ist in Spalte 6 ein beliebiges Zeichen gelocht, so wird diese Lochkarte nicht als neue Anweisung, sondern als Fortsetzung, als sog. Folgekarte der vorhergehenden Lochkarte interpretiert. In Basic FORTRAN sind bis zu 5, in der Gesamtsprache bis zu 19 Folgekarten zu einer Anweisung zulässig. Innerhalb von Folgekarten dürfen keine Kommentarkarten sein.

In die Spalten 7 bis 72 wird die Anweisung gelocht. Sie darf in einer beliebigen Spalte beginnen. Damit kann das Bild des gedruckten Programms übersichtlich gestaltet werden.

In die Spalten 73 bis 80 darf eine laufende Lochkartennummer gelocht werden. Sie hat nichts mit der Anweisungsnummer zu tun und dient z.B. zum Sortieren der Karten.

Bild 2, S. 19 zeigt eine Lochkarte.

Bei Datensichtgeräten und Fernschreibmaschinen wird meist dieses Lochkartenformat benutzt. Für jede Anweisung ist eine neue Zeile zu beginnen.

Auf Lochstreifen ist das Ende jeder Anweisung durch ein Semikolon oder die Zeichen ., zu markieren.

Im übrigen gibt es keine genormten Regeln, z.B. über die zulässige Länge einer Anweisung.

### 6.2.2 Arithmetische Anweisungen

Sie haben die Form

| Variable = arithmetischer Ausdruck |
|---|

Die Bedeutung dieser Begriffe wurde in Abschn. 6.1, die Anwendung von arithmetischen Anweisungen in Abschn. 5.4 behandelt. Deshalb hier nur nochmals eine kurze Zusammenfassung: der Wert des Ausdrucks auf der rechten Seite des Gleichheitszeichens wird berechnet und in der Zelle gespeichert, deren symbolische Adresse links angegeben ist. Ferner wird wiederholt, daß alle Variablen, die in Ausdrücken vorkommen,initialisiert worden sein müssen. Dies wurde auf S. 66 behandelt.

### 6.2.3 Steueranweisungen

Zunächst werden die Sprunganweisungen behandelt. Sie entsprechen den Verzweigungen im Plan. Hier zeigt sich aber ein wesentlicher Unterschied zwischen Plan und Programm. Die Pläne sind zweidimensional, die Programme bilden eine eindimensionale Folge von Anweisungen. Ohne Sprunganweisungen wird das Programm in der Reihenfolge bearbeitet, in der die Anweisungen z.B. von Lochkarten eingelesen und gespeichert wurden. Diese Reihenfolge kann durch Sprunganweisungen unterbrochen werden.

Bei der bedingten Sprunganweisung wird in Abhängigkeit vom Vorzeichen eines arithmetischen Ausdrucks zu verschiedenen Folgeanweisungen gesprungen. Sie hat folgende Form

| IF(Ausdruck) $n_1, n_2, n_3$ |
|---|

$n_1, n_2, n_3$ sind die Anweisungsnummern der Sprungziele. Die als nächste ausgeführte Anweisung ist die mit der Nummer

$n_1$ wenn der Wert des Ausdrucks kleiner Null
$n_2$ wenn der Wert des Ausdrucks gleich Null
$n_3$ wenn der Wert des Ausdrucks größer Null ist.

Zwei von diesen Anweisungsnummern dürfen gleich sein. Ferner dürfen die Sprungziele vor oder nach dieser IF-Anweisung liegen. Es können mit dieser Anweisung also Maschen und alle Arten von Schleifen programmiert werden (s. Abschn. 5.2). Zum Programmieren von induktiven Schleifen gibt es noch die sog. Laufanweisung, die in Abschn. 7.1 besprochen wird.

In der Gesamtsprache gibt es außer der vorstehenden sog. arithmetischen IF-Anweisung noch eine sog. logische IF-Anweisung. Hier steht in der Klammer nach IF ein logischer Ausdruck und hinter der Klammer eine beliebige Anweisung. Je nach dem Wert dieses Ausdrucks wird diese Anweisung oder die auf IF folgende Anweisung ausgeführt.

Wegen der Eindimensionalität der Programme braucht man speziell bei Maschen noch die unbedingte Sprunganweisung. Sie hat die Form

```
GO TO n
```

n ist die Anweisungsnummer des Sprungzieles. Die Anweisung Nr. n wird stets im Anschluß an die GO TO Anweisung ausgeführt.

Beispiel 17. Programmausschnitt mit zwei Maschen

P l a n

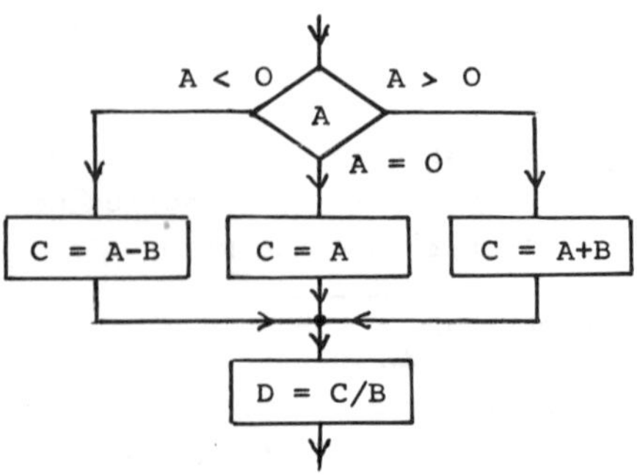


F O R T R A N

```
  IF(A) 1, 2, 3
1 C = A - B
  GO TO 4

2 C = A
  GO TO 4

3 C = A + B
4 D = C/B
```

Bild 32 Plan mit zwei Maschen

Es ist ein häufiger Fehler, am Ende eines Zweiges das GO TO zu vergessen. Deshalb sind die Testbeispiele so zu wählen, daß dabei jeder Zweig der Maschen durchlaufen wird. Wenn bekannt ist, daß ein Zweig erheblich häufiger durchlaufen wird als die anderen, empfiehlt es sich, diesen so im Programm zu plazieren, daß anschließend kein GO TO zu erfolgen braucht.

Beispiel 18. Programmausschnitt mit einer Schleife. Man beachte den Unterschied zwischen der in Plänen häufig verwendeten Ja-Nein Frage und der Vorzeichenverzweigung mit IF.

P l a n

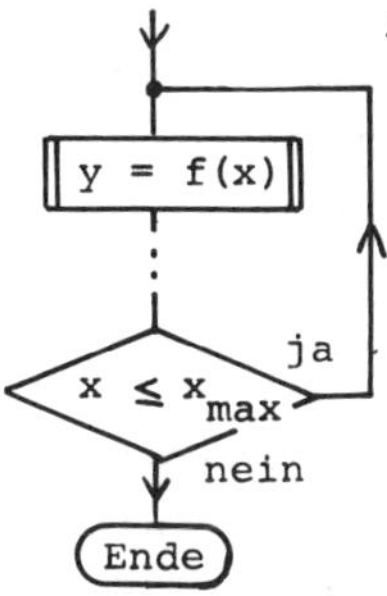


Bild 33 Plan mit Schleife

F O R T R A N

Abfrage auf "kleiner oder gleich"

1. Möglichkeit

```
2 Y = F(X)
  :
  IF(XMAX-X) 8, 2, 2
8 STOP
```

2. Möglichkeit

```
  IF(X-XMAX) 2, 2, 8
```

Anw. Nr. 2 und 8 wie oben

Abfrage auf "kleiner als" (nicht im Plan)

1. Möglichkeit

```
  IF(XMAX-X) 8,8,2
```

2. Möglichkeit

```
  IF(X-XMAX) 2,8,8
```

Wählt man jeweils die erste Möglichkeit, d.h. als ersten Operanden der Differenz den größeren Wert der Ungleichung, so gilt die Merkregel:

| Der Nein-Zweig ist negativ.

Bei Verwendung von gebrochenen Zahlen treten hier im Nullzweig häufig Rundungsfehler auf. Insbesondere wenn die x-Werte innerhalb der Schleife mit der Anweisung X = X + DX berechnet werden. Man kann sich helfen, indem in der Abfrage statt der Grenze $x_{max}$ die Schranke $x_{sch}$ eingeführt wird. Soll $x = x_{max}$ zum Ja-Zweig gehören, gilt $x_{max} < x_{sch} < (x_{max} + dx)$, andernfalls gilt $(x_{max} - dx) < x_{sch} < x_{max}$.

Eine weitere Möglichkeit, diesen Fehler im Nullzweig zu vermeiden, besteht darin, die x-Werte aus ganzen Zahlen zu erzeugen. Dies wird in Beisp. 36, S. 133 gezeigt.

Für den Verteiler (programmierten Schalter) gibt es die berechnete Sprunganweisung (computed GO TO). Sie hat die Form

| GO TO($n_1$, $n_2$, ... $n_j$, ... $n_m$), I | $j = 1, 2, \dots m$ |
|---|---|

Die $n_j$ sind beliebige Anweisungsnummern. Hat die ganzzahlige Variable I den Wert j, so wird als nächste die Anweisung Nr. $n_j$ ausgeführt. Man beachte das Komma vor I.

Beispiel: GO TO(12, 1, 15, 7), I hat I den Wert 3, so wird als nächste die Anweisung Nr. 15 ausgeführt.

Für eine zweckmäßige Anwendung der IF- und berechneten GO TO-Anweisung im Sinne der strukturierten Programmierung wird auf die Ausführungen des Abschn. 5.2 verwiesen.

In der Gesamtsprache gibt es noch die sog. zugeordnete Sprunganweisung. Hier bedeutet der Wert der Variablen I die Anweisungsnummer selbst. Eine weitere Steueranweisung ist die Laufanweisung. Sie wird in Abschn. 7.1 behandelt.

Die sonstigen Steueranweisungen entsprechen der Grenzstelle "Ende" im Programmablaufplan. Die Grenzstelle "Anfang" wird (inkonsequenter Weise) nicht durch genormte FORTRAN-Anweisungen dargestellt, sondern durch Steueranweisungen für das Betriebssystem.

Nach der Anweisung STOP wird keine weitere Anweisung mehr ausgeführt. Diese Anweisung darf numeriert werden und muß mindestens einmal in jedem Hauptprogramm vorkommen.

Durch die Anweisung **PAUSE** wird das Programm unterbrochen, kann aber wieder fortgesetzt werden. Dies geschieht durch eine Steueranweisung für das Betriebssystem oder durch manuelles Betätigen einer "Start-Taste". Diese Anweisung wird insbesondere beim Testen von Programmen benutzt (Abschn. 10). Während der Pause können auch manuelle Eingriffe, z.B. an peripheren Speichern, vorgenommen werden.

Diesen beiden Anweisungen darf eine Konstante m hinzugefügt werden, z.B. PAUSE 1 . Der Wert dieser Konstanten wird beim Anhalten angezeigt. Hierdurch können verschiedene Pausen unterschieden werden.

Die letzte Anweisung jedes Programms muß **END** heißen.

Diese Anweisung darf nicht numeriert werden und nur einmal im Programm vorkommen. Die Grenzstelle "Ende" im Plan wird oft durch die beiden Anweisungen STOP END (auf zwei Lochkarten) realisiert.

## 6.3 Ein- und Ausgabe Anweisungen

Diese Anweisungen bilden den schwierigsten Teil des elementaren FORTRAN. Es sei aber betont, daß in der Flexibilität dieser Anweisungen die Stärke des FORTRAN z.B. gegenüber der Programmiersprache ALGOL liegt. ALGOL wird auch viel zur Programmierung technisch-wissenschaftlicher Probleme benutzt und ist mit Ausnahme dieser E/A Anweisungen dem FORTRAN ähnlich. Dem Leser sei ferner empfohlen, bereits jetzt einen Blick auf die Programme des Abschn. 6.4 zu werfen, um einige E/A Anweisungen, deren Sinn sich meist unmittelbar oder aus dem Plan des Abschn. 5.4 ergibt, unbefangen zu lesen. Die E/A indizierter Variabler wird in Abschn. 7.2 behandelt. Eine einfache Möglichkeit der Daten Eingabe bietet ferner die in Basic FORTRAN nicht zugelassene und deshalb erst in Abschn. 9.1 beschriebene DATA-Anweisung.

Die folgenden Anweisungen beziehen sich auf die auf S. 20 erläuterten sequentiellen Speicher. Durch jede Anweisung wird jeweils "der nächste" Satz ein- bezw. ausgegeben. Das ist der Satz, der sich z.Zt. der Ausführung dieser Anweisung in der Lese/Schreibstation des betr. E/A Gerätes befindet. Anweisungen für Speicher mit direktem Zugriff werden in Abschn. 9.2.2 behandelt. Für Sondergeräte wie Datensichtgeräte oder Zweikoordinatenschreiber gibt es keine genormten FORTRAN-Anweisungen. Die Hersteller dieser Geräte liefern aber Unterprogramme, mit denen die E/A dieser Geräte ähnlich wie in FORTRAN programmiert werden kann.

Man unterscheidet E/A Anweisungen mit und ohne Format-Angabe. Ohne Format-Angabe wird vorwiegend in Verbindung mit Magnetbändern gearbeitet (s.Abschn. 9.2.1). Dann wird bei den im folgenden beschriebenen READ- und WRITE-Anweisungen die Nummer der FORMAT-Anweisung weggelassen. Die Information wird dann ohne eine Umcodierung als Binärmuster vom E/A Gerät in den Zentralspeicher bezw. in umgekehrter Richtung übertragen. Wird eine FORMAT-Anweisung benutzt, so wird mit der E/A automatisch vom Code des E/A Gerätes in den Code des Zentralspeichers bezw. umgekehrt umcodiert.

Die READ- und WRITE-Anweisungen haben folgende Form:

für die Eingabe `READ(M, n) Liste von Variablen`

für die Ausgabe `WRITE(M, n) Liste von Variablen`

M ist eine positive ganzzahlige Konstante oder Variable. Sie bedeutet die Schlüsselzahl des gewünschten E/A Gerätes. Diese Zahlen sind bei den verschiedenen RA verschieden. Die in den folgenden Beispielen benutzten Werte gelten für die RA IBM 1130 und bedeuten:

1 Ausgabe über die Konsolschreibmaschine
2 Ein- oder Ausgabe über Lochkarten-Lesestanzer
3 Ausgabe über Zeilendrucker
6 Eingabe über die Konsolschreibmaschine

n ist die Anweisungsnummer der zu dieser READ bezw. WRITE-Anweisung gehörigen FORMAT-Anweisung, also eine ganzzahlige positive Konstante. Der Begriff "Liste" wurde auf S. 103 definiert. In Sonderfällen kann diese sog. E/A Liste entfallen.

Auch die nachstehend erläuterte FORMAT-Anweisung enthält eine Liste, die sog. Spezifikationsliste. Zwischen beiden Listen besteht folgender wichtiger Zusammenhang:

Die E/A Liste nach READ bezw. WRITE enthält die symbolischen Adressen der Daten im Zentralspeicher. Die Spezifikationsliste der FORMAT-Anweisung enthält Angaben über die Form und Einteilung der Daten auf dem peripheren Speicher. Die Elemente beider Listen werden im Normalfall paarweise einander zugeordnet.

Die FORMAT-Anweisung hat folgende Form

```
n FORMAT(Spezifikationsliste)
```

Man beachte, daß die Spezifikationsliste in Klammern zu setzen ist, die E/A Liste hingegen nicht. Jede FORMAT-Anweisung muß eine Anweisungsnummer n haben. Mehrere READ und/oder WRITE-Anweisungen können sich auf dieselbe FORMAT-Anweisung beziehen. Von Ausnahmefällen abgesehen, kann eine FORMAT-Anweisung an einer beliebigen Stelle des Programms stehen. Man schreibt sie entweder unmittelbar nach der dazugehörigen READ/WRITE-Anweisung, oder stellt alle FORMAT-Anweisungen zusammen an eine gemeinsame Stelle des Programms. Die FORMAT-Anweisung ist eine nicht ausführbare Anweisung (s. S. 107).

Die Spezifikationsliste enthält die Form und Einteilung der Daten auf dem externen Speicher in Sätze und Felder.

Definition: Mehrere Zeichen (characters) bilden ein Feld (field). Mehrere Felder bilden einen (physischen) Satz (record). Mehrere Sätze bilden eine Datei (file). Felder werden durch ein Komma getrennt, Sätze durch einen Schrägstrich. Zum Dateiende s. S. 81 und 123.

Beispiel: Eine Zahl oder mehrere Textworte (Überschrift) bilden ein Feld. Der Inhalt einer Lochkarte oder eine Zeile beim Drucker ist ein Satz. Die Werte einer Meßreihe oder die Namen und Anschriften der Kunden einer Firma ist eine Datei.

Damit erhält die Spezifikationsliste folgende Form

$$S_1/S_2/\ldots/S_j/\ldots/S_n$$

Der Satz $S_j$ besteht aus den Feldern $F_1, F_2, \ldots, F_k, \ldots, F_m$

Es gibt verschiedene Arten von Feldern. Zahlenfelder beziehen sich auf die in Abschn. 6.1 näher erläuterten Zahlen vom Typ ganz und gebrochen. Sie haben die allgemeine Form

| Kw.d |
|---|

K ist ein Kennbuchstabe für die Art des Zahlenfeldes. w ist eine positive ganzzahlige Konstante, sie gibt die Feldlänge (width) an. Was hierunter zu verstehen ist, wird bei jedem Feld erläutert. d ist ebenfalls eine positive ganzzahlige Konstante, sie gibt ggf. die gewünschte Anzahl der Ziffern hinter dem Dezimalpunkt an. Diese Angabe bezieht sich aber nur auf die E/A und hat nichts mit der internen Rechengenauigkeit zu tun, insbesondere wird nicht gerundet.

Für alle Zahlenfelder gelten folgende Regeln: Bei der Eingabe werden blanks als Nullen interpretiert. Die Ausgabe erfolgt rechtsbündig, d.h. die letzte Ziffer steht in der letzten Stelle des Feldes. Führende Nullen und das Vorzeichen + werden bei der Ausgabe durch blanks ersetzt. Wenn die Feldlänge absichtlich zu groß gewählt wird, kann dadurch ein Zwischenraum zwischen zwei Zahlen erzeugt werden. Eine zu kleine Feldlänge ist hingegen stets ein Fehler.

In Basic FORTRAN gibt es folgende Zahlenfelder:

Ein Feld für den Typ ganzzahlig hat die Form | Iw |

I ist der Kennbuchstabe (integer), zur Feldlänge w gehört außer der Anzahl der Dezimalziffern auch das Vorzeichen der Zahl. Dieses Feld muß rechtsbündig eingegeben werden. Wenn also z.B. ein Lochkartenfeld die Spalten 10 bis 20 umfaßt, muß die Einerziffer in Spalte 20 gelocht werden.

Beispiel 19. Lesen einer ganzen Zahl.

```
    READ(2,100) N
100 FORMAT(I5)
```

Durch diese Anweisungen wird von Spalte 1 bis 5 von der zur Zeit der Ausführung dieser Anweisung in der Lesestation des Lochkartenlesers befindlichen Lochkarte aus den Spalten 1 bis 5 eine vierstellige Zahl samt Vorzeichen gelesen, ins Dualsystem umgeformt und unter der symbolischen Adresse N im Zentralspeicher gespeichert.

Für gebrochene Zahlen gibt es zwei Feldarten, die nichts mit der Genauigkeit der internen Verarbeitung zu tun haben. Die eine Form lautet

| Fw.d |
|---|

F ist der Kennbuchstabe. Zur Feldlänge w zählen außer den Ziffern auch das Vorzeichen und der Dezimalpunkt. Bei diesem sog. F-Format wird eine Zahl in der in Beisp. 20, S. 118 gezeigten "üblichen" Schreibweise gelesen bezw. gedruckt.

Bei der Eingabe braucht die Zahl nicht rechtsbündig dargestellt werden. Entscheidend ist die Lage des Dezimalpunktes auf dem Eingabemedium. Nur wenn dieser Dezimalpunkt weggelassen wird, entscheidet die FORMAT-Anweisung.

Wenn die Größenordnung der Daten sehr schwankt, benutzt man das sog. E-Format. Es hat die Form

| Ew.d |
|---|

Die Darstellung der Zahlen ist dann die gleiche wie auf S. 101 oben für gebrochene Konstante gezeigt wurde. Danach kann man z.B. für $-34{,}5\cdot 10^{-5}$ in FORTRAN -34.5E-05 oder -0.345E-03 schreiben. Zur Feldlänge w zählen jetzt außer den Ziffern, dem Dezimalpunkt und Vorzeichen auch die vier Stellen zur Darstellung des Exponenten. Die Zahl muß stets rechtsbündig geschrieben werden, weil der Exponent als ganze Zahl rechtsbündig geschrieben werden muß. Bei der Eingabe ist die Lage des Dezimalpunktes beliebig. Die Ausgabe erfolgt stets in der auf S. 101 erläuterten Normalform, die mit 0. beginnt. In diesem

Fall muß stets

$$w \geq d + 7$$ sein.

<u>Beispiel 20. Ausgabe von gebrochenen Zahlen.</u>
Durch die Anweisungen

```
      WRITE(1,100) X          WRITE(1,101) X
  100 FORMAT(F6.2)        101 FORMAT(E15.5)
```

wird über die Konsolschreibmaschine ausgegeben:

| dezimaler Inhalt der Speicherzelle X | F-Format | E-Format |
|---|---|---|
| +1,99999 | bb1.99 | bbbb0.19999E 01 |
| +0,001 | bb0.00 | bbbb0.10000E-02 |
| -1000,0 | ****** | bbb-0.10000E 04 |

b bedeutet blank. In der dritten Zeile liegt beim F-Format ein Ausgabefehler vor. Das Format müßte dort mindestens F8.2 oder F6.0 betragen. Was bei einem Ausgabefehler zu geschehen hat, ist nicht genormt. Meist werden w Sterne gedruckt.

Außer den Zahlenfeldern gibt es noch folgende Arten:

Ein <u>Leerfeld</u> hat die Form **wX**

die Feldlänge w, die hier <u>vor</u> den Kennbuchstaben X zu schreiben ist, bedeutet die Anzahl der blanks. Bei der Ausgabe werden Leerfelder zum Erzeugen von Zwischenräumen in einem Satz benutzt. Bei der Eingabe werden w Zeichen "übersprungen". Sie können z.B. auf einer Lochkarte Informationen enthalten, die nur für den Menschen bestimmt ist.

Mit einem <u>alphanumerischen Feld</u> können beliebige Zeichen (also auch Ziffern) ein- oder ausgegeben werden. Sie sind bezw. werden intern im EBCDI-Code dargestellt (s.S.40). Für dieses Feld gibt es zwei Formen:

**'T E X T'** oder **wH W ZEICHEN TEXT**

Die linke Form ist nicht genormt, aber sehr einfach und auf den meisten RA ausführbar. Zwischen die Apostrophe wird eine beliebige Anzahl von Zeichen gesetzt.

Beim rechten H-Format muß die Anzahl der Zeichen (einschließlich blanks) als Feldlänge w vor dem Kennbuchstaben H angegeben werden. Nach dem H folgen dann genau w Zeichen.

Alphanumerische Felder werden vorwiegend bei der Ausgabe zum Drucken von Überschriften u.ä. benutzt. Bei der Eingabe werden hierdurch die in der FORMAT-Anweisung stehenden Zeichen (meist blanks) überlesen und durch die eingelesenen Zeichen ersetzt. Auf diese Weise ist es möglich, einen "variablen" Text zu programmieren. Enthält eine E/A Anweisung nur alphanumerische Felder, so entfällt die Liste der Variablen. (Dieser durch das Programm erzeugte Text darf nicht mit dem Inhalt der auf S.108 erläuterten Kommentarkarten verwechselt werden.)

Beispiel 21. Lesen und Schreiben von Text.
Durch die Anweisungen

```
    READ(2,100)
100 FORMAT(10Hbbbbbbbbbb)
```

wird der Inhalt der ersten zehn Spalten der in der Lesestation liegenden Lochkarte gelesen und im EBCDI-Code in der symbolischen Adresse 100 gespeichert. Von dort kann er z.B. durch die Anweisung WRITE(1,100) wieder ausgegeben werden.

Mit der Anweisung

```
    WRITE(1,101)
101 FORMAT(15X, 'FUNKTIONSTAFEL')
```

schreibt die Schreibmaschine 15 Leerstellen, dann das Wort FUNKTIONSTAFEL.

Das nun (bis einschließlich Beisp. 22, S. 120) beschriebene A-Format gehört nicht mehr zum Basic-FORTRAN. Seine Kenntnis ist für den Anfänger nicht erforderlich.

Die Speicherzellen, deren symbolische Adressen durch Namen angegeben werden, enthalten beim I-, F- und E-Format Zahlen in der in Abschn. 3.1 erläuterten Codierung. Manchmal (speziell bei kaufmännischen Problemen) ist es aber erforderlich, auch in diesen Zellen Zeichen im EBCDI-Code zu speichern. Dies geschieht mit Hilfe des A-Formats. Es wird meist in Zusammenhang mit den in Abschn. 7.2 behandelten indizierten Variablen benutzt. Das A-Format hat die Form **Am**

A ist der Kennbuchstabe, m ist die Anzahl der unter der betr. symbolischen Adresse gespeicherten Zeichen. Für ein Zeichen wird im EBCDI-Code ein byte benötigt. Daraus folgt in Verbindung mit den Erläuterungen des Abschn. 2.2.2, daß der zulässige Maximalwert von m davon abhängt, wieviele bytes bei der betr. RA für eine Variable eines bestimmten Typs zur Verfügung gestellt werden. Bei der hier benutzten RA muß für ganze Variable m $\leq$ 2 und für gebrochene Variable m $\leq$ 4 sein.

Beispiel 22. A-Format.

Die Anweisungen lauten

```
      READ(2,100) M, N
  100 FORMAT(I2, A2)
```

In den ersten vier Spalten der Lochkarte steht 1111 .
In die Speicherzelle M gelangt die Zahl 11 als Dualzahl, in die Speicherzelle N zweimal die Ziffer 1 im EBCDI-Code.
In Beisp. 40, S.143 wird die Anwendung des A-Formats mit indizierten Variablen gezeigt.

Nun folgen weitere Regeln für E/A Anweisungen:

> Mit einer E/A Anweisung können mehrere Sätze verarbeitet werden. Mit jeder E/A Anweisung wird automatisch ein neuer Satz angefangen. Das gilt auch für Anweisungen, die innerhalb von Schleifen stehen, also auch für die in Abschn. 7.1 behandelte Laufanweisung.

Der Aufbau jedes Satzes aus Feldern muß sorgfältig analysiert werden (s.Abschn. 4.2,Ziff.4). Bei Lochkarten, Konsolschreibmaschine und normaler Papierbreite beim Drucker besteht jeder Satz aus 80 Zeichen. Verwendet man beim Drucker breites Papier, können 120 Zeichen in einer Zeile gedruckt werden. Bleiben die letzten Zeichen eines Satzes frei, so brauchen keine Leerzeichen programmiert werden. Solange aber andere Zeichen folgen, ist jedes Zeichen (also auch die blanks) einem Feld zuzuordnen.

Beispiel 23. Ein- und Ausgabe von Sätzen.

Durch die Anweisungen READ(2,100) N, X, Y
```
100 FORMAT(I5, F10.5, E15.5)
```
werden drei Zahlen von einer Lochkarte gelesen, die die folgende Einteilung und z.B. den folgenden Inhalt hat

| | 1. Feld | 2. Feld | 3. Feld | |
|---|---|---|---|---|
| Spalten Nr. | 1....5 | 6.....15 | 16.........30 | ... |
| Inhalt | -345 | 3.4 | -0.12345E+03 | |

Die ganze Zahl und der Exponent müssen rechtsbündig stehen.

Sollen diese drei Zahlen von drei Lochkarten gelesen werden, wäre FORMAT(I5/F10.5/E15.5) erforderlich.

Durch die Anweisungen WRITE(1,101) X
```
101 FORMAT(15X,'LOESUNG =',F7.2)
```
und dem dezimalen Inhalt der Speicherzelle X gleich -55.66666 wird über die Konsolschreibmaschine ausgegeben

15 blanks LOESUNG =b-55.66 b bedeutet blank

Die Anweisungen
```
    WRITE(1,102)
102 FORMAT(/////25X,'FUNKTIONSTAFEL'//25X,'X',12X,'Y'/)
```
erzeugen

```
                    5 Leerzeilen
25 blanks     FUNKTIONSTAFEL
                    Leerzeile
25 blanks     X                Y
                    Leerzeile
```

Häufig wird bei der Ausgabe mit FORMAT-Anweisung bei jedem Satz das erste Zeichen weggelassen, denn in der Gesamtsprache gilt folgende Regel:

> Das erste Zeichen jedes Satzes wirkt als Steuerzeichen für das Ausgabegerät und wird deshalb nicht gedruckt.

Es gibt folgende Steuerzeichen:

| Zeichen | vor dem Drucken erfolgt |
|---|---|
| blank | einfacher Zeilenvorschub |
| 0 (Null) | doppelter Zeilenvorschub |
| + | kein Vorschub |
| 1 | Seitenvorschub |

Um sicher zu gehen, kann man jeden Satz mit 1Hz beginnen, wobei z eines der angegebenen Steuerzeichen ist. Für einen einfachen Zeilenvorschub genügt es, jeden Satz mit einem Leerfeld zu beginnen, oder die Feldlänge der ersten Variablen so groß zu wählen, daß mindestens ein blank entsteht. In beiden Fällen wird das erste blank nicht gedruckt. Ferner ist hier zwischen blank und 0 (Null) zu unterscheiden. Die Steuerzeichen 0 und + müssen im H-Format eingegeben werden.

Die Kenntnis der folgenden Regeln ist für den Anfänger nicht erforderlich.

Kommt innerhalb eines Satzes hintereinander mehrfach das gleiche Feld vor, so kann die Anzahl dieser Wiederholungen durch einen Wiederholungsfaktor k als ganzzahlige Konstante vor dem betr. Kennbuchstaben angegeben werden.

Im allgemeinen haben die E/A Liste bei READ/WRITE und die Spezifikationsliste bei FORMAT die gleiche Länge. Ist die Spezifikationsliste länger, so hat das keine Wirkung. Ist die E/A Liste länger, so wird die Spezifikationsliste mit Beginn eines neuen Satzes von vorn begonnen, falls sie keine inneren Klammern enthält.

In der Gesamtsprache darf ein Teil der Liste in sog. innere Klammern gesetzt werden. Falls die E/A Liste länger als die Spezifikationsliste ist, wird nur dieser Teil wiederholt. Vor die innere Klammer darf ein Wiederholungsfaktor gesetzt werden. Das Schachteln von mehreren inneren Klammern ist nicht zulässig.

Die Wirkung dieser Regeln ist im folgenden Beispiel gezeigt. Sie werden meist in Verbindung mit den im Abschn. 7.2 behandelten Bereichen benutzt (s. Beisp. 41, S. 143).

Beispiel 24. Wiederholungsfaktor und innere Klammern.

| Programmausschnitt | Wirkung |
|---|---|
| READ(2,100) X, Y, Z<br>100 FORMAT(3F10.5) | drei Zahlen werden von einer Lochkarte gelesen |
| READ(2,101) X, Y, Z<br>101 FORMAT(F10.5) | drei Zahlen werden von drei Lochkarten gelesen |
| WRITE(1, 102) N,A,B,C,D<br>102 FORMAT(I5/(2F10.5)) | 1. Zeile N<br>2. Zeile A B<br>3. Zeile C D |
| WRITE(1,103) I,X,J,Y,K,Z<br>103 FORMAT(3(I5,F10.5)) | alle Zahlen in einer Zeile |

Dateiende

Bei vielen RA kann das Ende einer Datei durch ein Sonderzeichen markiert werden. Dies geschieht bei Eingabe mit Lochkarten durch eine sog. EOF-Karte (end of file) beim Magnetband durch eine spezielle Anweisung (s.S. 180). Es ist nicht genormt, was beim Lesen dieses Zeichens zu geschehen hat. Praktisch gibt es zwei Möglichkeiten:

1. Das Betriebssystem beendet das laufende Programm und leitet die Bearbeitung des nächsten Programms ein. Dies ist insbesondere bei kaufmännischen Anwendungen sinnvoll, weil hier das Ende der Bearbeitung einer Datei meist mit dem Programmende identisch ist.

2. In der Version FORTRAN V kann in der READ-Anweisung eine Anweisungsnummer des laufenden Programms angegeben werden. Zu dieser Anweisung wird verzweigt, wenn das EOF-Zeichen gelesen wird.

In diesem Buch wird von diesen Möglichkeiten kein Gebrauch gemacht. Es wird vorausgesetzt, daß das Ende der Datei durch die auf S. 81 beschriebene Datenendkarte gekennzeichnet ist.

## 6.4 Beispiele

Nun werden die FORTRAN-Programme zu den Beispielen in Abschn. 5.4 behandelt. Dabei werden aber nur noch die Dinge erläutert, die sich speziell auf FORTRAN beziehen. Für die Problemstellung und die Logik des Programms wird auf das entsprechende Beispiel in Abschn. 5.4 verwiesen. Die Ergebnisse werden aus Platzersparnis nur bei den ersten Beispielen und dann angegeben, wenn sich bei der E/A besondere Probleme ergeben.

Beispiel 25. Sortieren von drei Zahlen. (Plan in Beisp. 6, S. 75). Da die FORTRAN-Unterprogrammtechnik erst in Abschn. 8 behandelt wird, wurden jedesmal drei Tauschanweisungen geschrieben. Die Ein- und Ausgabeanweisungen benutzen eine gemeinsame FORMAT-Anweisung. Auf der Eingabekarte stehen z.B. innerhalb der Spalten 1 bis 10 die Zahl 3. , innerhalb Spalte 11 bis 20 die Zahl 2. und innerhalb Spalte 21 bis 30 die Zahl -5. . Die angegebenen "Randspalten"gehören noch mit zum jeweiligen Feld. Ausgegeben wird eine Zeile.

Beispiel 26. Lage eines Punktes in der Ebene. (Plan in Beisp. 7, S. 77). Es wird nur das Programm für die zweite Version gezeigt. Stehen auf der Lochkarte z.B. die Zahlen -2. -3. , so wird nach dem ersten IF zur Anweisung Nr. 1, dann zu Nr. 4, zu Nr. 5 und schließlich zu Nr. 8 verzweigt und die Kennzahl 3 geschrieben.

Beispiel 27. Produktsumme. (Plan in Beisp. 8, S. 80).

Beispiel 28. Produktsumme mit Datenendkarte. (Plan in Beisp. 9. S. 82). Bei den Datenkarten darf die Spalte 1 nicht gelocht werden. Das gedruckte Ergebnis gilt für zwei Datenkarten mit den Wertepaaren 2. 3. und 4. 5. in den Feldern Spalte 2 bis 10 und Spalte 11 bis 20. Die Datenendkarte trägt einen Wert K ungleich Null in Spalte 1. Die Zahl 2 des Ergebnisses wird in der Schreibstelle 9 gedruckt, weil das erste Zeichen des Feldes I10 als Steuerzeichen für den Drucker benutzt wird.

```
C  SORTIEREN VON 3 ZAHLEN

      READ(2,100) A,B,C
  100 FORMAT(3F10.5)

      IF(B-A) 1,2,2
    1 X = A
      A = B
      B = X

    2 IF(C-A) 3,4,4
    3 X = A
      A = C
      C = X

    4 IF(C-B) 5,6,6
    5 X = B
      B = C
      C = X

    6 WRITE(1,100) A,B,C

      STOP
      END
```

Ausgabe:

```
   -5.00000   2.00000   3.00000
```

```
C  PRODUKTSUMME

      READ(2,100) N
  100 FORMAT(I5)
      S = 0.
      I = 1

    1 READ(2,101) AI, BI
  101 FORMAT(2F10.5)
      S = S + AI*BI
      I = I + 1
      IF(N-I) 2, 1, 1

    2 WRITE(1,101) S
      STOP
      END
```

```
C  LAGE EINES PUNKTES

      READ(2,100) X,Y
  100 FORMAT(2F10.5)

      IF(X) 1, 2, 3
    1 K1 = 3
      K2 = 7
      K3 = 2
      GO TO 4
    2 K1 = 8
      K2 = 0
      K3 = 6
      GO TO 4
    3 K1 = 4
      K2 = 5
      K3 = 1

    4 IF(Y) 5, 6, 7
    5 K = K1
      GO TO 8
    6 K = K2
      GO TO 8
    7 K = K3

    8 WRITE(1,101) K
  101 FORMAT(I5)
      STOP
      END
```

```
C  PRODUKTSUMME MIT ENDKARTE

      S = 0.
      I = 0

    1 READ(2, 100) K, AI, BI
  100 FORMAT(I1, F9.5, F10.5)
      IF(K) 3, 2, 3
    2 S = S + AI * BI
      I = I + 1
      GO TO 1

    3 WRITE(3, 101) I, S
  101 FORMAT(I10, F10.5)
      STOP
      END
```

Ausgabe:

```
         2  26.00000
```

Beispiel 29. Funktionstafel. (Plan in Beisp. 10, S. 83).
In der gezeigten Tafel sind die y-Werte bereits ab der 2. und die x-Werte ab der 4. Zeile durch Rundungsfehler verfälscht. Die nicht gedruckten Ziffern haben den Wert 9. Bei einer tatsächlich zu benutzenden Tafel müsste vor dem Drucken gerundet werden. Ein entsprechendes Unterprogramm ist in Beisp. 46, S. 161 gezeigt.

Man beachte die Folgekarten der FORMAT-Anweisung Nr. 100.

```
C    FUNKTIONSTAFEL

      WRITE(3,100)
100   FORMAT(10X, 'F U N K',
     1 ' T I O N S T A F E L'//
     2 13X,'X',8X,'X*X',6X,'X*X*X'/)
      X = 1.
  1   Y1 = X*X
      Y2 = X*Y1
101   FORMAT(10X, F6.2, 2F10.4)
      WRITE(3,101) X, Y1, Y2
      X = X + 0.1

      IF(2.0 - X) 2, 1, 1
  2   STOP
      END
```

```
F U N K T I O N S T A F E L

       X          X*X        X*X*X

     1.00       1.0000      1.0000
     1.10       1.2099      1.3309
     1.20       1.4399      1.7279
     1.29       1.6899      2.1969
     1.39       1.9599      2.7439
     1.49       2.2499      3.3749
     1.59       2.5599      4.0959
     1.69       2.8899      4.9129
     1.79       3.2399      5.8319
     1.89       3.6099      6.8589
     1.99       3.9999      7.9999
```

Beispiel 30. Numerische Differentiation. (Plan in Beisp. 11, S. 83). Als zu differenzierende Funktion wird hier $y = \sqrt{x}$ gewählt. Mit Hilfe der auf S. 162 erläuterten Funktionsanweisung kann auch das FORTRAN-Programm in sehr ähnlicher Form geschrieben werden wie der Plan auf S. 84.

AALT bedeutet $y'_{alt}$, ANEU bedeutet $y'_{neu}$.

```
C    NUMERISCHE DIFF.


      READ(2, 100) X1
100   FORMAT(2F10.5)
      DXH = 0.1
      AALT = 1.

C    BEGINN DER SCHLEIFE
  1   DY = SQRT(X1+DXH)-SQRT(X1-DXH)
      ANEU = DY/(2.*DXH)
      EPS = ABS((ANEU-AALT)/ANEU)
      AALT= ANEU
      DXH = 0.5 * DXH
      IF(1.E-05 - EPS) 1, 1, 2
  2   WRITE(3, 100) X1, ANEU
      STOP
      END
```

Beispiel 31. Flächenmomente. (Plan in Beisp.12, S. 85).

```
      REAL I, KLB, KLH
      WRITE(3,100)
  100 FORMAT(22X, 'FLAECHENMOMENTE VON PROFILEN'//
     1 10X, 'TYP    GRB    KLB    GRH    KLH     A',
     2 '     D      I'/)

    1 READ(2,101) K,GRB,KLB,GRH,KLH,A,D
  101 FORMAT(I10, 6F10.5)

      I = 0.0833333 * GRB * GRH**3
      S = 0.0833333 * KLB * KLH**3

      L = K + 1
      GO TO (7,6,3,4,5),L
    3 I = I - S
      GO TO 6

    4 I = I + S
      GO TO 6

    5 E1 = (A*GRH**2 + KLB*D**2)/(2.*(A*GRH + KLB*D))
      E2 = GRH - E1
      I = 0.333333 * (GRB*E1**3 - KLB*KLH**3 + A*E2**3)

    6 WRITE(3,102) K,GRB,KLB,GRH,KLH,A,D,I
  102 FORMAT(10X, I2, 1X, 7F7.2)
      GO TO 1
    7 STOP
      END
```

Beispiel 32. Nullstelle einer Funktion. (Plan in Beisp. 13, S. 87).

```
      X1 = 0.
      Y1 = -1.
      X2 = 1.

    1 X = 0.5 * (X1+X2)
      Y = X*X + EXP(X) - 2.

      IF(1.E-05 - ABS(Y)) 2,2,5

    2 IF(Y1*Y) 3,5,4
    3 X2 = X
      GO TO 1

    4 X1 = X
      GO TO 1

    5 WRITE(1,100) X
  100 FORMAT(F10.5)
      STOP
      END
```

Beispiel 33. Lösung einer quadratischen Gleichung. (Plan in Beisp. 14, S. 90). Die E/A erfolgt hier mit der Schreibmaschine Zunächst wird A B C gedruckt, um dem Benutzer bei der Eingabe ungefähr die Felder anzuzeigen, in die er eine Zeile tiefer die Zahlen zu schreiben hat.

```
C   EINLESEN DER KOEFFFIZIENTEN
    1 WRITE(1,100)
  100 FORMAT(/// 12X, 'KOEFFIZIENTEN EINER QUADRATISCHEN '
     1 'GLEICHUNG' / 18X, 'A', 14X, 'B', 14X, 'C')
      READ(6,101) A, B, C
  101 FORMAT(12X, 3F14.7)
      WRITE(1, 102)
  102 FORMAT(/ 22X, 'LOESUNGEN DER GLEICHUNG')

C   NULLABFRAGE DER KOEFFIZIENTEN
      IF(A) 7, 2, 7
    2 IF(B) 6, 3, 6
    3 IF(C) 5, 4, 5
    4 WRITE(1, 103)
  103 FORMAT(15X, 'ALLE KOEFFIZIENTEN NULL, PROGRAMMENDE')
      GO TO 12
    5 WRITE(1,105)
  105 FORMAT('                W I D E R S P R U C H')
      GO TO 1

C   BERECHNUNG DER LINEARLOESUNG
    6 X = -C/B
      WRITE(1, 106) X
  106 FORMAT ('X = ',F10.5,'   LINEARE LOESUNG')
      GO TO 1

C   BERECHNUNG DER LOESUNGEN
    7 WRITE(1, 107)
  107 FORMAT('          1.REALTEIL   1.IMAGINAERTEIL',
     1 '          2.REALTEIL   2.IMAGINAERTEIL')
      D = B * B - 4.0 * A * C
      W = SQRT(ABS(D))
      U = 2. * A
      X1 = -B/U
      X2 = X1
      Y1 = W/U
      IF(D) 8, 10, 9
    8 Y2 = -Y1
      GO TO 11
    9 X1 = X1 + Y1
      X2 = X2 - Y1
   10 Y1 = 0.
      Y2 = Y1
   11 WRITE(1,108) X1, Y1, X2, Y2
  108 FORMAT(4F17.5)
      GO TO 1

   12 STOP
      END
```

Ausgabe:

```
        KOEFFIZIENTEN EINER QUADRATISCHEN GLEICHUNG
                A                B                C
               0.5             -1.5              -5.

               LOESUNGEN DER GLEICHUNG
1.REALTEIL   1.IMAGINAERTEIL      2.REALTEIL   2.IMAGINAERTEI
   5.00000           0.00000        -2.00000          0.00000
```

## 6.5 AUFGABEN

39. Welche der folgenden Namen sind einfache Variable bezw. Aufrufe von Standard-Funktionen, welche sind falsch ? (Indizierte Variable und Aufrufe selbstgeschriebener Funktions-UP kommen noch nicht vor). Von welchem Typ ist jeder Name ?

| | | | | |
|---|---|---|---|---|
| a) INDEX | b) QUADRAT | c) SIN3X | d) SIN(3X) | e) SIN(-X) |
| f) E(X) | g) TAN | h) NULL | i) E-02 | k) LAMBDA |
| l) A23 | m) LN(2) | n) STOP | o) INTEGRAL | p) JA |

40. Die folgenden Ausdrücke sind in FORTRAN zu schreiben. Ein Gleichheitszeichen in der Aufgabestellung ist kein FORTRAN-Zeichen, sondern bedeutet "identisch gleich". Der rechte Ausdruck kann dann unmittelbar in FORTRAN dargestellt werden.

a) $\dfrac{1}{1/a - 1/b}$ b) $x^{-p/q}$

c) $\cosh x = \dfrac{e^x + e^{-x}}{2}$ d) $\arccos x = \arctan\left(\dfrac{\sqrt{1 - x^2}}{x}\right)$

e) $\dfrac{v}{g} \ln \cosh\left(\dfrac{g\ t}{v}\right)$ f) $A\left[\dfrac{p_0\ m}{V_0}\ \dfrac{2\varkappa}{\varkappa - 1}\left[\left(\dfrac{p_1}{p_0}\right)^{\frac{2}{\varkappa}} - \left(\dfrac{p_1}{p_0}\right)^{\frac{\varkappa+1}{\varkappa}}\right]\right]^{1/2}$

g) $\ln\sqrt[3]{\dfrac{1 + \sin x}{1 - \sin x}}$ h) $\dfrac{c^2\ h}{\lambda^5\left[e^{\left(\frac{c\ h}{kT\lambda}\right)} - 1\right]}$

41. Für die angegebenen Datenwerte sind die zu den nachstehenden FORMAT-Anweisungen passenden WRITE-Anweisungen zu schreiben. In welcher Form werden die Zahlen gedruckt ? Man beachte blanks und mögliche Fehler.

a) 100 FORMAT(I5, 3F10.5/E10.5) Daten: 6 mal Zahlenwert 100

b) 101 FORMAT(2F10.5, 2E12.3) Daten: alle Zehnerpotenzen von $10^{-6}$ bis $10^{+6}$

Für die Aufgaben des Abschn. 5.4 sind FORTRAN-Programme zu schreiben. Die ausführliche Aufgabenstellung und Hinweise sind jenem Abschnitt zu entnehmen.

42. Größte und kleinste Zahl einer Menge.
43. Berechnung eines Binomialkoeffizienten.
44. Umrechnung rechtwinkliger in Polarkoordinaten.
45. Funktionstafel mit Schranken.
46. Normalverteilung der Statistik.
47. Rechnungssummen.

# 7 LAUFANWEISUNG. BEREICHE

## 7.1 LAUFANWEISUNG

Diese Anweisung dient der einfacheren Programmierung von induktiven Schleifen (s. Abschn. 5.2). Dies sei ausdrücklich betont, da der Anfänger dazu neigt, wegen der zunächst kompliziert erscheinenden Regeln dieser Anweisung diese Schleifen weiterhin mit der IF-Anweisung zu programmieren. Ihre volle Wirksamkeit entfaltet die Laufanweisung erst im Zusammenhang mit den im Abschn. 7.2 behandelten Bereichen. Wie die folgenden Beispiele zeigen, kann sie aber auch mit einfachen Variablen benutzt werden. Die Laufanweisung hat die Form

```
DO n  I = IMIN, IMAX, IS
```

n ist eine ganzzahlige positive Konstante, sie bedeutet die Anweisungsnummer bis zu der einschließlich die Schleife durchlaufen wird. Die Anweisung Nr. n darf deshalb nicht vor der DO-Anweisung stehen. Die Namen I, IMIN, IMAX und IS können auch anders gewählt werden. I ist eine einfache ganzzahlige Variable. In dieser Zelle wird der jeweilige Wert des Schleifenindex gespeichert. IMIN, IMAX, IS sind einfache ganzzahlige Konstante oder Variable. Sie bedeuten den kleinsten, größten Wert des Index sowie die Schrittweite. Diese Werte müssen positiv und verschieden von Null sein. (Daß der Indexwert Null verboten ist, ist mathematisch eine sehr unerfreuliche Einschränkung). Ferner soll IMIN $\leq$ IMAX sein. Wenn IS = 1 ist, darf dies weggelassen werden. Die Werte für I, IMIN, IMAX und IS dürfen nicht durch Anweisungen innerhalb der Schleife verändert werden.

Zunächst wird die Schleife mit dem Wert I = IMIN durchlaufen. Am Ende der Schleife wird automatisch I = I + IS gesetzt und geprüft "Ist I grösser als IMAX ?" bei "Ja" wird die Schleife verlassen, d.h. die auf die Anweisung Nr. n folgende Anweisung wird ausgeführt. Bei "Nein", also auch bei I = IMAX,wird zum Beginn der Schleife zurückgesprungen, das ist die auf die DO-Anweisung folgende Anweisung. Der Fall IMIN > IMAX ist nicht genormt. Bei manchen RA wird die Schleife dann einmal durchlaufen, bei anderen übersprungen.

In Anlehnung an die DO-Anweisung gibt es im Programmablaufplan ein eigenes Symbol für induktive Schleifen (s. Bild 13, S. 64 und Bild 34, S. 136).

Beispiel 34. Produktsumme mit einer bekannten Anzahl n von Summanden (s. auch Beisp. 27, S. 124).

```
      READ(2,100) N
  100 FORMAT(I5)
      S = 0.
      DO 1 I = 1, N
      READ(2,101) AI, BI
  101 FORMAT(2F10.5)
    1 S = S + AI*BI
      WRITE(1,101) S
      STOP
      END
```

Folgende Anweisungen dürfen nicht als letzte Anweisung Nr. n am Schluß einer DO-Schleife stehen:

DO, IF, GO TO, FORMAT, PAUSE, STOP, RETURN

Wenn eine dieser Anweisungen als Schleifenende unerläßlich ist, schreibt man anschließend als Nr. n die Leeranweisung

| n CONTINUE |
|---|

Diese Anweisung darf stets als Schleifenende benutzt werden. Manche Programmierer schließen der Deutlichkeit halber jede DO-Schleife mit CONTINUE ab.

Sehr häufig treten mehrere DO-Schleifen in einem Programm auf. Hierfür gelten folgende Regeln, die in der nachstehenden Übersicht veranschaulicht sind:

1. <u>Schachteln</u> mehrerer Schleifen ist <u>erlaubt</u>. Wieviele Schleifen geschachtelt werden dürfen, hängt von der betr. RA ab. Meist sind es mehr als zehn.

2. <u>Überlappen</u> mehrerer Schleifen ist <u>verboten</u>.

3. <u>Herausspringen</u> aus einer Schleife ist <u>erlaubt</u>. Dabei gilt folgender sehr wichtiger Zusatz: Wenn aus einer Schleife herausgesprungen wurde, bleibt der Wert von I in dieser Zelle erhalten und kann im weiteren Verlauf des Programms benutzt werden. Wird hingegen eine Schleife normal verlassen, so steht der Wert I = IMAX später nicht mehr in der Zelle I zur Verfügung.

4. <u>Hineinspringen</u> in eine Schleife ist <u>verboten</u>. In der Gesamtsprache gilt folgende Ausnahme:
In die innerste Schleife einer Schachtelung darf hineingesprungen werden, wenn vorher aus dieser Schleife herausgesprungen wurde und in dem äußeren Programmteil die Werte von I, IMIN, IMAX und IS nicht verändert wurden.

<u>e r l a u b t</u>

S c h a c h t e l n

```
      DO 1  I = ...
            :
      DO 2  J = ...
            :
    2 CONTINUE
            :
      DO 1  K = ...
            :
    1 CONTINUE
```

<u>v e r b o t e n</u>

Ü b e r l a p p e n

```
      DO 1  I = ...
            :
      DO 2  J = ...
            :
    1 CONTINUE
            :
    2 CONTINUE
```

H e r a u s s p r i n g e n

```
      DO 2  I = ...
            :
      IF(..) 3, 1, 1
            :
    1 ..........
            :
    2 CONTINUE
            :
    3 ..........
```

H i n e i n s p r i n g e n

```
      IF(..) 3, 1, 1
            :
      DO 2  I = ...
            :
    1 ..........
            :
    2 CONTINUE
            :
    3 ..........
```

Eine sehr häufige Anwendung der 3. Regel sind sog. Zählschleifen. Man setzt für IMAX einen Wert, der nie erreicht wird und fragt in der Schleife eine Bedingung ab.

Beispiel 35. Produktsumme mit Datenendkarte. (s. auch Beisp. 28, S. 124).
Man beachte die Anweisung Nr. 2. Ferner wird in diesem Programm vorausgesetzt, daß weniger als 10 000 Summanden vorliegen. Das wäre in einer Programmbeschreibung zu erwähnen.

```
      S = 0.
      DO 1  I = 1, 10000
      READ(2, 100) K, AI, BI
  100 FORMAT(I1, F9.5, F10.5)
      IF(K) 2, 1, 2
    1 S = S + AI * BI
    2 I = I - 1
      WRITE(3, 101) I, S
  101 FORMAT(I10, F10.5)
      STOP
      END
```

Soll mit einer IF-Anweisung in der Mitte einer Schleife erreicht werden, daß der weitere Teil der Schleife nicht bearbeitet wird und sofort der nächste Durchlauf stattfindet, so ist als Sprungziel der IF-Anweisung die Anweisung Nr. n am Schleifenende und nicht etwa die DO-Anweisung selbst anzugeben.

Das folgende Beispiel zeigt das Schachteln mehrerer Schleifen. Es sei bemerkt, daß für den Anfänger das entscheidende Problem darin besteht, diese Programmstruktur aus der Aufgabenstellung zu erkennen.

Beispiel 36. Es ist eine Tafel der vier Winkelfunktionen mit einer Schrittweite $\Delta\alpha = 0{,}01^{\circ}$ auf 7 Stellen nach dem Dezimalpunkt zu berechnen und zu drucken. Die Tafel soll so angelegt werden, daß daraus für jeden beliebigen Winkel die Winkelfunktionen abzulesen sind.

Die folgenden Überlegungen bei der Herstellung des Programms werden in Bezug auf die Ziffern des Abschn. 4.2 dargestellt.

1. Hier ist der Wertebereich des Winkels festzulegen. Eine Winkelfunktion jedes beliebigen Winkels kann auf eine Winkelfunktion eines Winkels kleiner oder gleich $90^{\circ}$ zurückgeführt werden. Wegen der Beziehungen $\sin\alpha = \cos(90^{\circ} - \alpha)$ usw. kann

| ALPHA | SINUS | COSINUS | TANGENS | COTANGENS | |
|---|---|---|---|---|---|
| 0.01 | 0.0001745 | 1.0000000 | 0.0001745 | 5729.5779094 | 89.99 |
| 0.02 | 0.0003491 | 0.9999999 | 0.0003491 | 2864.7888689 | 89.98 |
| 0.03 | 0.0005236 | 0.9999999 | 0.0005236 | 1909.8591470 | 89.97 |
| 0.04 | 0.0006981 | 0.9999998 | 0.0006981 | 1432.3942599 | 89.96 |
| 0.05 | 0.0008727 | 0.9999996 | 0.0008727 | 1145.9153041 | 89.95 |
| 0.06 | 0.0010472 | 0.9999995 | 0.0010472 | 954.9293127 | 89.94 |
| 0.07 | 0.0012217 | 0.9999993 | 0.0012217 | 818.5107305 | 89.93 |
| 0.08 | 0.0013963 | 0.9999990 | 0.0013963 | 716.1967809 | 89.92 |
| 0.09 | 0.0015708 | 0.9999988 | 0.0015708 | 636.6192510 | 89.91 |
| 0.10 | 0.0017453 | 0.9999985 | 0.0017453 | 572.9572153 | 89.90 |
| | | | | | |
| 0.11 | 0.0019199 | 0.9999982 | 0.0019199 | 520.8700840 | 89.89 |
| | [illegible] | 0.9999978 | 0.0020944 | 477.4641325 | 89.88 |
| | | [illegible] | 0.0022689 | 440.7360100 | 89.87 |
| | | | | [illegible] | 89.86 |
| | | | | | |
| 0.37 | [illegible] | | | | |
| 0.38 | 0.0066322 | 0.9999780 | [illegible] | | |
| 0.39 | 0.0068067 | 0.9999768 | 0.0068069 | [illegible] | [illegible] |
| 0.40 | 0.0069813 | 0.9999756 | 0.0069814 | 143.2371221 | 89.60 |
| | | | | | |
| 0.41 | 0.0071558 | 0.9999744 | 0.0071560 | 139.7434189 | 89.59 |
| 0.42 | 0.0073303 | 0.9999731 | 0.0073305 | 136.4160795 | 89.58 |
| 0.43 | 0.0075048 | 0.9999718 | 0.0075051 | 133.2434977 | 89.57 |
| 0.44 | 0.0076794 | 0.9999705 | 0.0076796 | 130.2151212 | 89.56 |
| 0.45 | 0.0078539 | 0.9999692 | 0.0078541 | 127.3213367 | 89.55 |
| 0.46 | 0.0080284 | 0.9999678 | 0.0080287 | 124.5533664 | 89.54 |
| 0.47 | 0.0082030 | 0.9999664 | 0.0082032 | 121.9031797 | 89.53 |
| 0.48 | 0.0083775 | 0.9999649 | 0.0083778 | 119.3634151 | 89.52 |
| 0.49 | 0.0085520 | 0.9999634 | 0.0085523 | 116.9273117 | 89.51 |
| 0.50 | 0.0087265 | 0.9999619 | 0.0087269 | 114.5886505 | 89.50 |
| | COSINUS | SINUS | COTANGENS | TANGENS | BETA |

der Bereich sogar auf $0^{\circ} < \alpha \leq 45^{\circ}$ beschränkt werden. Für den Benutzer der Tafel ist es günstig, wenn am unteren Rand der Tafel die sog. co-Funktionen und am rechten Rand die Komplementwinkel gedruckt werden.

2. Entfällt.

3. Entfällt, weil man sich hier auf einen Vergleich mit bekannten 5-stelligen Tafeln beschränken kann.

4. Eingabedaten entfallen. Für die Ausgabe ist festzulegen, wieviele Werte in einer Zeile und auf einer Seite gedruckt werden können,und wie eine Seite drucktechnisch übersichtlich gestaltet wird. Am besten fertigt man einen Entwurf mit einer Schreibmaschine an. Auf S. 134 ist der obere und untere Teil der ersten Seite der Tafel gezeigt. Je 10 Zeilen werden zu einem "Block" zusammengefaßt. Pro Seite kann ein halbes Grad gedruckt werden. Es sind also 90 Seiten zu drucken.

5. Entfällt.

6. Wie in Abschn. 5.2 erläutert wurde, ist es oft vorteilhaft, den ersten Planentwurf nicht mit dem endgültigen Programmanfang, sondern mit den sog. zentralen Anweisungen zu beginnen. Das sind hier die Anweisungen zum Berechnen und Drucken einer Zeile. Wegen der in Abschn. 3.1.4 erläuterten Rundungsfehler der gebrochenen Zahlen wird der jeweilige Winkel nicht mit einer Anweisung $\alpha = \alpha + \Delta\alpha$ berechnet, sondern mit Hilfe einer ganzzahligen Variablen N. Nun ist die entscheidende Idee fällig, daß sich der weitere Programmablauf in mehreren Schleifen vollzieht. Für die Variable N kann kein Schleifenindex benutzt werden, was in vielen anderen Fällen möglich ist. Der Plan ist in Bild 34 dargestellt. Um die Programmstruktur deutlich herauszuheben, wurde bei den arithmetischen und Druck-Anweisungen auf Einzelheiten verzichtet.

7. Das Programm ist auf S. 137 dargestellt. Das Rundungs-Unterprogramm ERUND wird in Beisp. 46, S. 161 erläutert.

8. Die ersten 5 Stellen jeder Zahl können mit bekannten Tafeln verglichen werden. Die benutzte RA liefert 9 gültige Dezimalziffern. Die ersten cot- und die letzten tan-Werte dicht bei $0^{\circ}$ bezw. $90^{\circ}$ sind also in den letzten Stellen falsch.

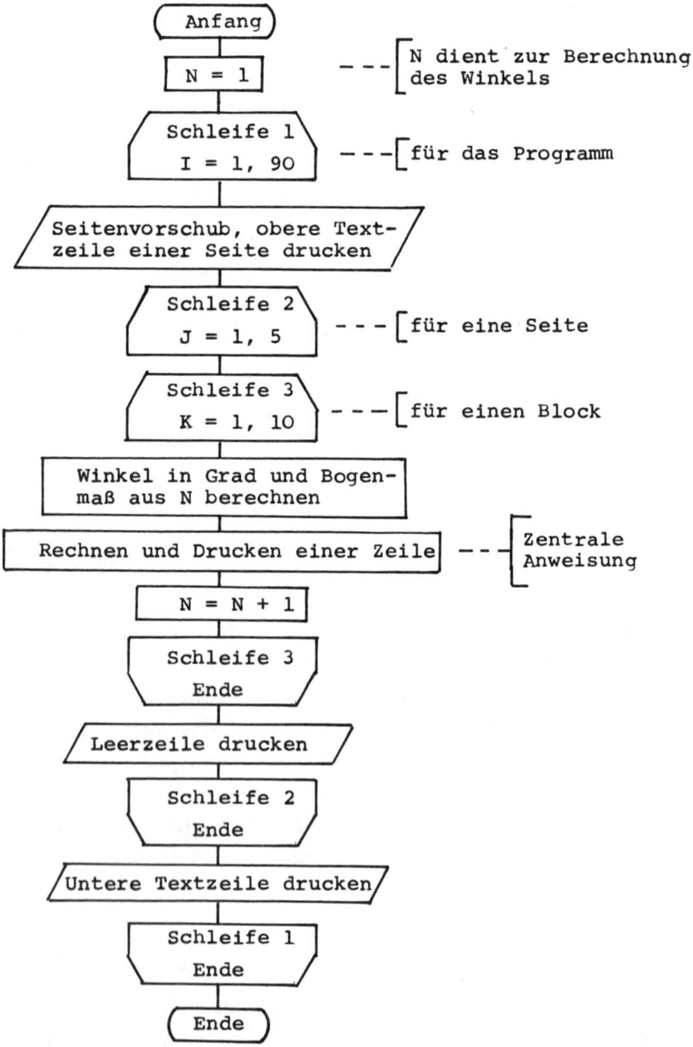


Bild 34 Programmablaufplan Winkelfunktionen

```
C     WINKELFUNKTIONEN

      N = 1

C     SCHLEIFE FUER DAS PROGRAMM
      DO 3 I = 1,90
      WRITE(3,100)
  100 FORMAT(1H1, 10X, 'ALPHA', 4X, 'SINUS', 9X,
     1 'COSINUS', 8X, 'TANGENS', 6X, 'COTANGENS'/)

C     SCHLEIFE FUER EINE SEITE
      DO 2 J = 1,5

C     SCHLEIFE FUER EINEN BLOCK
      DO 1 K = 1, 10
      A = 0.01 * N
      B = 90.0 - A
      X = A * 0.0174532925
      Y1 = SIN(X)
      Y2 = COS(X)
      Y3 = Y1/Y2
      Y4 = Y2/Y1
      A = ERUND(A,2)
      B = ERUND(B,2 )
      Y1 = ERUND(Y1, 7)
      Y2 = ERUND(Y2, 7)
      Y3 = ERUND(Y3, 7)
      Y4 = ERUND(Y4, 7)
      WRITE(3,101) A, Y1, Y2, Y3, Y4, B
  101 FORMAT(10X, F5.2, F12.7, 3F15.7, F11.2)
      N = N + 1
    1 CONTINUE

      WRITE(3,102)
  102 FORMAT(/)
    2 CONTINUE

      WRITE(3,103)
  103 FORMAT(19X,  'COSINUS', 9X, 'SINUS', 8X,
     1 'COTANGENS', 8X, 'TANGENS', 6X, 'BETA')
    3 CONTINUE

      STOP
      END
```

9. Eine "echte" Programmbeschreibung könnte hier kürzer sein als die Erläuterungen in diesem Beispiel. Vor allem, wenn ein Programmablaufplan hergestellt wurde.

10. Das Programm enthält keine Datenkarten und endet von selbst, nachdem 90 Seiten gedruckt wurden. Diese letzte Bemerkung ist für den Operator wichtig, damit er die Rechenzeit kalkulieren kann.

## 7.2 BEREICHE (INDIZIERTE VARIABLE)

Bei den bisher ausschließlich benutzten einfachen Variablen erhält jede Speicherzelle einen anderen Variablennamen (s.S. 48 oben). Es gibt nun viele Probleme, die sich mit dieser Regel nur sehr umständlich oder überhaupt nicht lösen lassen. Dazu gehören z.B. die E/A größerer Datenmengen oder alle mathematischen Probleme, bei denen mit Indizes gerechnet wird, wie z.B. die Matrizenrechnung.

Definition: Ein Bereich (array) ist eine Menge von Zahlen, die unter einem gemeinsamen Namen, dem Bereichsnamen, zusammengefaßt werden. Ein Element dieser Menge heißt eine indizierte Variable. Sie besteht aus dem Bereichsnamen und einem Klammerpaar, das ein oder zwei (in der Gesamtsprache auch drei) durch Kommata getrennte Indizes enthält.

Beispiel: A(1,2)   B(I,K)   sind indizierte Variable

In der deutschen Literatur wird statt "Bereich" oft der Begri[ff] "Feld" gebraucht. Dies kann aber zu Verwechslungen mit dem auf S.115 definierten Feld (field) führen.

Werden in einem Programm indizierte Variable benutzt, so muß es mit einer Spezifikationsanweisung beginnen, die in Basic FORTRAN stets folgende Form hat

| DIMENSION V1($i_{max}$), V2($j_{max}$), V3($k_{max}$)   usw. |
|---|

V1, V2, V3 sind die (hier willkürlich gewählten) Bereichsnamen, für die in Basic FORTRAN die implizite Typvereinbarung g[ilt].
$i_{max}$, $j_{max}$, $k_{max}$ sind positive ganze Konstante, sie bedeuten die Maximalwerte der Indizes (ggf. stehen in einer Klammer zwei durch Kommata getrennte Konstante).

In der Gesamtsprache dürfen diese Listenelemente statt in der DIMENSION- auch in anderen Spezifikationsanweisungen (s.S. 10[…]

und Abschn. 8.4) aufgeführt werden. Bereichsnamen dürfen aber nie im gleichen Programm als Namen einfacher Variabler verwendet werden.

Durch die Spezifikationsanweisung wird für die indizierten Variablen Speicherplatz reserviert. Alle Spezifikationsanweisungen müssen am Programmanfang stehen. Es ist deshalb z.B. nicht möglich,die Anzahl der zu reservierenden Zellen (die Maximalwerte der Indizes) vorher durch READ einzulesen und in der Spezifikationsanweisung als Variable anzugeben. (Diese recht unangenehme Einschränkung kann in der Gesamtsprache durch Benutzung von UP umgangen werden). Im Zweifel müssen also diese Maximalwerte geschätzt werden. Ein zu großer Schätzwert bedeutet keinen Programmfehler, man "verschenkt" allerdings Speicherplatz. Zu kleine Schätzwerte verursachen Programmfehler, die meist nicht bei der Übersetzung erkannt werden. Aus diesen Gründen empfiehlt es sich, diese Maximalwerte der Indizes in der Programmbeschreibung anzugeben.

Beispiel 37. Durch die Spezifikationsanweisung

```
DIMENSION VEKT(3), MATR(20, 10)
```

werden für dieses Programm ein Vektor mit drei Komponenten (ein Index !) und eine Matrix mit 20 Zeilen und 10 Spalten, also 200 Elementen,vereinbart.

Nachdem durch die Spezifikationsanweisung die Reservierung der Speicherzellen erfolgt ist, dürfen im weiteren Verlauf des Programms für die Indizes auch einfache Variable vom Typ ganzzahlig benutzt werden, z.B. READ(...) A(I,K)

| Ihre Zahlenwerte müssen positiv, ungleich Null sein.

Innerhalb der Klammern hinter den Bereichsnamen dürfen mit den Indizes (nur) die folgenden Rechnungen durchgeführt werden:

$$I + j \qquad j * I \qquad j * I + k$$
$$I - j \qquad \qquad j * I - k$$

Dabei ist I eine einfache ganzzahlige Variable, j und k sind ganzzahlige positive Konstante. Die eben angegebene Reihenfolge der Operanden darf nicht vertauscht werden.

Beispiel: A(I+1, J-1) ist richtig, B(I + J) ist falsch.

Ist die zweite Rechnung mit den Indizes erforderlich, so muß sie vorher in einer eigenen Anweisung durchgeführt werden. Dazu sei wiederholt, daß die Indexwerte I, IMIN, IMAX und IS einer DO-Anweisung innerhalb der Schleife nicht geändert werden dürfen. Ggf. sind also für die Indizes von Variablen andere Namen zu wählen. Meist stimmen allerdings die Indizes der DO-Anweisung mit den Indizes der Variablen überein.

Nun folgen zunächst Beispiele mit einfach indizierten Variablen, anschließend solche mit zweifach indizierten. Auch hier wird viel Wert auf Beispiele zur E/A gelegt, da die Praxis zeigt, daß diese Probleme von jedem selbst gelöst werden müssen, während andererseits für schwierige mathematische Aufgaben meist fertige Unterprogramme vorhanden sind.

Beispiel 38. Produktsumme mit indizierten Variablen. Das nebenstehende Programm unterscheidet sich formal kaum von dem des Beisp. 35, S.133. Hier stehen aber nach diesem Programm, das in der Praxis nur der Teil eines größeren Programms wäre, alle Werte $a_i$ und $b_i$ für weitere Rechnungen zur Verfügung. Eine mögliche Anwendung wäre z.B. die Ausgleichsrechnung, wobei die $a_i$, $b_i$ den gemessenen Werten $x_i$, $y_i$ entsprechen. Es werden maximal 100 Wertepaare eingelesen, die jeweils auf einer Lochkarte stehen.

```
      DIMENSION A(100), B(100)
      S = 0.
      DO 1 I = 1, 100
      READ(2, 100) K, A(I), B(I)
  100 FORMAT(I1, F9.5, F10.5)
      IF (K) 2, 1, 2
    1 S = S + A(I) * B(I)
    2 I = I - 1
      WRITE(3, 101) I, S
  101 FORMAT(I10, F10.5)
      STOP
      END
```

Indizierte Variable werden oft für E/A Operationen benutzt, auch wenn es sich mathematisch nicht um indizierte Größen handelt. Hierfür gibt es eine Spezialform der Laufanweisung, die implizite Laufanweisung. Sie hat für einfach indizierte Variable die Form

```
READ
WRITE(..)(V1(I),I=IMIN,IMAX,IS),(V2(J),J=JMIN,JMAX,JS)  usw.
```

V1, V2 sind verschiedene (willkürlich gewählte) Bereichsnamen. MIN, MAX und S haben die gleiche Bedeutung wie in der DO-Anweisung (s.S.130). Die entsprechende Schreibweise für zweifach indizierte Variable wird in Beisp. 44, S. 150 gezeigt.

Die vorstehende Anweisung ist nicht identisch mit einer E/A-Anweisung innerhalb einer DO-Schleife, sondern es müssen Prioritäten gesetzt werden. Leider sind diese nicht genormt. Bei der benutzten RA gelten folgende Regeln für die Priorität des Beginns eines neuen Satzes (1. ist die höchste):

1. Beginn einer READ/WRITE-Anweisung. (Auch bei Wiederholung innerhalb einer DO-Schleife).
2. Neuer Satz auf Grund von FORMAT
3. Implizite Laufanweisung.

In Verbindung mit den auf S.120 behandelten Regeln können diese Prioritäten zu den im folgenden Beispiel gezeigten Effekten benutzt werden. Der Grundgedanke besteht darin, absichtlich Widersprüche zwischen der E/A Liste bei READ/WRITE und der Spezifikationsliste bei FORMAT zu erzeugen. Es sei wiederholt, daß in diesen Möglichkeiten der E/A eine entscheidende Stärke des FORTRAN gegenüber der Programmiersprache ALGOL liegt.

Beispiel 39. Ein- und Ausgabe von Bereichen.

| Programmausschnitt | W i r k u n g |
|---|---|
| `    DO 1  I = 1, 5`<br>`  1 READ(2,100) A(I)`<br>`100 FORMAT(5F10.5)` | Wegen der Priorität Nr. 1 werden die 5 Zahlen von 5 verschiedenen Lochkarten gelesen. |

```
    READ(2,100) (A(I),I=1,5)  Die 5 Zahlen werden von einer
100 FORMAT(5F10.5)            Lochkarte gelesen.

    READ(2,101) (A(I),I=1,5)  Wegen Priorität Nr. 2 werden von
101 FORMAT(3F10.5)            der ersten Karte 3 und von der
                              nächsten 2 Zahlen gelesen.
    READ(2,102) N, (A(I),I=1,N)  Wegen der inneren Klammer
102 FORMAT(I5 / (5F10.5))        in FORMAT wird von der 1.
                                 Karte N und von weiteren
```

Karten n Zahlen in Sätzen zu je 5 Zahlen gelesen. Es sei wiederholt, daß in der Spezifikationsanweisung für A der maximale Indexwert als Konstante angegeben werden muß.

```
    WRITE(3,103) (A(I),I=1,50)
103 FORMAT(30X,'UEBERSCHRIFT'//(10X,10F10.5))
```

Es werden 29 (!) blanks, das Wort UEBERSCHRIFT, eine Leerzeile und 5 Zeilen mit je 10 Zahlen gedruckt.

```
    WRITE(3,104) (A(I), B(I), I=1,10)
104 FORMAT(10X, 10F10.5)      1. Zeile  A(1)  B(1)  A(2) B(2) ...
                              2. Zeile  A(6)  B(6)  A(7) B(7) ...
    WRITE(3,104) (A(I),I=1,10), (B(I),I=1,10)
104 FORMAT(10X, 10F10.5)      1. Zeile  A(1)  A(2)  A(3) ...
                              2. Zeile  B(1)  B(2)  B(3) ...
```

Bei E/A Anweisungen ist es erlaubt, nur den Bereichsnamen ohne Indizes zu schreiben. Dann wird der gesamte Bereich übertragen, Für viele Probleme muß aber beachtet werden, daß dann bei zweifach indizierten Variablen zuerst der Zeilen- und dann der Spaltenindex variiert wird. Im übrigen ergibt sich die äußere Form aus der FORMAT-Anweisung. Dem Anfänger ist vom Weglassen der Indizes abzuraten. Es wird vorwiegend bei der Verwendung von Bereichen im A-Format (s.S. 119) und bei formatfreier Übertragung (s.Beisp.59, S. 184) angewendet.

Beispiel 40. Einlesen von Daten im A- und H-Format.
Mit den folgenden Programmausschnitten wird nochmals der Unterschied zwischen dem A- und H-Format gezeigt. Von n Lochkarten wird je ein Personenname, der aus maximal 20 Buchstaben bestehen darf, gelesen. Wird nur der Zentralspeicher der RA benutzt, so kann das links gezeigte H-Format verwendet werden. Die Zeichen werden im EBCDI-Code in der symbolischen Adresse 100 gespeichert und können von dort z.B. gedruckt werden. Sollen aber z.B. die Daten auf eine Magnetplatte gespeichert werden (s. Beisp. 59, S. 184), so ist das rechts gezeigte A-Format unerlässlich. Hier wird jeder Personenname im Bereich NAME gespeichert.

```
         H-Format                          A-Format
                                      DIMENSION NAME(10)
             :                                 :
    DO 1  I = 1, N                    DO 1  I = 1, N
    READ(2,100)                       READ(2,100) NAME
  1 WRITE(3, 100)                   1 WRITE(3,100) NAME
100 FORMAT(1X, 20H 20 blanks)     100 FORMAT(1X, 10A2)
```

Beispiel 41. Mit Hilfe des Horner-Schemas ist eine Tafel einer ganzen rationalen Funktion

$$y = a_0 + a_1x + a_2x^2 + \dots + a_nx^n$$

und ihrer 1.Ableitung zu berechnen und zu drucken. Der Grad n soll kleiner oder gleich 20 sein.

Eingabedaten: Auf der 1. Lochkarte stehen die Grenzen der Argumentwerte $x_{min}$ und $x_{max}$, die Schrittweite $\Delta x$ sowie die Anzahl m der Koeffizienten (m = n+1). Auf weiteren Lochkarten stehen je 8 Koeffizienten in absteigender Folge, also $a_n \; a_{n-1} \; .... \; a_1 \; a_0$ . Wenn ein Koeffizient gleich Null ist, muß das betr. Feld frei bleiben.

Die gewünschte Form der Ausgabe ergibt sich aus dem nachstehend gedruckten Anfang einer Tafel

TAFEL EINER GANZEN RATIONALEN FUNKTION

KOEFFIZIENTEN IN ABSTEIGENDER FOLGE

| | | | |
|---|---|---|---|
| 2.00000 | 1.00000 | -13.00000 | 6.00000 |

| X | Y | 1.ABLEITUNG |
|---|---|---|
| -4.00000 | -0.54000E 02 | 0.75000E 02 |
| -3.50000 | -0.22000E 02 | 0.53500E 02 |
| -3.00000 | 0.00000E 00 | 0.35000E 02 |
| -2.50000 | 0.13500E 02 | 0.19500E 02 |
| -2.00000 | 0.20000E 02 | 0.70000E 01 |
| -1.50000 | 0.21000E 02 | -0.25000E 01 |

In der üblichen Schreibweise hat das Horner-Schema folgende Form

$$\begin{array}{llllll}
a_n & a_{n-1} & a_{n-2} & \cdots & a_1 & a_0 \\
 & p_n\, x_1 & p_{n-1}\, x_1 & & p_2\, x_1 & p_1\, x_1 \\
\hline
p_n & p_{n-1} & p_{n-2} & \cdots & p_1 & p_0 = y_1 \\
 & abl_n\, x_1 & abl_{n-1}\, x_1 & & abl_2\, x_1 & \\
\hline
abl_n & abl_{n-1} & abl_{n-2} & \cdots & abl_1 = y_1' &
\end{array}$$

Wegen der Indexregeln der Laufanweisung (s.S. 130) muß für das Programm folgende Form gewählt werden (M = N + 1)

```
A(1)     A(2)          A(3)    ....   A(M-1)        A(M)
         P(1) * X      P(2) * X       P(M-2) * X    P(M-1) * X
----------------------------------------------------------------
P(1)     P(2)          P(3)    ....   P(M-1)        P(M)
       ABL(1) * X    ABL(2) * X     ABL(M-2) * X
----------------------------------------------------
ABL(1)   ABL(2)        ABL(3)   ...   ABL(M-1)
```

Hieraus erkennt man die zentralen Anweisungen für das Horner-Schema im Programm

```
P(I) = A(I) + X * P(I-1)
ABL(I) = P(I) + X * ABL(I-1)
```

Bei den P(I) läuft I von 1 bis M, bei den ABL(I) von 1 bis M-1.

Eine genauere Analyse der obigen Aufgabenstellung zeigt, daß für ABL auch eine einfache Variable benutzt werden kann, weil die einzelnen Werte ABL(I) später nicht mehr gebraucht werden und deshalb alle Werte nacheinander in einer Zelle gespeichert werden können. Führt man diesen Gedanken konsequent zu Ende, könnte sogar für P eine einfache Variable eingeführt werden. Im Prinzip muß dann für jeden Koeffizienten A(I) unmittelbar nacheinander P und das entsprechende ABL berechnet werden. Einmal wird aber dadurch das Programm unübersichtlich, vor allem aber sind die verschiedenen Werte P(I) sehr nützlich, wenn dieses Programm mit einigen Änderungen z.B. als Unterprogramm zur Berechnung der Nullstellen des Polynoms verwendet werden soll. Wenn eine Nullstelle gefunden ist, P(M) also gleich Null ist, ergeben die übrigen Werte P(I) bekanntlich die Koeffizienten eines Polynoms vom Grade n-1. Aus diesem Grund wird P(I) als indizierte Variable beibehalten.

Nun werden die Laufgrenzen des Index festgelegt. Wenn mit I = 1 begonnen wird, ist beim ersten Durchlauf I-1 = O,und das Programm versagt. So erhält man als nächsten Entwurf den zwischen den Kommentarkarten "Horner Schema" und "Runden und Drucken" stehenden Programmteil.

Um diesen Kern baut sich der Rest relativ leicht auf. Man beachte die inneren Klammern bei der FORMAT-Anweisung Nr. 101. Für den gerundeten x-Wert braucht man eine getrennte Speicherzelle, weil der Wert durch das Runden verändert wird und deshalb nicht zur Berechnung des nächsten x-Wertes benutzt werden kann.

```
C BERECHNUNG GANZER RATION. FUNKTIONEN BIS 20. GRAD
C  MIT HORNER-SCHEMA

      DIMENSION A(21), P(21)

C UEBERSCHRIFT UND KOEFFIZIENTEN
      WRITE(3,100)
  100 FORMAT(1H1, 20X, 'TAFEL EINER GANZEN ',
     1 'RATIONALEN FUNKTION'//
     2 22X,'KOEFFIZIENTEN IN ABSTEIGENDER FOLGE'/)
      READ(2,101) XMIN, XMAX, DX, M, (A(I), I = 1,M)
  101 FORMAT(3F10.5, I10 / (8F10.5))
      WRITE(3,102) (A(I), I = 1,M)
  102 FORMAT((7X, 4F15.5)//)
      WRITE(3,103)
  103 FORMAT(20X, 'X', 16X, 'Y', 16X, '1.ABLEITUNG'/)

C HORNER SCHEMA
      X = XMIN
      XMAX = XMAX + 0.5 * DX
    1 P(1) = A(1)
      DO 2 I = 2, M
    2 P(I) = A(I) + X * P(I-1)
      ABL = A(1)
      N = M-1
      DO 3 I = 2, N
    3 ABL = P(I) + X * ABL

C  RUNDEN UND DRUCKEN
      XX = RUND(X,5)
      P(M) = RUND(P(M),5)
      ABL = RUND(ABL,5)
      WRITE(3,104) XX, P(M), ABL
  104 FORMAT(15X, F10.5, 2E20.5)
      X = X + DX
       IF(XMAX - X) 4, 1, 1
    4 STOP
      END
```

Das folgende Beispiel zeigt die Berechnung und den Druck einer Funktion von zwei unabhängigen Variablen. Bei kleinen RA empfiehlt sich das hier gezeigte Verfahren, zeilenweise zu rechnen und zu drucken. Bei Groß-RA wird oft zunächst die gesamte Matrix berechnet und anschließend (während bereits ein anderes Programm im Mehrprogrammbetrieb gerechnet wird, s.S.55) gedruckt

Beispiel 42. Für das Gewicht G eines Stahlrohres von 1 m Länge gilt folgende Zahlenwertgleichung

$$G(s,d) = 0.2422 \cdot s \cdot (d - s) \quad \text{wenn} \quad s < d/2$$

G Gewicht in N
s Wandstärke in mm
d Außendurchmesser in mm

Für die Wertebereiche

$$2 \text{ mm} \leq s \leq 10 \text{ mm} \qquad \Delta s = 2 \text{ mm}$$

$$10 \text{ mm} \leq d \leq 100 \text{ mm} \qquad \Delta d = 10 \text{ mm}$$

ist eine Tafel der nachstehenden Form zu berechnen und zu drucken

METERGEWICHT VON STAHLROHR IN N

| S/MM | 2.00 | 4.00 | 6.00 | 8.00 | 10.00 |
|---|---|---|---|---|---|
| D/MM | | | | | |
| 10.00 | 3.87 | 5.81 | | | |
| 20.00 | 8.71 | 15.50 | 20.34 | 23.25 | |
| 30.00 | 13.56 | 25.18 | 34.87 | 42.62 | 48.43 |
| 40.00 | 18.40 | 34.87 | 49.40 | 62.00 | 72.65 |
| 50.00 | 23.25 | 44.56 | 63.94 | 81.37 | 96.87 |
| 60.00 | 28.09 | 54.25 | 78.47 | 100.75 | 121.09 |
| 70.00 | 32.93 | 63.94 | 93.00 | 120.13 | 145.31 |
| 80.00 | 37.78 | 73.62 | 107.53 | 139.50 | 169.53 |
| 90.00 | 42.62 | 83.31 | 122.06 | 158.88 | 193.75 |
| 100.00 | 47.47 | 93.00 | 136.60 | 178.25 | 217.97 |

Auch bei diesem Programm empfiehlt es sich von "innen nach außen" zu arbeiten. Die zentrale Anweisung ist die gegebene Gleichung zum Berechnen des Gewichts. Da die $G_k$-Werte einer Zeile zusammen gedruckt werden, wird hierfür ein Bereich definiert. Auch für die $s_k$-Werte ist ein Bereich zweckmäßig, weil sie sich in jeder Zeile wiederholen.Der d-Wert hingegen ist für jede Zeile konstant. Deshalb genügt hierfür eine einfache Variable. So erhält man zunächst die Anweisung Nr. 2.

Mit der davor stehenden IF-Anweisung wird geprüft, ob $s < d/2$ ist. Bei "nein" wird aus der Schleife für eine Zeile herausgesprungen. Die Anweisung Nr. 3 liefert den richtigen K-Wert als maximalen Indexwert für die Druckanweisung. Falls aus der Schleife für eine Zeile herausgesprungen wird, ist der Wert für K um Eins zu groß. Nach dem normalen Verlassen der Schleife hat K bei der benutzten RA den Wert 6. Dies ist keine allgemeine FORTRAN Regel (s. Regel 3, S.132 ). Zum Drucken muß die implizite Laufanweisung benutzt werden, weil mit einer DO-Schleife die 5 $G_k$-Werte untereinander gedruckt würden.

Nun werden die Laufgrenzen der Indizes festgelegt. Für die 5 Zahlen einer Zeile ist K = 1, 5 und für die 10 Zeilen des Programms J = 1, 10. Am Anfang des Programms wird die Überschrift und die Zeile mit den $s_i$-Werten gedruckt. Damit liegen diese auch für den Rest des Programms fest. Man beachte, wie die Indizes zum Berechnen der Argumentwerte benutzt werden, um Rundungsfehler zu vermeiden.

```
      DIMENSION S(5), G(5)

C  SCHREIBEN DER UEBERSCHRIFT
      DO 1  I = 1, 5
    1 S(I) = 2.0 * FLOAT(I)
      WRITE(3, 100) (S(I), I = 1, 5)
  100 FORMAT(1H1, 18X, 'METERGEWICHT ',
     1  'VON STAHLROHR IN N' //
     2  7X, 'S/MM', 5F10.2 / 7X, 'D/MM')

C  SCHLEIFE FUER DAS PROGRAMM
      DO 4  J = 1, 10
      D = 10.0 * FLOAT(J)

C  SCHLEIFE FUER EINE ZEILE
      DO 2  K = 1, 5
      IF(S(K) - 0.5 * D) 2, 3, 3
    2 G(K) = 0.2422 * S(K) * (D - S(K))

    3 K = K - 1
      WRITE(3, 101) D, (G(I), I = 1, K)
  101 FORMAT(1X, 6F10.2)
    4 CONTINUE
      STOP
      END
```

Man könnte versucht sein, für die Berechnung der $s_i$ die Anweisungen

```
  DO 1  I = 2, 10, 2
1 S(I) = FLOAT(I)
```

zu benutzen.

Einmal würde dies Speicherplatz kosten, da für S(I) 10 Zellen reserviert werden müssten, von denen nur jede 2. besetzt würde. Vor allem aber wäre auch im Rest des Programms darauf zu achten, daß zusammengehörige Werte $s_i$ und $G_i$ den gleichen Indexwert erhalten. Da dies das Programm unnötig kompliziert, ist es vorzuziehen, den Index der DO-Schleife in Einerschritten zu variieren und den Wert der Variablen in einer getrennten Anweisung aus diesem Index zu berechnen.

<u>Beispiel 43</u>. <u>Sortieren von n Zahlen.</u> Für dieses z.B. in der Statistik häufig vorkommende Problem wird hier eine verhältnismäßig anschauliche Lösung gezeigt, die allerdings nicht optimal ist. In Aufg. 55, S. 155 wird eine andere Variante des Sortierproblems behandelt.

Wie in Beisp. 6, S. 75 ausgeführt wurde, ist die dort gezeigte Programmstruktur für größere Werte von n nicht brauchbar, es müssen indizierte Variable benutzt werden. Der Grundgedanke des folgenden Programms ist der gleiche wie in jenem Beispiel und aus der folgenden Skizze ersichtlich.

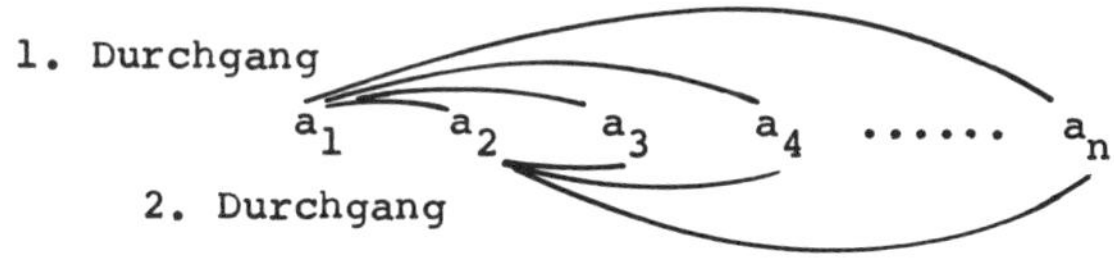


Zunächst wird der Inhalt der Zelle $a_1$ mit allen anderen verglichen und bei Bedarf getauscht. Nach diesem sog. 1.Durchgang steht in der Zelle $a_1$ die kleinste Zahl. Nun wird das gleiche mit der Zelle $a_2$ wiederholt usw.

Wie der Plan in Bild 35 zeigt, kann dieser Gedanke durch Schachteln zweier Schleifen realisiert werden. Die Variation des Index K der inneren Schleife entspricht den Abfragen eines Durchgangs, die Variation des Index J der äußeren Schleife den verschiedenen Durchgängen. Die innere Schleife muß auf "kleiner oder gleich" abgefragt werden, bei der äußeren genügt "kleiner als".

Beim Codieren dieses Plans tritt die Schwierigkeit auf, daß die Abfragen nicht unmittelbar in FORTRAN übertragen werden können. Vor allem wenn die DO-Anweisung benutzt werden soll, was andererseits wegen der indizierten Variablen wünschenswert ist. In der DO-Anweisung sind die kleinsten und größten Werte für den Laufindex anzugeben (s.S. 130). Die kleinsten Werte sind offensichtlich gleich 1, die größten Werte müssen aus den Ungleichungen $j+k \leq n$ bezw. $j < n$ berechnet werden. Man erhält $k_{max} = n - j$ und $j_{max} = n - 1$. Ferner ist ein Ausdruck A(J+K) verboten (s.S. 140).

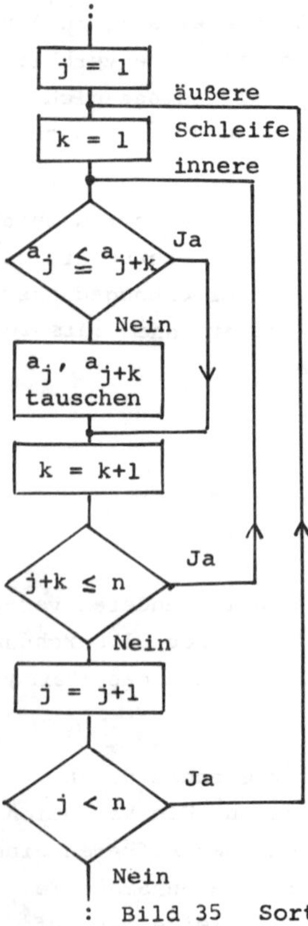


Bild 35 Sortieren

```
SORTIEREN VON N ZAHLEN

    INTEGER A(100)
    READ(2,100) N, (A(I), I = 1,N)
100 FORMAT(I5 / (16I5))
    WRITE(3,101)
101 FORMAT(10X, 'UNSORTIERTE  ZAHLEN')
    WRITE(3,102) (A(I), I = 1,N)
102 FORMAT(10I5)

    JMAX = N - 1
    DO 3 J = 1, JMAX
    KMAX = N - J

    DO 3 K = 1, KMAX
    JK = J + K
    IF(A(J)-A(JK)) 3,3,2
  2 AA = A(J)
    A(J) = A(JK)
    A(JK) = AA
  3 CONTINUE

    WRITE(3,103)
103 FORMAT(// 10X, 'SORTIERTE  ZAHLEN')
    WRITE(3,102) (A(I), I = 1,N)
    STOP
    END
```

Die beiden folgenden Beispiele zeigen die Anwendung zweifach indizierter Variabler, die z.B. in der Matrizenrechnung gebraucht werden. Das Beisp. 44 findet auch außerhalb der Matrizenrechnung viel Verwendung.

Beispiel 44. Drucken einer Matrix mit m Zeilen und n Spalten. Die Matrix muß zu Programmbeginn mit geschätzten Werten m und n dimensioniert werden, dann werden die tatsächlichen Werte m und n eingelesen oder berechnet. Damit die n Zahlen einer Zeile auch in einer tatsächlichen Druckzeile Platz haben, wird n $\leq$ 10 sein müssen. An drei Programmausschnitten wird nochmals die Wirkung der Prioritätenregeln von S. 141 gezeigt.

| Programmausschnitt | W i r k u n g |
|---|---|
| `DO 1 I = 1, M`<br>`DO 1 K = 1, N`<br>`1 WRITE(3,100) A(I,K)`<br>`100 FORMAT(5X, 10F8.4)` | Mit jeder WRITE-Anweisung wird eine neue Zeile angefangen. Es werden also alle Koeffizienten untereinander gedruckt. |
| `WRITE(3,100) ((A(I,K), K=1,N), I=1,M)`<br>`100 FORMAT(5X, 10F8.4)` | Jetzt hat die FORMAT-Anweisung Priorität, es werden stets je Zeile 10 Zahlen gedruckt. |
| `DO 1 I = 1, M`<br>`1 WRITE(3,100) (A(I,K), K = 1, N)`<br>`100 FORMAT(5X, 10F8.4)` | Dies ist die gewünschte Lösung. Es werden m Zeilen mit je n $\leq$ 10 Zahlen gedruckt. |

Beispiel 45. Multiplikation zweier Matrizen C = A B

Die Produktmatrix C kann nur gebildet werden, wenn die Spaltenzahl $n_A$ der Matrix A gleich der Zeilenzahl $m_B$ der Matrix B ist. Diese Voraussetzung wird hier nicht geprüft. Die Matrix C hat $m_A$ Zeilen und $n_B$ Spalten. Ein Element $c_{ik}$ ist das skalare Produkt der i-ten Zeile von A mit der k-ten Spalte von B

$$c_{ik} = \sum_{j=1}^{n_A} a_{ij}\, b_{jk}$$

Daraus erhält man den nebenstehenden Programmausschnitt. Mit der innersten Schleife mit dem Index J wird jeweils ein Element $c_{ik}$ berechnet und durch die Anweisung Nr. 2 in die "richtige" Speicherzelle gebracht.

```
  DO 2  I = 1, MA
  DO 2  K = 1, NB
  S = 0.
  DO 1  J = 1, NA
1 S = S + A(I,J) * B(J,K)
2 C(I,K) = S
```

Mit der mittleren Schleife mit dem Index K wird jeweils eine Zeile der Produktmatrix gebildet. Würden die mittlere und die äußere Do-Anweisung vertauscht, so würde die Produktmatrix spaltenweise berechnet werden.

## 7.3 AUFGABEN

48. Man schreibe ein Programm zur Berechnung eines Binomialkoeffizienten mit der DO-Anweisung (s. Aufg. 34, S. 96).

49. a. Welche Werte von N werden durch das nebenstehende Programm berechnet. In welcher Form werden sie gedruckt ?

Das Programm ist abzuändern, damit

b. je drei Werte von N in einer Zeile gedruckt werden.

c. wie b. und daß sich außerdem nach dem Programm sämtliche Werte von N im Speicher befinden.

```
      DO 1  I = 3, 9, 3
      DO 1  K = 5,15, 5
      N = I + K
    1 WRITE(1, 100) N
  100 FORMAT(I5)
      STOP
      END
```

50. Quadratische Interpolation. Zunächst ist in zwei Bereichen X und Y eine Tafel mit n = 20 Wertepaaren $x_i$, $y_i$ mit $i = 1, 2, \dots 19, 20$ einer beliebigen stetigen Funktion zu erzeugen. Nun werden x-Werte eingegeben. Bei jedem Wert ist zu prüfen, ob er im Intervall $x_1 \leqq x < x_{19}$ liegt. Bei "nein" Sprung an das Programmende. Bei "ja" ist gemäß der folgenden Skizze die "richtige" Stelle der Tafel zu finden, aus der mit den nachstehenden Interpolationsformeln von Newton der entsprechende y-Wert zu berechnen ist. Das Wertepaar x,y ist zu drucken.

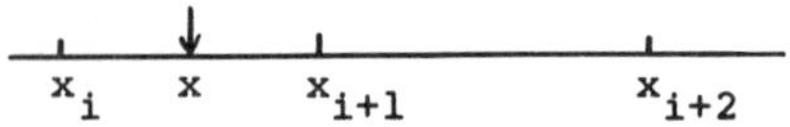


$$y = b_0 + b_1(x - x_i) + b_2(x - x_i)(x - x_{i+1})$$

$$b_0 = y_i \qquad b_1 = \frac{y_{i+1} - y_i}{x_{i+1} - x_i} \qquad b_2 = \frac{\dfrac{y_{i+2} - y_{i+1}}{x_{i+2} - x_{i+1}} - \dfrac{y_{i+1} - y_i}{x_{i+1} - x_i}}{x_{i+2} - x_i}$$

51. Flächen- und Widerstandsmomente von Rechtecken. Auf einer beliebigen Anzahl von Datenkarten stehen je 8 Wertepaare $b_i$, $h_i$. Sie bedeuten die Breiten und Höhen von 8 Rechtecken. Jede Zahl hat das Format F5.2. Die Endkarte ist eine Leerkarte. Es genügt bei jeder Karte die Abfrage, ob der erste Wert $b_i = 0$ ist.

Für jedes Rechteck soll das Flächenmoment I und das Widerstandsmoment W berechnet werden

$$I = b\,h^3/12 \qquad W = b\,h^2/6$$

Als Ausgabe ist für jedes Rechteck eine Zeile mit den Werten $b_i$, $h_i$, $I_i$ und $W_i$ zu drucken.

52. Mittelwert und Standardabweichung. Auf einer beliebigen Anzahl von Lochkarten stehen je 8 Meßwerte im Format 8F10.5 . Auf der letzten Karte steht an einer beliebigen Stelle die Zahl 10000. . Dies ist kein Meßwert, sondern das Datenende.

Es sind die Anzahl der Meßwerte zu zählen, Mittelwert und Standardabweichung nach folgenden Formeln zu berechnen und die Ergebnisse zu drucken.

$$\overline{x} = \sum x_i/n \qquad s^2 = (n \sum x_i^2 - (\sum x_i)^2)/(n(n-1))$$

Hinweise: Die Summen sind über alle n Meßwerte zu bilden. Das Programm ist so zu schreiben, daß sich gleichzeitig maximal 8 Meßwerte im Zentralspeicher befinden.

53. Vektorrechnung. Auf einer beliebigen Anzahl von Datenkarten stehen je drei Zahlen. Sie bedeuten die drei Komponenten eines Vektors. Das Programm soll für jeden Vektor den Betrag und die Richtungswinkel in Grad berechnen und für jeden Vektor in einer Zeile die Komponenten und die berech-

neten Werte drucken.

$$a = \sqrt{a_x^2 + a_y^2 + a_z^2} \qquad \cos\alpha = a_x/a \qquad \cos\beta = a_y/a \qquad \cos\gamma = a_z/a$$

Das Programm soll enden, wenn auf einer Karte alle Komponenten gleich Null (Leerkarte) festgestellt werden.

Hinweise: zur Berechnung der Winkel s. Aufg. 40d, S. 129. Die Funktion ATAN(X) berechnet den Hauptwert des Winkels im Bogenmaß. Man beachte den Spezialfall, daß ein Winkel $90^\circ$ ist. Es sind indizierte Variable zu benutzen.

54. Die van der Waal Gleichung für reale Gase lautet für ein kmol $NH_3$

$$p(T,V) = \frac{R\,T}{V - b} - \frac{a}{V^2} \qquad R = 8314\ \text{J/K} \quad a = 4.23\cdot10^5\ \text{N m}^4 \quad b = 0.0371\ \text{m}^3$$

Für die Wertebereiche $360\ K \le T \le 440\ K \quad \Delta T = 20\ K$

$20\ l \le V \le 300\ l \quad \Delta V = 20\ l$

Es ist eine Tafel der nachstehenden Form zu berechnen und zu drucken. Man beachte, daß alle Zahlenwerte als ganze Zahlen gedruckt wurden. (Beim Format Fw.0) wird der Dezimalpunkt gedruckt).

```
TAFEL DER VAN DER WAAL GLEICHUNG FUER REALE GASE

 A =  0.4230E 06 N*M**4    B =  0.3710E-01 M**3

     T/K   360    380    400    420    440
 V/LITER              D R U C K / B A R
      20     0      0      0      0      0
      40     0      0      0      0      0
      60   132      0      0      0      0
      80    36     75    114    153    191
```

Ferner ist im Programm folgende Bedingung zu prüfen: wenn $V < b$, wird der Druck negativ (physikalisch sinnlos), bei $V = b$ hat die Funktion eine Unstetigkeitsstelle. Deshalb soll der nach der obigen Gleichung berechnete p-Wert nur gedruckt werden, wenn $0 \le p \le 200$ bar ist. Ist diese Bedingung nicht erfüllt, soll der Einfachheit halber $p = 0$ gedruckt werden. (s. auch Aufg. 36, S. 97 und Aufg. 65, S. 197).

55. Sortieren beim Einlesen. Auf einer beliebigen Anzahl $n \leq 500$ Datenkarten steht je eine ganze Zahl $|Z| < 30\ 000$. Diese Zahlen sollen eingelesen und dabei sortiert werden.

Die zentralen Anweisungen dieses Programms basieren auf der Voraussetzung, daß sich in den Speicherzellen Z(1) bis Z(I-1) bereits sortierte Zahlen befinden. Die nun eingelesene Zahl gelangt zunächst in die Speicherzelle Z(I) und wird von dort durch eventuelles mehrfaches Vertauschen an die richtige Stelle der Zahlenfolge gebracht.

Der Kunstgriff dieses Verfahrens besteht darin, die ggf. erforderlichen Vertauschungen "von hinten", d.h. mit fallenden Indizes vorzunehmen. Zunächst werden also die Inhalte von Z(I) und Z(I-1) verglichen und ggf. vertauscht. Wenn vertauscht werden mußte, sind nun Z(I-1) und Z(I-2) zu vergleichen. Dies ist zu wiederholen, bis zum ersten Male kein Vertauschen mehr erforderlich ist. Dann steht die eingelesene Zahl in der richtigen Zelle, und die nächste Zahl kann eingelesen werden.
Das Sortieren soll enden, wenn eine eingelesene Zahl $Z > 30\ 000$ ist. Dann sind zur Kontrolle die Anzahl der sortierten Zahlen und diese Zahlen selbst zu drucken.

Hinweise: Die erste Zahl Z(1) ist außerhalb der Schleifen einzulesen. Das Erniedrigen von Indizes ist mit der DO-Anweisung nicht möglich (es sei denn, man führt besondere Hilfsindizes ein), die entsprechende Schleife ist deshalb mit der IF-Anweisung zu programmieren.

56. Transponieren einer Matrix. Die Koeffizienten $a_{ik}$ einer Matrix mit m Zeilen und n Spalten sind einzulesen und zu drucken. ($m,n \leq 10$). Es ist die transponierte Matrix zu bilden und zu drucken. Hinweis: die 1. Spalte der Ausgangsmatrix ist die 1. Zeile der transponierten Matrix usw.

# 8 UNTERPROGRAMME. SPEZIFIKATIONSANWEISUNGEN

Bei der Bearbeitung umfangreicher Probleme ist es unzweckmäßig, ein gesamtes Problem durch ein einziges der bisher behandelten Hauptprogramme (HP) zu lösen. Im Sinne der strukturierten Programmierung (s.Abschn. 5.2) empfiehlt es sich vielmehr, die Lösung im Baukastenprinzip aus mehreren Unterprogrammen (UP) zusammenzusetzen. Dies hat folgende Vorteile: einfaches Aufteilen der Arbeit auf mehrere Bearbeiter, bessere Fehler-Kontrolle (jedes UP kann für sich getestet werden), übersichtliche Dokumentation. Viele Grundaufgaben kehren häufig wieder. Die entsprechenden UP werden in einer UP-Bibliothek zusammengestellt. Die vom Hersteller der RA gelieferte, oft sehr umfangreiche UP-Bibliothek wird oft mit zur software gerechnet.

Bei den meisten RA muß ein UP vor seiner Benutzung in der Maschinensprache auf einem peripheren Speicher gespeichert worden sein. Die hierfür erforderlichen Steuerkarten bezw. -anweisungen sind bei der verschiedenen RA verschieden. Das Speichern eines UP hat natürlich nur Sinn, wenn es vorher getestet wurde. Hierfür ist es entweder als HP zu schreiben oder man schreibt ein eigenes HP zum Testen des UP.

Das schwierigste Problem für das Funktionieren eines umfangreichen Programmsystems ist die Übertragung der Informationen zwischen den einzelnen Teilen des Systems. Das Grundsätzliche dieser Problematik ergibt sich aus Abschn. 8.1.1. Viele der anschließend behandelten FORTRAN-Regeln dienen der Lösung dieses Problems. Dabei kann der "Sinn" jeder einzelnen Regel aus Platzgründen oft nur angedeutet werden.

## 8.1 EINTEILUNG DER UNTERPROGRAMME

Die UP werden nach zwei verschiedenen Gesichtspunkten eingeteilt:

### 8.1.1. Offene und geschlossene Unterprogramme

Die Einteilung erfolgt auf Grund der Plazierung des UP im Zentralspeicher der RA.

Definition: Ein offenes UP befindet sich "innerhalb", d.h. in aufeineinderfolgenden Speicherzellen des HP an der Stelle, wo es gebraucht wird. Ein geschlossenes UP befindet sich an einer anderen Stelle des Speichers wie das HP.

Der Vorteil der offenen UP ist eine kurze Bearbeitungszeit, denn es erfolgt ein unmittelbarer Übergang vom HP zum UP. Der Nachteil ist der Verbrauch von viel Speicherplatz, insbesondere wenn das gleiche UP mehrfach in einem HP benötigt wird. Beispiele für offene UP sind die auf S.162 behandelten Funktionsanweisungen, sowie die in der rechten Spalte der Tafel auf S. 104 aufgeführten Standard-Funktionen.

Die meisten UP sind geschlossene UP. Es wird zwar etwas mehr Rechenzeit gebraucht. Denn wenn das UP benötigt, man nennt das "aufgerufen", wird, muß das Objektprogramm durch einen Sprungbefehl an einer anderen Stelle des Speichers fortgesetzt werden. Entsprechend muß nach Beendigung des UP ins HP zurückgesprungen werden. Demgegenüber ist aber meist die Ersparnis von Speicherplatz erheblich.

In Bild 36 ruft das HP zunächst UP1 auf. Dieses benötigt ein UP2. Später wird UP2 direkt vom HP aufgerufen. Schließlich ruft das HP ein UP3 auf, dieses benötigt UP1, wodurch nochmals UP2 aufgerufen wird. Bereits bei diesem noch recht einfachen Sachverhalt würde erheblich mehr Speicherplatz verbraucht, wenn dies in Form von offenen UP organisiert würde.

### 8.1.2 Funktions- und Subroutine Unterprogramme

Diese Einteilung erfolgt auf Grund gewisser Regeln für den Benutzer. In den folgenden Abschnitten werden die UP nach diesem Prinzip eingeteilt und besprochen.

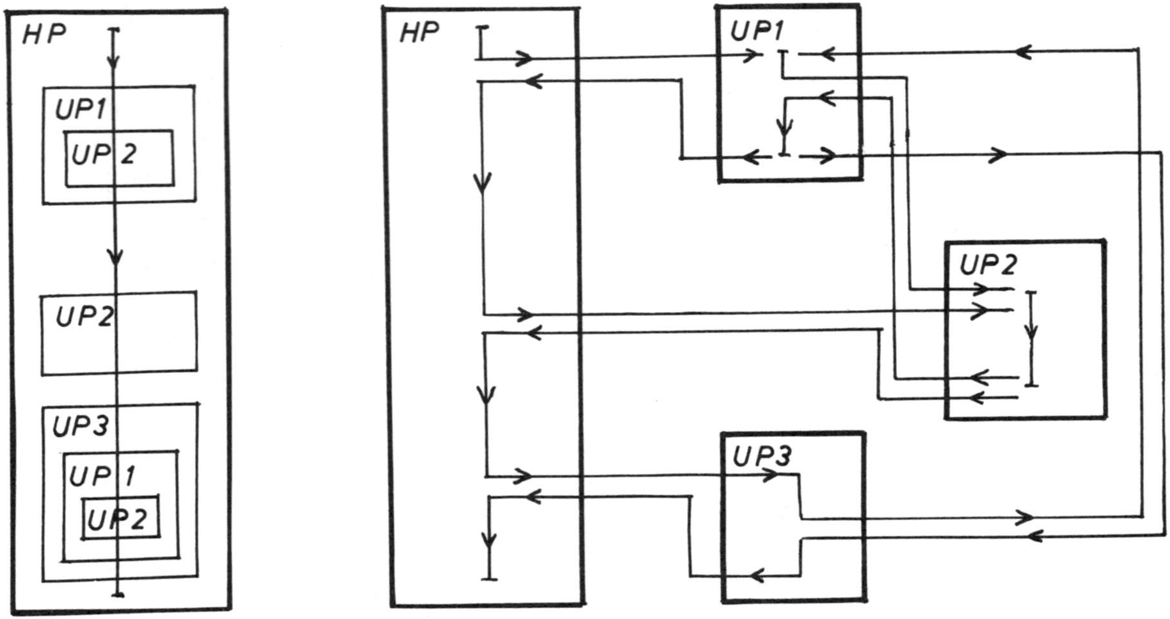


offene UP

geschlossene UP

Bild 36 offene und geschlossene UP

## 8.2 FUNKTIONS-UNTERPROGRAMME

Definition: Bei einem Funktions-UP (function subprogram) können mehrere Größen vom HP ins UP übertragen werden, man nennt sie die Eingangsparameter. Es kann aber nur genau eine Größe, das Ergebnis, aus dem UP ins HP übertragen werden. Man sagt: ein Funktions-UP hat nur einen Ausgang.

Oft wird das Wort "Parameter" weggelassen, und man spricht nur von Eingängen und dem Ausgang des UP. Eine häufige Anwendung der Funktions-UP, von dem dieser Typ seinen Namen hat, ist die Berechnung einer Funktion (im Sinne der Mathematik) mit mehreren unabhängigen Variablen (Eingänge) und einer abhängigen Variablen (Ausgang). Die in Abschn. 6.1 behandelten Standard-Funktionen sind Funktions-UP, die fest im compiler eingebaut sind und deshalb nicht vorher gespeichert zu werden brauchen. Sie haben auch meist nur einen Eingang. Die in Abschn. 6.1 erläuterten Regeln für die Benutzung dieser Funktionen werden sich als einfache Spezialfälle der im folgenden erläuterten Regeln erweisen. Außer den Regeln zum Benutzen von UP geht es in diesem Abschnitt vor allem um Regeln für das Schreiben von eigenen UP.

### 8.2.1 Schreiben von Funktions-Unterprogrammen

Ein Funktions-UP hat die Form

```
FUNCTION NAME(Liste der formalen Parameter)
    P r o g r a m m
NAME = Ausdruck
RETURN
END
```

Durch das Wortsymbol FUNCTION wird ein Funktions-UP definiert. NAME ist der Name der Funktion, es ist die symbolische Adresse der Speicherzelle, in der das Ergebnis, der "Funktionswert" gespeichert wird. Es gelten die in Abschn. 6.1 erläuterten Regeln für Namen. Insbesondere muß die Typvereinbarung beachtet werden. In Basic FORTRAN ist nur die implizite Typvereinbarung (s.S. 102) zulässig. In der Gesamtsprache können davon abweichende Namen vereinbart werden.

Die Liste der formalen Parameter enthält bei den Funktions-UP nur die Eingangsgrößen. Der Begriff "formal" bedeutet, daß beim Übersetzen des UP für diese Größen nur Speicherzellen reserviert werden. Die Belegung dieser Zellen mit Zahlenwerten erfolgt erst beim Aufruf durch das HP (s. Abschn. 8.2.2). Als formale Parameter sind in Basic FORTRAN nur einfache Variable und Bereichsnamen zulässig (sie sind in der Liste also ohne Indizes zu schreiben). Für die Bereiche muß im UP und HP jeweils eine entsprechende Spezifikationsanweisung vorhanden sein. In der Gesamtsprache darf die Parameterliste auch die Namen anderer Funktions-UP enthalten (s. Abschn. 8.4.1).

Die Parameter dürfen im UP nicht neu definiert werden, d.h. sie dürfen im UP weder eingelesen werden, noch auf der linken Seite von arithmetischen Anweisungen stehen oder als Schleifenindex von DO-Anweisungen benutzt werden. (Wie diese Regel leicht umgangen werden kann, zeigt Beisp. 53, S. 170). Im UP benutzte Variablennamen, die nicht in der Parameterliste stehen, sind unabhängig von eventuell gleichen Namen im HP. Das gleiche gilt auch für Anweisungsnummern.

Das UP muß an mindestens einer Stelle die Anweisung

NAME = Ausdruck

enthalten. Hierdurch wird der Name definiert, d.h. das Ergebnis des UP wird in der Zelle mit der symbolischen Adresse NAME gespeichert und gelangt so in das HP. Durch die Anweisung RETURN erfolgt der Rücksprung ins HP. Oft bilden diese beiden Anweisungen den Schluß des UP. Es ist aber zulässig, nach der Definition von NAME, diesen Namen als Variable (nicht als UP-Aufruf) auf der rechten Seite von arithmetischen Anweisungen zu verwenden. Auch die Anweisung RETURN darf mehrfach benutzt werden.

Beispiel 46. UP zum Runden einer Zahl auf n Stellen nach dem Dezimalpunkt. In der Programmbeschreibung sollte mindestens der Zweck des UP und die Bedeutung der Parameter erläutert werden. Hier also: X ist die zu rundende Zahl, N die Anzahl der Stellen nach dem Punkt. Ferner kann in der Programmbeschreibung der Grundgedanke des Programms erläutert werden: Durch die erste Anweisung wird eine "halbe Einheit" der zu rundenden Stelle erzeugt. Dieser Wert A wird je nach dem Vorzeichen der zu rundenden Zahl X von X addiert bezw. subtrahiert. Unbedingt sollte die Programmbeschreibung enthalten: Die gerundete Zahl in der Zelle RUND ist nicht der in DIN 1333, Runden von Zahlen, definierte Wert. Der Wert in RUND sollte daher nur in Verbindung mit einer entsprechenden FORMAT-Anweisung zum Drucken benutzt werden.

```
      FUNCTION RUND(X, N)

      A = 0.5 * 10. ** (-N)
      IF(X) 1, 2, 3
    1 RUND = X - A
      RETURN

    2 RUND = 0.0
      RETURN

    3 RUND = X + A
      RETURN

      END
```

Das in Beisp. 36, S. 133 benutzte UP ERUND ist inhaltlich mit dem UP RUND identisch. Das UP ERUND arbeitet aber intern mit erweiterter Genauigkeit. Wenn beide UP benutzt werden (genauer: bei der verwendeten RA auf der gleichen Platte gespeichert sind), müssen sie verschiedene Namen tragen.

Die meisten in Abschn. 6.4 behandelten Programmbeispiele wären in der Praxis UP. Das folgende Beispiel soll vor allem den formalen Unterschied zwischen einem HP und einem UP verdeutlichen. Es bezieht sich auf die früheren Beispiele zum Bilden einer Produktsumme (z.B. Beisp. 34, S. 131 oder Beisp. 38, S. 140).

Beispiel 47. UP zum Bilden einer Produktsumme mit bekannter Anzahl n der Summanden.

Die formalen Parameter sind hier zum Teil Bereichsnamen. Die Werte der A(I), B(I) und N werden im HP bestimmt. Wollte man im UP auch die Anzahl der Summanden zählen und ins HP übertragen, so wäre dies außer dem Wert der Summe der zweite Ausgangsparameter. Dafür muß ein in Abschn. 8.3 behandeltes Subroutine-UP benutzt werden.

```
  FUNCTION SUM(A, B, N)
  DIMENSION A(100), B(100)
  SUM = 0.
  DO 1 I = 1, N
1 SUM = SUM + A(I) * B(I)
  RETURN
  END
```

Eine Funktionsanweisung (statement function) ist ein einfacher Spezialfall eines Funktions-UP und hat folgende Form

| NAME(Liste der formalen Parameter) = Ausdruck |
|---|

Eine Funktionsanweisung muß am Anfang des betr. HP, nach den Spezifikationsanweisungen, stehen. Sie wird mit dem HP übersetzt und gilt deshalb auch nur für dieses HP. Sie ist ein offenes UP. Ferner gelten folgende Abweichungen von den für Funktions-UP gültigen Regeln: Die formalen Parameter dürfen nur einfache Variable sein. Kommen im Ausdruck auf der rechten Seite der Anweisung noch andere Variable vor, so haben sie die gleiche Bedeutung wie die Variablen gleichen Namens im HP.

Beispiel 48. Funktionsanweisungen.

```
SINH(X) = 0.5 * (EXP(X) - EXP(-X))
BETR(X, Y, Z) = SQRT(X * X + Y * Y + Z * Z)
```

Bereits in diesen einfachen Beispielen werden in einem UP andere UP (die Standard-Funktionen EXP und SQRT) aufgerufen.

### 8.2.2 Aufruf von Funktions-Unterprogrammen

Wird ein UP in einem HP benutzt, so sagt man: es wird aufgerufen. Der Aufruf eines Funktions-UP hat folgende Form: auf der rechten Seite einer arithmetischen Anweisung steht in erlaubten Verknüpfungen mit anderen Ausdrücken

| = ...... NAME(Liste der aktuellen Parameter) ... |
|---|

Die Punkte .... sind keine FORTRAN-Zeichen.

Definition: Die formalen Parameter sind die beim Schreiben des UP benutzten vorläufigen Namen für Größen. Die aktuellen Parameter sind die im HP benutzten endgültigen Namen bezw. unmittelbaren Zahlenwerte (Konstante) für diese Größen.

Ferner gelten folgende Regeln:

1. Die Namen des formalen und aktuellen Parameters für eine Größe können verschieden sein. Im Basic FORTRAN dürfen die aktuellen Parameter Ausdrücke (s.S. 104) sein, meist sind es Konstante, Variable oder Funktionswerte. In der Gesamtsprache dürfen es auch Namen anderer UP sein (s. Abschn. 8.4.1).

2. Die aktuellen und formalen Parameter müssen in den Listen beim Schreiben und beim Aufruf des UP elementweise in ihrer Bedeutung und im Typ (s.Abschn. 6.1) übereinstimmen. Bei indizierten Variablen müssen ferner in den Spezifikationsanweisungen des UP und des HP die Maximalwerte der Indizes übereinstimmen. Ausnahme: es ist nur ein Index vorhanden.

3. Namen, die nicht in den Parameterlisten aufgeführt wurden, haben im HP und UP nichts miteinander zu tun. Insbesondere bedeuten gleiche Namen in beiden Programmen nicht etwa gleiche Speicherzellen (Ausnahme s. Abschn. 8.4.2). Entsprechendes gilt für Anweisungsnummern.

Die Regeln 1 und 3 garantieren, daß UP tatsächlich völlig unabhängig vom HP geschrieben werden können. Wegen Regel 2 ist eine ausführliche Beschreibung der Parameter in den Programmbeschreibungen unerläßlich. Der zweite Satz von Regel 2 ist eine unangenehme Einschränkung. Man kann sie mit Hilfe der Ausnahme umgehen, indem auch die Indizes einer zweifach indizierten Variablen für das Programm auf einen Index umgerechnet werden.

Das folgende Beispiel zeigt den mehrfachen Aufruf des gleichen UP mit verschiedenen aktuellen Parametern.

Beispiel 49. Ausgleichung einer Geraden. Aus n eingelesenen Wertepaaren $x_i$, $y_i$ sollen durch Ausgleichsrechnung die Koeffizienten $a_0$ und $a_1$ der "besten Geraden"

$$y = a_0 + a_1 x$$ berechnet werden.

Die Ausgleichsrechnung liefert für $a_0$ und $a_1$ das folgende lineare Gleichungssystem

$$n\, a_0 + (\sum x_i)\, a_1 = \sum y_i$$
$$(\sum x_i) a_0 + (\sum x_i^2)\, a_1 = \sum x_i y_i$$

Es ist stets über sämtliche n Messwerte zu summieren. Hier wird dieses Gleichungssystem mit Determinanten gelöst. Hierfür und vor allem für eine Erweiterung dieses Problems auf die Berechnung der Koeffizienten einer ganzen rationalen Funktion m-ten Grades werden die obigen Summen in der üblichen Form der Koeffizienten $a_{ik}$ eines linearen Gleichungssystems geschrieben

$$a_{11} = n \qquad a_{12} = \sum x_i \qquad b_1 = \sum y_i$$
$$a_{21} = \sum x_i \qquad a_{22} = \sum x_i^2 \qquad b_2 = \sum x_i y_i$$

Damit lautet die Lösung des obigen Systems

$$a_0 = (b_1\, a_{22} - a_{12}\, b_2)/\ \text{Nenner}$$
$$a_1 = (a_{11}\, b_2 - b_1\, a_{21})/\ \text{Nenner}$$

$$\text{Nenner} = a_{11}a_{22} - a_{12}a_{21}$$

Das folgende Programm zeigt die Bildung der verschiedenen Produktsummen mit Hilfe des UP von Beisp. 47, S. 161 und die Berechnung der Koeffizienten $a_0$ und $a_1$.

Bei der Ausgleichung einer Funktion höheren Grades wäre es zweckmäßig, auch die Koeffizienten $a_{ik}$ des linearen Gleichungssystems als indizierte Variable einzuführen und das System mit einem UP des folgenden Typs zu lösen.

```
C  HP AUSGLEICHUNG EINER GERADEN

      REAL NENN
      DIMENSION X(100), Y(100), C(100)

      READ(2,100) N
  100 FORMAT(I5)

      DO 1 I = 1, N
      READ(2,101) X(I), Y(I)
    1 C(I) = 1.
  101 FORMAT(2F10.5)

      A11 = N
      A12 = SUM(X, C, N)
      A21 = A12
      A22 = SUM(X, X, N)
      B1  = SUM(Y, C, N)
      B2  = SUM(X, Y, N)

      NENN = A11*A22 - A12*A21
      ZA0 = B1*A22 - A12*B2
      ZA1 = A11*B2 - B1*A21
      A0 = ZA0/NENN
      A1 = ZA1/NENN

      WRITE(3,102) A0, A1
  102 FORMAT(10X, 'A0 = ',E12.5, '    A1 = ', E12.5)
      STOP
      END
```

## 8.3 SUBROUTINE-UNTERPROGRAMME

Definition: In einem Subroutine-UP (subroutine subprogram) kann eine beliebige Anzahl von Größen sowohl vom HP ins UP als auch vom UP ins HP übertragen werden.

Der Begriff "beliebig" hat natürlich nach oben eine Grenze durch die Möglichkeiten des compilers. Nach unten ist der Fall möglich, daß keine Parameter übertragen werden (z.B. ein UP, durch das ein feststehender Text gedruckt wird). Vorwiegend werden diese UP benutzt, wenn das Ergebnis des UP nicht mehr durch eine Zahl darstellbar ist. Ein häufiger Spezialfall ist, daß das Ergebnis ein Bereich ist (z.B. die Lösungen eines linearen Gleichungssystems).

### 8.3.1 Schreiben von Subroutine-Unterprogrammen

Ein Subroutine-UP hat die Form

```
SUBROUTINE NAME(Liste der formalen Parameter)
      P r o g r a m m
RETURN
END
```

Das Wortsymbol SUBROUTINE definiert den UP Typ. Der Name NAME bedeutet hier keinen Typ, deshalb ist sein erster Buchstabe beliebig. Die Liste der Parameter enthält jetzt sowohl Eingangs- als auch Ausgangsparameter Die Reihenfolge ist beliebig (muß natürlich mit der Reihenfolge beim Aufruf übereinstimmen). Nach Ausführung des UP enthalten die Speicherzellen der Ausgangsparameter die berechneten Werte und können im HP benutzt werden. Im übrigen gelten sinngemäß die gleichen Regeln wie bei den Funktions-UP.

Beispiel 50. Subroutine-Unterprogramme.

| P r o g r a m m | W i r k u n g |
|---|---|
| SUBROUTINE PORE(R, PHI, X, Y)<br>X = R*COS(PHI)<br>Y = R*SIN(PHI)<br>RETURN<br>END | Umrechnen von Polar- in rechtwinklige Koordinaten. R und PHI sind die Eingangs- X und Y die Ausgangsparameter |
| SUBROUTINE TAUSH(X, Y)<br>H = X<br>X = Y<br>Y = H<br>RETURN<br>END | Tauschen der Inhalte zweier Speicherzellen. In diesem und dem nächsten Beispiel kann nicht zwischen Eingangs- und Ausgangsparametern unterschieden werden. |

```
      SUBROUTINE LIES(A, M, N)
      DIMENSION A(10, 10)

      DO 1 I = 1,M
    1 READ(2, 100) (A(I,K), K = 1, N)
  100 FORMAT(10F10.5)

      RETURN
      END
```

Lesen einer Matrix (s. Beisp. 44, S. 150).

## 8.3.2 Aufruf von Subroutine-Unterprogrammen

Der Aufruf hat die Form

```
CALL NAME(Liste der aktuellen Parameter)
```

Dies ist eine Anweisung. Über die Bedeutung und Regeln der Parameter gilt sinngemäß Abschn. 8.2.2. Die durch das UP berechneten Werte gelangen in die Zellen der Ausgangsparameter und können von dort in weiteren Anweisungen des HP verwendet werden.

Beisp. 51. Sortieren von drei Zahlen. (s. Beisp. 25, S.124). Dieses Programm lautet mit dem UP von Beisp. 50, S. 166 wie nebenstehend gezeigt.

```
      READ(2, 100) A, B, C
  100 FORMAT(3F10.5)

      IF(B - A) 1, 2, 2
    1 CALL TAUSH(A,B)

    2 IF(C - A) 3, 4, 4
    3 CALL TAUSH(A,C)

    4 IF(C - B) 5, 6, 6
    5 CALL TAUSH(B,C)

    6 WRITE(1, 100) A, B, C

      STOP
      END
```

Beispiel 52. Komplexer Widerstand. Der Widerstand der nebenstehenden Schaltung beträgt

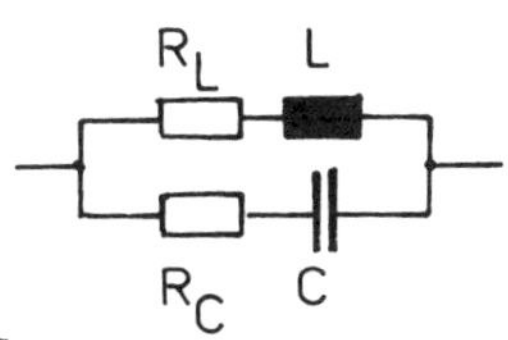


$$Z_p = \frac{Z_1\ Z_2}{Z_1 + Z_2}$$

mit $Z_1 = R_L + j\omega L$ und $Z_2 = R_C - j/\omega C$

Die Zahlenwerte der Kreisfrequenz $\omega$ sowie die von $R_L$, $R_C$, L und C werden eingelesen. Mit Hilfe von UP zur komplexen Arithmetik wird im HP der Widerstand $Z_p$ berechnet.

Jede komplexe Zahl wird durch einen Bereich mit zwei Elementen dargestellt. Jedes UP für eine Grundrechnungsart hat als Eingang die beiden Bereiche der Operanden und als Ausgang den Bereich für das Ergebnis. Von den UP wird nur das für die Division gezeigt.

```
C  HP KOMPLEXER WIDERSTAND

      REAL L
      DIMENSION Z1(2), Z2(2), ZZAEH(2), ZNENN(2), ZP(2)
      READ (2, 100) OMEGA, RL, RC, L, C
  100 FORMAT(5F10.5)

      Z1(1) = RL
      Z1(2) = OMEGA * L
      Z2(1) = RC
      Z2(2) = -1./(OMEGA * C)

      CALL KMUL(Z1, Z2, ZZAEH)
      CALL KADD(Z1, Z2, ZNENN)
      CALL KDIV(ZZAEH, ZNENN, ZP)

      WRITE(3, 101) Z1, Z2, ZP
  101 FORMAT(2F10.5)
      STOP
      END
```

**Ausgabe:**

```
22.00000 310.00000
48.00000 -25.00000
54.57730 -17.49329
```

```
      SUBROUTINE KDIV(OP1, OP2, QUOT)
      DIMENSION OP1(2), OP2(2), QUOT(2)

      ZNENN = OP2(1)**2 + OP2(2)**2
      QUOT(1) = (OP1(1)*OP2(1) + OP1(2)*OP2(2))/ZNENN
      QUOT(2) = (OP2(1)*OP1(2) - OP1(1)*OP2(2))/ZNENN
      RETURN
      END
```

## 8.4 SPEZIFIKATIONSANWEISUNGEN

Im Zusammenhang mit der UP-Technik können einige weitere Spezifikationsanweisungen erforderlich werden. In der nachstehenden Liste sind alle Spezifikationsanweisungen mit einer Kurzbeschreibung zusammengestellt. Die noch nicht behandelten werden anschließend genauer besprochen. Die Spezifikationsanweisungen gehören zu den nicht ausführbaren Anweisungen (s.S. 107) und müssen am Programmanfang vor den ausführbaren Anweisungen stehen. In einem tatsächlichen Programm können einzelne oder alle Spezifikationsanweisungen fehlen, die vorhandenen müssen aber in der nachfolgenden Anordnung stehen

| Anweisung | Erläuterung |
|---|---|
| INTEGER | Liste von Variablen, die in diesem Programm vom Typ ganzzahlig sein sollen. |
| REAL | Liste von Variablen, die in diesem Programm vom Typ gebrochen sein sollen. |
| | Die beiden vorstehenden Anweisungen brauchen nur benutzt werden, wenn die implizite Typvereinbarung nicht verwendet wird (s.Abschn. 5.2). |
| EXTERNAL | Liste von UP Namen, die als aktuelle Parameter anderer UP auftreten (s. Abschn. 8.4.1). |
| DIMENSION | Liste von indizierten Variablen mit maximalen Indexwerten, soweit nicht in REAL oder INTEGER vereinbart (s. Abschn. 7.2). |
| COMMON | Liste von Variablen, die in verschiedenen Programmen die gleichen Speicherzellen belegen (s.Abschn. 8.4.2). |
| EQUIVALENCE | Listen von Variablen, die in einem Programm die gleichen Zellen belegen sollen (s.Abschn. 8.4.3). |

### 8.4.1 EXTERNAL-Anweisung

Diese Anweisung ist bereits Teil der Gesamtsprache. Sie hat folgende Form

| EXTERNAL Liste von UP Namen |
|---|

In der Liste sind nur die Namen ohne Parameter aufzuführen. Es sind die UP, die als aktuelle Parameter anderer UP des aufrufenden Programms, das diese Anweisung enthält (meist ein HP), vorkommen. Namen von Funktionsanweisungen (s.S. 162) dürfen in der EXTERNAL-Liste nicht aufgeführt werden.

Die Liste der aktuellen Parameter eines UP besteht meist aus Konstanten oder Variablen. Es können aber auch Funktions<u>werte</u> und Funktions<u>namen</u> (genauer: Namen anderer UP) sein. Diese beiden Fälle sind deutlich zu unterscheiden:

Ein HP beginne mit der
Funktionsanweisung DIV(A, B) = A/B
und enthalte später
die Anweisung TAN = DIV(SIN(X),COS(X))

Die aktuellen Parameter sind hier Funktions<u>werte</u>. Dazu ist nur zu bemerken, daß dies zulässig ist.

Soll hingegen mit einem
Funktions UP FUNCTION SIMPS(A, B, FKT)

mit der Simpson-Regel für eine <u>beliebige</u> Funktion das bestimmte Integral $\int_a^b f(x)\,dx$ berechnet werden, so ist der Parameter ein Funktions<u>name</u>. Ein Aufruf zur Berechnung von $\int_0^\pi \sin x\,dx$ würde lauten Y = SIMPS(O., PI, SIN)

Damit der compiler erkennt, daß SIN der Name einer Funktion und nicht der einer Variablen ist, muß am Anfang des aufrufenden Programms die Anweisung EXTERNAL SIN stehen. Das vorstehende Problem wird in Aufg. 59, S. 176 weiter verfolgt. Das folgende Beispiel zeigt die Anwendung der EXTERNAL-Anweisung auf das in Beisp. 32, S.127 behandelte Suchen einer Nullstelle einer Funktion durch Eingabeln.

<u>Beispiel 53. Nullstelle einer Funktion durch Eingabeln.</u>

Das erste UP ist das bereits in Beisp. 32, S. 127 besprochene Programm zum Eingabeln. Die formalen Parameter im UP dürfen nicht X1 und X2 genannt werden, weil sie im Laufe des UP verändert werden. Deshalb werden sie XU1 und XU2 genannt. Durch die ersten Anweisungen werden aber die mathematisch üblichen Bezeichnungen sofort wieder eingeführt.

Das nächste UP definiert die Funktion, deren Nullstelle berechnet werden soll.

Das HP hat vor allem die Aufgabe, erst einmal zwei Funktionswerte zu finden, die verschiedene Vorzeichen haben. Der Ein-

```
C  EINGABELN EINER NULLSTELLE

      FUNCTION XNULL(XU1, XU2, F)

      X1 = XU1
      X2 = XU2
      Y1 = F(X1)

    1 X = 0.5 * (X1 + X2)
      Y = F(X)

      IF(1.E-05 - ABS(Y)) 2, 2, 5
    2 IF(Y1*Y) 3, 5, 4
    3 X2 = X
      GO TO 1

    4 X1 = X
      GO TO 1

    5 XNULL = X
      RETURN
      END


C  UP FUER FUNKTIONSGLEICHUNG

      FUNCTION F(X)
      F = X*X + EXP(X) - 2.
      RETURN
      END
```

```
C  HP FUER NULLSTELLE

      EXTERNAL  F

      X1 = 0.
      Y1 = F(X1)
      X2 = 0.1
      FAKT = -1.2

    1 Y2 = F(X2)
      IF(Y1*Y2) 4,5,2
    2 X2 = FAKT * X2

      IF(1.2E+06 - ABS(X2)) 3, 1, 1
    3 WRITE(3,100)
  100 FORMAT('KEINE NULLSTELLE GEFUNDEN')
      GO TO 6

    4 X2 = XNULL(0., X2, F)
    5 WRITE(3,101) X2
  101 FORMAT(10X, '1.NULLST. = ',E12.5)

    6 STOP
      END
```

<u>Ausgabe:</u>

```
1.NULLST. =  0.53727E 00
```

fachheit halber werden dazu noch folgende Voraussetzungen gemacht. Die Funktion ist überall definiert und stetig. Sie wird durch ein Funktions-UP dargestellt. Bei $x_1 = 0$ ist keine Nullstelle. Die Suche wird abgebrochen, wenn im Intervall $-10^6 \leqq x \leqq +10^6$ keine Nullstelle gefunden wird. Ferner beschränkt sich das Programm darauf, eine Nullstelle zu finden. Das Suchen sämtlicher Nullstellen würde mit Ausnahme der ganzen rationalen Funktionen einen erheblich größeren Aufwand erfordern [1], [16].

### 8.4.2 COMMON-Anweisung

Wenn mehrere Programme zu den gleichen Daten Zugriff erhalten sollen, ist es oft einfacher, dies nicht durch Parameterlisten, sondern durch die folgende Anweisung zu realisieren. Sie hat die Form

| COMMON Liste von Variablen |
|---|

Sie kommt in mindestens zwei Programmen vor. Die Variablen der Liste werden in allen Programmen, die diese Anweisung enthalten, elementweise gleichgesetzt, d.h. sie belegen die gleichen Speicherzellen. Sich entsprechende Variablen müssen deshalb vom gleichen Typ sein und die Längen der verschiedenen Listen sollten übereinstimmen. Größen aus den Parameterlisten dürfen nicht in der COMMOM-Liste erscheinen.

Enthält die Liste Bereiche, so dürfen in Basic FORTRAN nur die Bereichsnamen aufgeführt werden und es ist eine zusätzliche DIMENSION-Anweisung zu benutzen. In der Gesamtsprache kann eine COMMON-Anweisung eine andere Spezifikationsanweisung ersetzen, indem hier außer den Bereichsnamen auch die Maximalwerte der Indizes angegeben werden.

Es ist nicht genormt, wie lange der COMMON-Bereich erhalten bleibt. Bei manchen RA bleibt er während eines Programmpaketes, einem sog. job, erhalten, bei anderen bis zur Übersetzung des nächsten Programms.

<u>Beispiel 54</u>. <u>Wirkung von COMMON-Anweisungen.</u>

1. Programm enthält COMMON A, N, C(3)
2. Programm enthält COMMON ALPHA, M, X, Y, Z

Die folgenden Variablen belegen die gleichen Zellen, was hier durch ein Gleichheitszeichen zum Ausdruck gebracht wird:

A = ALPHA  N = M  C(1) = X  C(2) = Y  C(3) = Z

Enthält ein drittes Programm nur eine Größe L, die mit M und N gleichgesetzt werden soll, so muß diese Liste ebenfalls aus 5 Elementen bestehen. Für die restlichen Größen werden Leernamen eingeführt, die sonst nirgends im Programm vorkommen:

3. Programm enthält COMMON XAX, L, YAY(3)

<u>Beispiel 55</u>. <u>Glätten von Meßwerten</u>. Im COMMON Bereich befindet sich eine Liste von M $\leq$ 50 Wertepaaren, zu denen verschiedene Programme Zugriff haben. Die Liste besteht aus dem Bereich XY(I,K). I ist die Nummer des betr. Wertepaares, K = 1 bedeutet einen x-Wert, K = 2 einen y-Wert.

Die y-Werte sollen mit folgender Formel "geglättet" werden

$$\bar{y}_i = (y_{i-1} + 2\, y_i + y_{i+1}) / 4$$

Der erste und der letzte Wert können nicht geglättet werden.

```
C  HP GLAETTEN UND LISTE

      DIMENSION YG(50)
      COMMON M, XY(50,2)

      YG(1) = XY(1,2)
      YG(M) = XY(M,2)
      N = M - 1

      DO 1  I = 2, N
    1 YG(I) = UPGL(I)

      WRITE(3, 100) (XY(I,1),
     1  XY(I,2), YG(I), I = 1, M)
  100 FORMAT(F20.2, 2F10.5)
      STOP
      END
```

```
C  UP GLAETTEN

      FUNCTION UPGL(I)
      COMMON M, XY(50, 2)

      UPGL = 0.25 * (XY(I-1,2) +
     1  2.*XY(I,2) + XY(I+1,2))

      RETURN
      END
```

Das Glätten erfolgt im UP UPGL. Das HP ruft das UP auf und druckt die geglätteten und ungeglätteten Werte.

In Anweisung Nr. 1 ist I links der Index einer indizierten Variablen und rechts der Parameter eines UP.

Die folgende Anweisung ist nicht genormt, kann aber auf vielen RA ausgeführt werden. Durch sie wird in einem HP1 ein anderes HP2 aufgerufen. Hier bietet die COMMON Anweisung die einzige Möglichkeit der Datenübertragung, weil HP keine Parameterlisten enthalten. Das aufgerufene HP2 muß unter einem Namen auf einem peripheren Speicher gespeichert sein. Der Aufruf im HP1 erfolgt durch die Anweisung

```
CALL LINK(NAME)
```

Dadurch wird das HP2 in den Zentralspeicher geholt und ausgeführt. Im Unterschied zu einem aufgerufenen UP erfolgt aber am Schluß von HP2 kein automatischer Rücksprung in das aufrufende HP1. Die CALL LINK-Anweisung steht deshalb meist am Schluß eines Programmes.

### 8.4.3 EQUIVALENCE-Anweisung

Hierdurch werden in einem Programm verschiedene Variable in der gleichen Zelle gespeichert. Die Anweisung hat folgende Form

```
EQUIVALENCE (Liste 1), (Liste 2), (Liste 3),  usw.
```

Enthält eine Liste nur einfache Variable, so entspricht sie einer Speicherzelle, in der diese Variablen gespeichert werden. Die Variablen brauchen nicht vom gleichen Typ zu sein. Hat man z.B. im ersten Teil eines Programms einen Winkel PHI genannt und später versehentlich mehrfach PSI, so kann dieser Fehler durch EQUIVALENCE (PHI, PSI) ausgeglichen werden.

Vorwiegend wird diese Anweisung aber zum Sparen von Speicherplatz bei der Verwendung indizierter Variabler benutzt, wenn bestimmte Bereiche nur in einzelnen Teilen des Programms vorkommen und dann überschrieben werden dürfen. Dazu gelten folgende Regeln:

1. Ein bestimmter Name darf nur entweder in der COMMON- oder der EQUIVALENCE-Anweisung vorkommen. Von dieser Regel gibt es Ausnahmen, die hier aber nicht erläutert werden.

2. Eine EQUIVALENCE-Anweisung kann eine DIMENSION-Anweisung für Bereichsnamen nicht ersetzen.

3. Auch in der EQUIVALENCE-Anweisung sind nach jedem Bereichsnamen Indexwerte als Konstante anzugeben. Sie haben die in Ziff. 4 erläuterte Bedeutung.

4. Die verschiedenen Elemente jeder Liste erhalten dieselbe Speicherzelle. Bei Bereichen wird, ausgehend von dem angegebenen Element, der gesamte Bereich gleichgesetzt. Verschiedene Bereiche dürfen unterschiedliche Größe haben.

Beispiel 56. Wirkung verschiedener EQUIVALENCE-Anweisungen. Ein Programm beginnt mit DIMENSION A(5), B(3), C(2) . Ferner wird angenommen, daß der Bereich A nur im ersten Teil des Programms benötigt wird und B und C nur im zweiten Teil. Es wird die Wirkung verschiedener EQUIVALENCE-Anweisungen gezeigt. Die in einer Zeile geschriebenen Elemente belegen die gleiche Speicherzelle.

| Anweisung | Belegung | | |
|---|---|---|---|
| EQUIVALENCE (A(1),B(1),C(1)) | A(1) | B(1) | C(1) |
| | A(2) | B(2) | C(2) |
| Die Werte A(4) und A(5) stehen also während des gesamten Programms zur Verfügung. Die anderen Zellen werden überschrieben, wenn B und C auftreten. | A(3) | B(3) | |
| | A(4) | | |
| | A(5) | | |

| Anweisung | Belegung | | |
|---|---|---|---|
| EQUIVALENCE(A(5),B(3),C(2)) | A(1) | | |
| Hier stehen A(1) und A(2) während des gesamten Programms zur Verfügung. | A(2) | | |
| | A(3) | B(1) | |
| | A(4) | B(2) | C(1) |
| | A(5) | B(3) | C(2) |
| EQUIVALENCE (A(1),B(1)), (A(4),C(1)) | A(1) | B(1) | |
| Mit dieser Anweisung stehen sowohl B als auch C während des gesamten zweiten Teils des Programms voll zur Verfügung. | A(2) | B(2) | |
| | A(3) | B(3) | |
| | A(4) | C(1) | |
| | A(5) | C(2) | |

## 8.5 AUFGABEN

57. Von den beiden folgenden Variablen befindet sich jeweils eine in einem HP, die andere in einem aufgerufenen UP.
a. Beide Variable haben den gleichen Namen. Unter welchen Voraussetzungen belegen sie dieselbe, wann verschiedene Zellen ?
b. Beide Variable haben verschiedene Namen. Unter welchen Voraussetzungen belegen sie dieselbe, wann verschiedene Zellen ?

58. Eine sog. Begrenzerfunktion ist durch Bild 37 erklärt. Man schreibe ein UP

FUNCTION GRENZ(A,B,X)

das für einen beliebigen x-Wert den Funktionswert liefert.

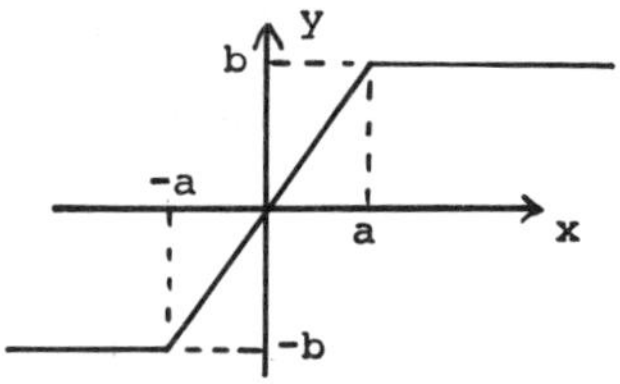

Bild 37 Begrenzerfunktion

59. Tafel einer Funktion und ihrer Integralfunktion.
a. Es ist ein UP FUNCTION SIMPS(A, B, F) zu schreiben, das für eine beliebige, im Intervall [a, b] integrierbare Funktion, die durch eine Funktionsgleichung darstellbar ist, mit der Simpson-Regel das bestimmte Integral berechnet.

$$\int_a^b f(x)\,dx = \frac{h}{3}\,(y_0 + 4y_1 + 2y_2 + 4y_3 + \ldots + y_n)$$

Hinweise: Die Integration ist mit drei Ordinaten und der Streifenbreite $h = (b-a)/2$ zu beginnen. Dann ist die Streifenbreite laufend zu halbieren. Dabei ist zu beachten, daß einmal berechnete Ordinaten erhalten bleiben. Man mache sich das Bildungsgesetz der obigen Summe beim laufenden Halbieren an einer Skizze klar.

Das Integral gilt als gefunden, wenn entweder der Absolutwert des relativen Fehlers zweier aufeinanderfolgender Integrale

$$|(I_1 - I_2)/I_2| < 10^{-5} \qquad \text{ist,}$$

oder die Streifenanzahl bei der nächsten Verdoppelung grösser als 32 767 werden würde (letzteres gilt nur für die benutzte RA).

b. Unter Verwendung dieses UP ist ein HP zu schreiben, mit dem für eine beliebige Integrandenfunktion, die den obigen Bedingungen genügt und ebenfalls durch ein Funktions-UP dargestellt wird, eine Tafel dieser Funktion sowie eine Tafel der Integralfunktion berechnet und gedruckt wird. Die Grenzen der Tafel $x_{min}$ und $x_{max}$ sowie die Schrittweite $\Delta x$ werden über eine Lochkarte eingelesen.

Hinweise: Es ist nicht erforderlich, für jeden Wert $I(x_i)$ der Integralfunktion das Integral $I(x_i) = \int_{x_{min}}^{x_i} f(x)\,dx$ zu bilden, sondern man berechnet einfacher nur

$$\Delta I(x_i) = \int_{x_{i-1}}^{x_i} f(x)\,dx$$

und daraus

$$I(x_i) = I(x_{i-1}) + \Delta I(x_i)$$

60. Zeilen- und Spaltensummen einer Matrix.

a. Im Zentralspeicher befindet sich eine Matrix A mit m Zeilen und n Spalten $(m, n < 10)$. Mit einem UP soll eine Matrix B mit m+1 Zeilen und n+1 Spalten erzeugt werden. Die ersten m und n Reihen von B und A stimmen überein. Die Elemente der m+1 Zeile von B sind die entsprechenden Spaltensummen und die Elemente der n+1 Spalte von B die entsprechenden Zeilensummen der Matrix A.

b. In einem HP ist mit dem 3. UP in Beisp. 50, S. 166 die Matrix A einzulesen, mit dem obigen UP die Matrix B zu bilden und schließlich mit einem UP DRUCK beide Matrizen zu drucken.

61. Lösen eines linearen Gleichungssystems mit 3 Unbekannten. Die Koeffizienten und rechten Seiten dieses Systems werden durch folgende Matrix dargestellt:

$$\left.\begin{matrix} a_{11} & a_{12} & a_{13} \\ a_{21} & a_{22} & a_{23} \\ a_{31} & a_{32} & a_{33} \end{matrix}\;\right|\;\begin{matrix} a_{14} \\ a_{24} \\ a_{34} \end{matrix}$$

Die $a_{i4}$ sind die rechten Seiten. Es ist ein HP zum Berechnen und Drucken der Lösungen $x_i$ mit der sog. Cramer-Regel zu schreiben. Nach dieser Regel ist

$$x_i = D_i/D$$

D ist die Koeffizientendeterminante des Systems. Wird diese Null, ist zu drucken "keine Lösung". Die Determinanten $D_i$ entstehen, indem die Koeffizienten der i-ten Spalte durch die rechte Seite ersetzt werden.

Es können folgende UP als vorhanden angenommen werden: SUBROUTINE LIES von Beisp. 50, S. 166 und eine FUNCTION SARR, die den Wert einer dreireihigen Determinante nach der Sarrus-Regel berechnet.

# 9 SPEZIELLE E/A-VERFAHREN

## 9.1 DATA-ANWEISUNG

Bisher wurden zwei Möglichkeiten beschrieben, einer Speicherzelle einen Wert zuzuweisen:

| | | |
|---|---|---|
| die arithmetische Anweisung | z.B. | PI = 3.14159 |
| die Eingabe Anweisung | z.B. | READ(2,100) PI |

eine weitere Möglichkeit bietet die DATA-Anweisung, die in gewisser Weise einen "Mittelweg" zwischen den beiden anderen Möglichkeiten bildet. Sie gehört nicht mehr zum Basic FORTRAN.

Die DATA-Anweisung hat folgende Form

```
DATA Variablenliste 1 /Konstantenliste 1/,
     Variablenliste 2 /Konstantenliste 2/,  usw.
```

Diese Anweisung gehört zu den sog. nicht ausführbaren Anweisungen (s.S. 107) und muß am Programmanfang nach den Spezifikationsanweisungen (Abschn. 8.4) stehen. Die Elemente beider Listen Nr. j werden jeweils paarweise gleichgesetzt. D.h. die

Konstanten gelangen in die Speicherzellen, deren symbolische Adressen in der Variablenliste angegeben sind. Die Variablenliste darf einfache und indizierte Variable enthalten. Wird bei letzteren ein Index angegeben, ist nur das betr. Element gemeint, fehlt der Index, ist der gesamte Bereich gemeint. In jedem Falle ist eine Spezifikationsanweisung erforderlich. Die Variablen der DATA-Anweisung dürfen nicht in der COMMON-Anweisung stehen. Die Konstantenliste darf ganze oder gebrochene Zahlen und auch in Apostroph gesetzte Zeichen enthalten. Letztere werden wie beim A-Format (s.S.119) im EBCDI-Code gespeichert. Ferner darf ein Wiederholungsfaktor in der im folgenden Beispiel gezeigten Form benutzt werden.

Beispiel 57. DATA-Anweisung. Durch das nachstehende "Programm" werden die Speicherzellen belegt und ausgedruckt.

Die 7 Zeichen T E X T müssen als 2 Konstante angegeben werden, weil in den 2 Zellen (4 bytes) für eine gebrochene Variable maximal 4 Zeichen gespeichert werden.

```
      DIMENSION TEXT(2), X(2,3)

      DATA A,B,C,X,TEXT / 3., 2*-5.,
     F  1.,2.,3.,4.,5.,6., 'T E ', 'X T'/

      WRITE(3,100) A,B,C,X,TEXT
  100 FORMAT(3(/ 10X, 3F10.5) / 10X, 2A4)

      STOP
      END
```

Ausgabe:

```
          3.00000  -5.00000  -5.00000
          1.00000   2.00000   3.00000
          4.00000   5.00000   6.00000
      T E X T
```

## 9.2 PERIPHERE MAGNETISCHE SPEICHER

Genaueres über Dateiorganisation findet man z.B. in [1].

### 9.2.1 Magnetband

Wie in Abschn. 2.1.2 näher erläutert wurde, ist das Band ein sequentieller Speicher. Es ist nicht möglich, einen bestimmten Satz direkt anzusteuern. Es müsste Satz für Satz gelesen werden und jeweils die gelesene mit der gesuchten Adresse verglichen werden. Deshalb wird das Band vorwiegend für Dateien benutzt, die nur sequentiell verarbeitet werden.

Das Lesen und Schreiben des Bandes geschieht mit den normalen READ-bezw. WRITE-Anweisungen mit Liste. Die Anweisungen werden meist formatfrei (s.S. 114) gegeben. In der Klammer steht nur die Schlüsselzahl des betr. Gerätes. Die Daten werden dann im Code des Zentralspeichers vom bezw. auf das Band übertragen.

> Jede WRITE-Anweisung erzeugt einen Satz. Danach wird das Band gestoppt und eine Kluft gesetzt. Entsprechend wird mit READ der Satz gelesen, dessen Anfang sich vor dem Lesekopf befindet.

Es empfiehlt sich, Sätze von einigen kbyte Länge zu erzeugen. In der kaufmännischen DV wird ein Magnetbandsatz meist ein Block genannt. Jeder Satz sollte eine Adresse erhalten. Dies muß per Programm geschehen.

Zum Programmieren des Bandes gibt es folgende Anweisungen. m bedeutet die Schlüsselzahl des betr. Gerätes.

| | |
|---|---|
| Zurücksetzen des Bandes um einen Satz (bis zur nächsten Kluft) | BACKSPACE m |

Mit READ(m) keine Variablenliste wird das Band um einen Satz vorgespult. Mehrere Sätze bilden eine Datei.

| | |
|---|---|
| Schreiben des Datei-Ende-Zeichens (EOF-Marke) | END FILE m |
| Gemäß der Norm Rückspulen bis zum Anfang des Bandes, oft bis zur nächsten EOF-Marke | REWIND m |

Beispiel 58. Lesen von Lochkarten und Schreiben auf Band. Eine Datei besteht aus maximal 2000 Lochkarten. Sie ist auf Band zu lesen (s.Aufg. 9, S. 37). Je 20 Karten werden zu einem Magnetbandsatz (Block) zusammengefasst. Jede Karte belegt eine Zeile der Matrix SATZ. Deshalb sind in den E/A An-

weisungen die Laufindizes anzugeben. Im Beisp. 59, S. 184 wird eine andere Art der Speicherung gezeigt. Jede Karte enthält eine zweiziffrige Kennzahl, dann folgen Zeichen. Die Datenendkarte trägt die Kennzahl 99. Bei der benutzten RA belegt eine Integervariable im Zentralspeicher ein Wort zu zwei bytes. Die 80 Zeichen einer Karte belegen also 40 Worte.

Jeder Satz erhält mit I in Anweisung Nr. 2 eine Adresse und wird formatfrei auf ein Bandgerät mit der Nr. 10 übertragen. Für die Benutzung der Datei ist es günstig, wenn alle Sätze die gleiche Länge haben. Deshalb wird nach dem Einlesen der Endkarte der Rest des letzten Satzes mit blanks aufgefüllt.

Die Anzahl I der eingelesenen Sätze steht am Programmende zur Verfügung und könnte z.B. in den COMMON-Bereich übernommen werden.

```
C  GEBLOCKTE SAETZE AUF BAND

       INTEGER SATZ(20, 40)
       REWIND 10

C  SCHLEIFE FUER MAX. 100 SAETZE
       DO 2  I = 1, 100

C  SCHLEIFE FUER EINEN SATZ
       DO 1  J = 1, 20
       READ(2, 100) (SATZ(J,K), K = 1, 40 )
   100 FORMAT(I2, 39A2)

C  ENDABFRAGE, SATZ(J,1) IST DIE KENNZAHL
       IF(SATZ(J,1) - 99) 1, 3, 1
     1 CONTINUE

     2 WRITE(10) I, ((SATZ(J,K), K = 1,40), J = 1,20)


     3 DO 4  L = J, 20
       DO 4  K = 1, 40
     4 SATZ(L,K) = 0
       WRITE(10) I, ((SATZ(J,K), K = 1,40), J = 1,20)
       END FILE 10
       STOP
       END
```

### 9.2.2 Magnetplatte

Wie in Abschn. 2.1.2 näher erläutert wurde, ist die Platte ein Speicher mit direktem Zugriff. Im Unterschied zu den sequentiellen Speichern kann hier jeder Satz (bezw. Sektor) direkt angesteuert werden. Im Programm werden symbolische Adressen benutzt, aus denen das Betriebssystem die echten Adressen erzeugt. Damit dies möglich ist, sind in der folgenden FORTRAN-Anweisung Angaben über den Aufbau der Dateien erforderlich. Dazu muß bekannt sein, in wievielen Speicherworten bezw. bytes bei der benutzten RA ein Zeichen, ein Fest- und eine Gleitpunktzahl gespeichert wird. Bei der hier benutzten Anlage werden in einem Wort zwei Zeichen oder eine Festpunktzahl gespeichert. Eine Gleitpunktzahl belegt je nach der gewünschten Genauigkeit zwei oder drei Worte. Bei Anlagen, bei denen die Spuren in Sektoren konstanter Länge unterteilt sind, empfiehlt es sich ferner, eine enge Beziehung - nach Möglichkeit Identität - zwischen Satzlänge und Sektorlänge herzustellen. Ferner sei bemerkt, daß außer den folgenden genormten FORTRAN-Anweisungen meist noch weitere Steueranweisungen für das Betriebssystem erforderlich sind.

Die folgenden Anweisungen sind bereits Teil der Version FORTRAN V, aber auf vielen RA ausführbar. Die folgende Anweisung definiert den Aufbau mehrerer im Programm benutzter Dateien. Sie ist eine nicht ausführbare Anweisung und muß am Programmanfang, vor den Spezifikationsanweisungen stehen

| DEFINE FILE $n_1(m_1, l_1, K_1, L_1)$, $n_2(m_2, l_2, K_2, L_2)$ ... |
|---|

$n_i$, $m_i$ und $l_i$ sind ganze positive Konstante, sie bedeuten:

$n_i$ Dateinummer

$m_i$ Anzahl der Sätze in der Datei. Die Sätze erhalten symbolische Adressen von 1 bis $m_i$.

$l_i$ Satzlänge. Sie ist je nach dem folgenden Kennbuchstaben in Stellen (bytes) oder Zellen (Worten) des Zentralspeichers anzugeben (s.S. 30). Im zweiten Fall muß berechnet werden, wieviele Worte für die im Satz geschriebene Information benötigt werden. Bei Sektoradressierung darf ein Satz nicht länger als ein Sektor sein.

$K_i$ Kennbuchstabe. E bedeutet Übertragung mit Formatangabe, $l_i$ ist in bytes anzugeben. U bedeutet formatfreie Übertragung, $l_i$ ist in Worten anzugeben. Es gibt noch weitere Kennbuchstaben, die hier nicht erläutert werden.

$L_i$ ist eine ganze positive Variable. Sie bedeutet die "Adresse des nächsten Satzes". Nach jeder der folgenden E/A Anweisung wird der Wert von $L_i$ automatisch gleich der Adresse des übertragenen Satzes plus 1 gesetzt. (Bei der FIND-Anweisung gleich der Adresse des gefundenen Satzes). Wenn nun der Name $L_i$ im Programm benutzt wird, kann damit in einfacher Weise eine sequentielle Verarbeitung programmiert werden. Oft ist es zweckmäßig, $L_i$ in den COMMON-Bereich zu übernehmen.

Die Übertragung der Daten von bezw. zur Platte erfolgt im Programm durch folgende Anweisungen

```
READ
WRITE(n'i I,f) Liste von Variablen
```

$n_i$ ist eine positive ganze Konstante. Sie bedeutet wie in der DEFINE FILE-Anweisung die Nummer der betr. Datei. Man beachte, daß hier ein Apostroph, aber kein Komma geschrieben wird.

I ist eine positive ganze Variable oder Konstante. Sie bedeutet die Adresse des zu übertragenden Satzes (s. Erklärung von $m_i$ bei DEFINE FILE).

f ist eine positive ganze Konstante. Sie bedeutet die Nummer der betr. Formatanweisung. f ist nur anzugeben, wenn in der DEFINE FILE Anweisung der Kennbuchstabe E benutzt wurde.

Die Liste der Variablen enthält wie bei den "normalen" E/A Anweisungen die symbolischen Adressen der Daten im Zentralspeicher (s.S. 115).

<u>Beispiel:</u> Die Anweisung READ(3' I) A bewirkt mit I = 5 : "Lies Satz Nr. 5 der Datei Nr. 3 und speichere ihn unter der symbolischen Adresse A im Zentralspeicher." Meist ist A ein Bereichsname. Durch eine entsprechende Spezifikationsanweisung muß natürlich dafür gesorgt werden, daß der übertragene Satz auch in A Platz hat. Der Wert von I kann auf eine beliebige Weise entstanden sein. Häufig ist I der Index einer DO-Anweisung oder entspricht dem L der DEFINE FILE-Anweisung.

<u>Beispiel 59</u>. <u>Direkter Zugriff zu Plattensätzen</u>. Eine Datei Nr. 1 besteht aus 40 Lochkarten. Sie wird zunächst auf die Platte gespeichert. Anschließend werden beliebige Sätze gelesen.Bei der benutzten RA wird eine Integervariable in einem Wort zu 2 bytes gespeichert. Die 80 Zeichen einer Karte belegen also 40 Worte. Ein Plattensektor enthält 320 Worte, also 8 Karten. Im Zentralspeicher bilden die 8 Karten die Matrix SATZ. Im Unterschied zu Beisp. 58, S. 180 werden die Karten hier spaltenweise gespeichert. Dann dürfen die Laufindizes bei den E/A Anweisungen weggelassen werden (s.S. 142). Ferner belegt das Programm dadurch weniger Platz als bei einer zeilenweisen Speicherung. Jeder Satz wird formatfrei auf die Platte geschrieben.

Nun wird der direkte Zugriff gezeigt. Es werden Datenkarten mit je einer beliebigen Zahl $1 \leqq LK \leqq 40$ eingelesen. Es ist die entsprechende Karte von der Platte zu lesen und zu drucken. Die Datenendkarte trägt LK = 0 .

Zunächst ist aus LK die Adresse des "richtigen" Plattensatzes zu berechnen. Der Summand + 1 in Anw. Nr. 4 ist erforderlich, weil bei einer Integerdivision der Rest weggelassen wird. Die gesuchte Karte hat innerhalb des Satzes den Spaltenindex K = LK mod 8 (Divisionsrest von LK/8). Dies bewirken die beiden Anweisungen vor der WRITE-Anweisung.

In Aufg. 63, S. 197 wird eine andere Möglichkeit der Speicherorganisation behandelt.

```
C  DIREKTER ZUGRIFF ZUR PLATTE
C  JEDE LK EINE SPALTE, LAUFGRENZEN NICHT ERFORDERLICH

      DEFINE FILE 1(5,320,U,L)
      INTEGER SATZ(40, 8), PLADR

C  LESEN DER KARTEN
      DO 2  I = 1, 5
      DO 1  K = 1, 8
    1 READ(2, 100) (SATZ(J,K), J = 1, 40)
  100 FORMAT(40A2)
    2 WRITE(1' I) SATZ

C  DIREKTER ZUGRIFF
    3 READ(2, 101) LK
  101 FORMAT(I2)
      IF(LK) 4, 5, 4
    4 PLADR = (LK - 1)/8 + 1
      READ(1' PLADR) SATZ

      IQ = LK/8
      K = LK - 8 * IQ
      WRITE(3, 102) (SATZ(I,K), I = 1, 40)
  102 FORMAT(5X, 40A2)
      GO TO 3
    5 STOP
      END
```

Zur Ersparnis von Rechenzeit steht noch folgende Anweisung zur Verfügung

$$\boxed{\text{FIND}(n_i' \ \text{I})}$$

Die Bedeutung von $n_i$ und I ist die gleiche wie bei READ/WRITE. Durch diese Anweisung wird der Schreib/Lesekopf des Zugriffsarms der Platte auf die richtige Spur eingestellt. Beim eigentlichen Übertragungsbefehl braucht dann nur noch maximal eine Umdrehung der Platte abgewartet werden. Diese Einstellung des Zugriffsarms geschieht unabhängig von Operationen der Zentraleinheit. Damit die FIND-Anweisung zur Wirkung kommt, müssen zwischen ihr und den Übertragungsanweisungen andere Anweisungen liegen, bei denen die Platte nicht benutzt wird.

## 9.3 Graphische Ausgabe

Diese Ausgabeform ist insbesondere für den Ingenieur wichtig. Die "graphische DV" hat sich bereits zu einem Spezialgebiet entwickelt, von dem hier nur die ersten Anfänge geschildert werden können. Näheres s. [19].

Bei allen graphischen Darstellungen müssen Größen, die im folgenden mit x und y bezeichnet werden, in Strecken umgerechnet werden. Dazu dient nach DIN 461, Graphische Darstellungen im Koordinatensystem, die

Definition: $$\text{Maßstab} = \frac{\text{Streckendifferenz}}{\text{entspr. Größendifferenz}}$$

In der nebenstehenden Skizze ist der Maßstab $M = \frac{2\ \text{cm}}{50\ \text{N}} = 0.04\ \frac{\text{cm}}{\text{N}}$

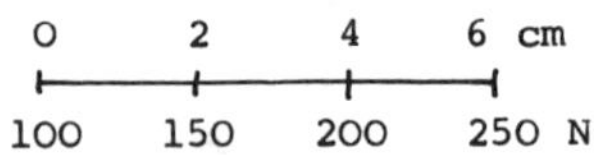


Bei einer graphischen Ausgabe sollten die Programme so geschrieben sein, daß der Benutzer möglichst wenig mit diesen Maßstabsfragen zu tun hat und in gleicher Weise mit Größen arbeiten kann wie bei einer Ausgabe in Form einer Tafel.

### 9.3.1 Ausgabe von Diagrammen mit dem Zeilendrucker

In der software vieler RA sind umfangreiche Programme zur Lösung dieser Aufgabe vorhanden. Im folgenden Beispiel wird ein einfaches Programm zur Darstellung eines Graphen einer Funktion einer unabhängigen Variablen entwickelt. Hieraus sind bereits die wichtigsten Grundgedanken ersichtlich. Das Programm ist einfach, weil die geforderten Eingabewerte bereits eine ungefähre Kenntnis des Funktionsverlaufes im dargestellten Bereich voraussetzen.

Beispiel 60. Funktionsdiagramm mit printer. Es ist ein Programm für die in Bild 38 gezeigte Druckerausgabe zu entwickeln. Es ist zweckmäßig, die Richtung der positiven x-Achse nach unten und die der positiven y-Achse nach rechts zu legen. Dann entspricht die Folge der x-Werte der Folge der Druckzeilen. An vorgegebenen Stellen sollen Parallele zur Abszisse und zur Ordinate gedruckt werden. Die Parallelen zur Ordinate sind mit den entspr. x-Werten zu beschriften. Bei den Parallelen zur Abszisse ist dies an den richtigen Stellen nicht ohne weiteres möglich. Deshalb sollen dort nur in der obersten Zeile die entsprechenden y-Werte gedruckt werden. In jeder Zeile wird der dem y-Wert entsprechende Punkt gedruckt.

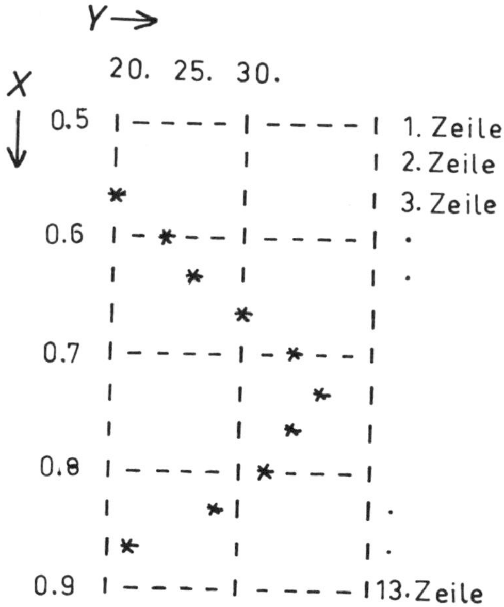


Bild 38 Prinzip der Ausgabe

Die Analyse dieser Problemstellung ergibt folgende Eingabewerte:

XO, YO Werte an der oberen linken Ecke des Diagramms
DX, DY Differenzen zwischen zwei Parallelen
XMAX, YMAX Werte in der unteren rechten Ecke des Diagramms
XMASS, YMASS Maßstäbe auf den Achsen

Bild 39 zeigt einen groben Programmablaufplan. Die aus den Eingabewerten zu errechnenden Hilfsgrößen ergeben sich erst bei einer weiteren Verfeinerung. Die Berechnung des Funktionswertes erfolgt nach der Druckvorbereitung für eine Zeile, weil dadurch ggf. ein Zeichen für eine Achse durch den "Punkt" überschrieben wird. Die Abfrage "Ist eine Zeile eine Parallele zur Ordinate ?" muß deshalb zweimal erfolgen. Die zweite Abfrage wird im Programm durch eine Schalterabfrage realisiert. Beim Löschen einer Zeile wird stets die gesamte Zeile

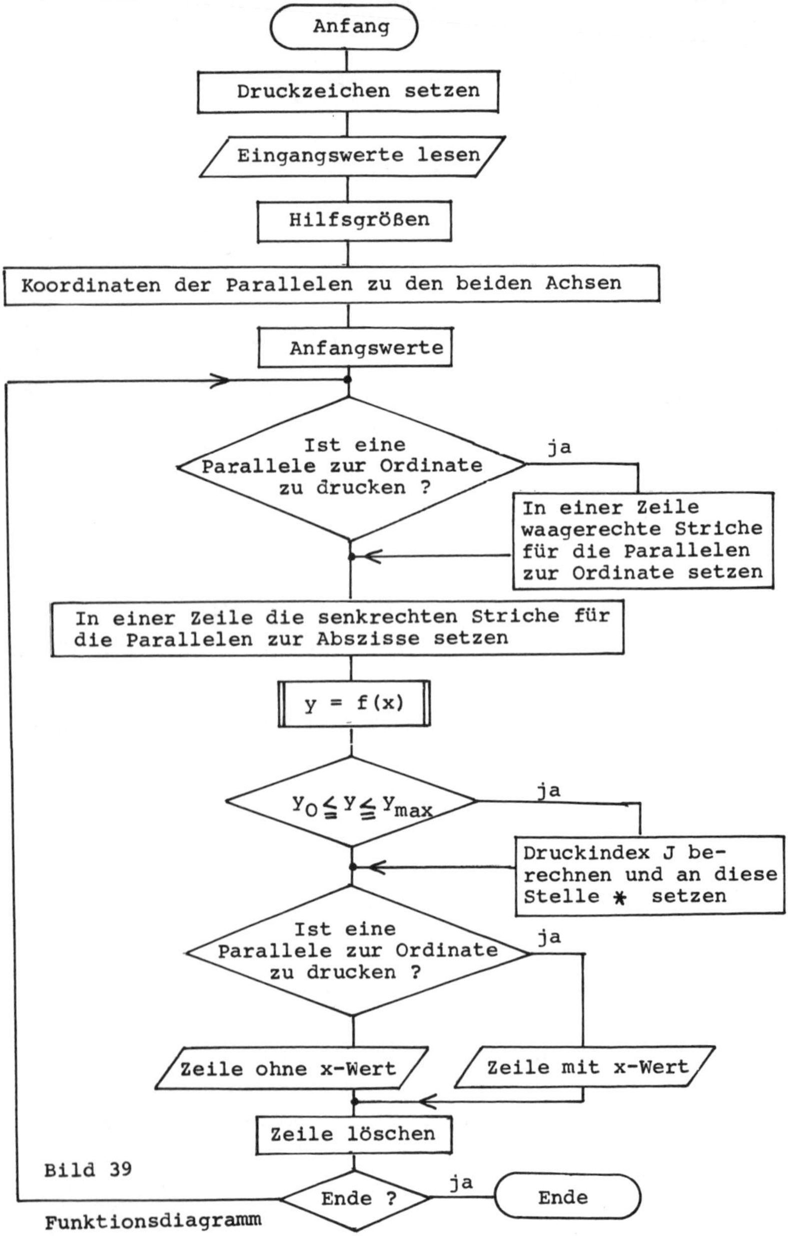


Bild 39

Funktionsdiagramm mit printer

gelöscht, weil dies kaum umständlicher ist als zwei verschiedene Löschanweisungen.

Im Programm haben die Variablen folgende Bedeutung:

DRUCK(K) Bereich der Druckzeichen einer Zeile.

KMAX Anzahl der Druckzeichen einer Zeile.

XACHS(I), YACHS(I) Werte der Variablen x, y an den Parallelen.

DDX, DDY Differenzen, die dem Abstand zweier Zeilen bezw. Zeichen entsprechen. Die Faktoren ergeben sich aus der Annahme von 6 Zeilen/Zoll bezw. 10 Zeichen/Zoll.

MZDX, NZDY Anzahl der Zeichen bezw. Zeilen, die der Differenz DX bezw. DY entsprechen. Der Summand ist wegen des Abrundens bei der Umwandlung in eine ganze Zahl erforderlich

MPX, NPY Anzahl der Parallelen zu den Koordinatenachsen. Der Summand 1 ist erforderlich, weil die erste Parallele mitgezählt werden muß, die 0.5 wieder wegen des Rundens.

IS Schaltervariable.

Bild 40 zeigt das Diagramm der Funktion $y = 2 \sin x + \sin 2x$ Man beachte, wie zwischen $x = 3$ und $x = 4$ Rundungsfehler ausgeglichen und eine Zeile weniger gedruckt wird.

```
C  DIAGRAMM MIT PRINTER

C  VEREINBARUNGEN UND FUNKTION
      INTEGER BLANK, PUNKT, ABSZ, ORD, DRUCK(70)
      DIMENSION XACHS(20), YACHS(10)
      DATA BLANK, PUNKT, ABSZ, ORD/' ', '*', 'I', '-'/
      F(X) = 2.0 * SIN(X) + SIN(2.0 * X)

C  EINGABE UND HILFSGROESSEN
      READ(2, 100) X0, DX, XMAX, XMASS, Y0, DY, YMAX, YMASS
  100 FORMAT(8F10.5)
      DDX = 0.42333/XMASS
      MZDX = DX/DDX + 0.5
      MPX = (XMAX - X0)/DX + 1.5
      DDY = 0.254/YMASS
      NZDY = DY/DDY + 0.5
      NPY = (YMAX - Y0)/DY + 1.5
      KMAX = ((YMAX - Y0)/DDY) + 1.5
```

```
C   ACHSENBESCHRIFTUNG
      DO 1  I = 1, MPX
    1 XACHS(I) = X0 + (I-1) * DX
      DO 2  I = 1, NPY
    2 YACHS(I) = Y0 + (I-1) * DY
      WRITE(3, 101) (YACHS(I), I = 1, NPY)
  101 FORMAT(1H1, 15X, 'DIAGRAMM DER FUNKTION',
     1  '  Y = 2*SIN(X) + SIN(2*X) '
     2  // 6X, 10F8.2)

C   TEILSTRICHE UND ACHSEN
      X = X0
      I = 1
    3 IS = -1
      IF(X - XACHS(I)) 6, 4, 4
    4 DO 5  K = 2, KMAX
    5 DRUCK(K) = ORD
      IS = +1
    6 DO 7  K = 1, NPY
      J = 1 + (K-1)*NZDY
    7 DRUCK(J) = ABSZ

      Y = F(X)

C   PUNKT DES GRAPHEN
      IF(Y - Y0) 10, 9, 8
    8 IF(YMAX - Y) 10, 9, 9
    9 J = ((Y - Y0)/DDY) + 1.5
      DRUCK(J) = PUNKT

C   SCHREIBEN UND LOESCHEN EINER ZEILE
   10 IF(IS) 12, 12, 11
   11 WRITE(3, 102) XACHS(I), (DRUCK(K), K = 1, KMAX)
  102 FORMAT(2X, F10.2, 70A1)
      I = I + 1
      GO TO 13
   12 WRITE(3, 103) (DRUCK(K), K = 1, KMAX)
  103 FORMAT(12X, 70A1)
   13 DO 14  K = 1, KMAX
   14 DRUCK(K) = BLANK

C   ENDABFRAGE
      X = X + DDX
      IF(X - XMAX) 3, 3, 15
   15 STOP
      END
```

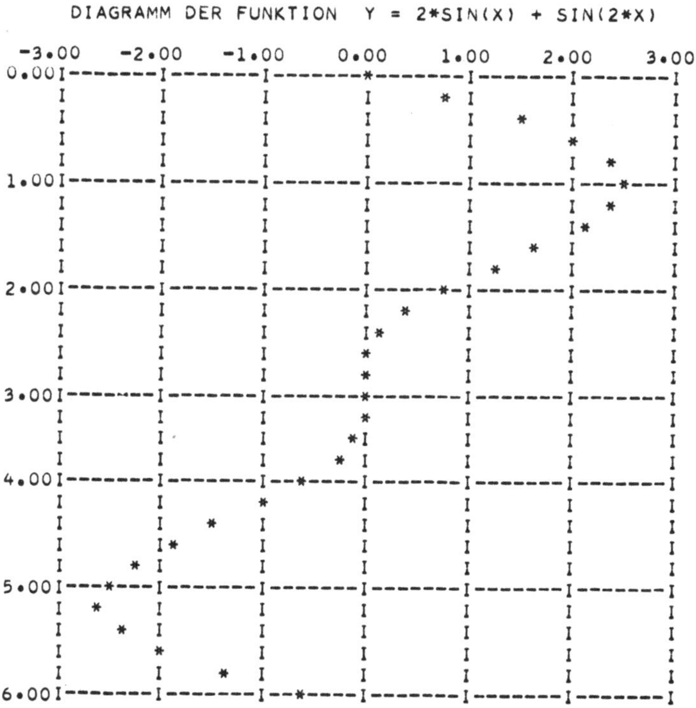


Bild 40 Funktionsdiagramm mit printer

## 9.3.2 Zweikoordinatenschreiber (plotter)

Für die Programmierung dieses Geräts gibt es keine genormten FORTRAN-Anweisungen. Im folgenden werden Unterprogramme beschrieben, die zumindest auf allen IBM-Anlagen anwendbar sind. Ferner ähnelt die Programmierung dieses Geräts sehr der des Datensichtgeräts (s.S. 26), das sich in Zukunft für die graphische DV durchsetzen wird.

Technisch besteht der Plotter aus einer Walze, die in beiden Richtungen rotieren kann und einem parallel zur Walzenachse nach zwei Seiten beweglichen Schreibstift S (Bild 41). Durch

Maschinenbefehle können entweder die Walze oder der Stift oder beide zusammen jeweils um ein kleines Stück bewegt werden. Dadurch entstehen folgende "Elementarzeichen"

| — / \

In Wirklichkeit ist ein waagerechter oder senkrechter Strich beim Plotter IBM 1627 0.01 Zoll = 0.254 mm lang. Aus diesen Elementarzeichen werden alle Diagramme zusammengesetzt.

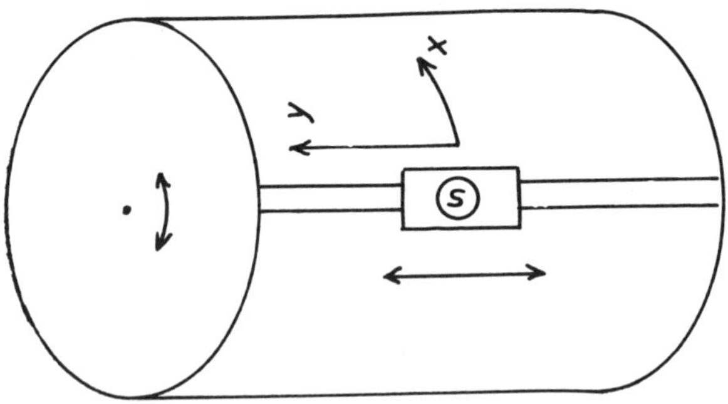


Bild 41 Prinzip des plotters

Die x-Achse liegt in Richtung des laufenden Papiers. Die Länge der y-Achse darf die der Walzenbreite nicht überschreiten. Der hier benutzte plotter hat eine Breite von 11 Zoll = 28 cm.

In den folgenden UP bedeuten X und Y die Zahlenwerte von Größen. Die Maßstäbe sind nur am Programmbeginn einzugeben.

Dabei ist die Strecke in der Definition auf S. 186 in Zoll anzugeben. Es ist 1 cm = 0.3937 Zoll.

Damit wird z.B. 0.04 cm/N = 0.01574 Zoll/N

<u>Festlegen der Maßstäbe</u>
<u>und des Koordinatenursprungs</u> CALL SCALF(XMASS,YMASS,XO,YO)

XMASS, YMASS sind die Maßstäbe auf den Koordinatenachsen
XO, YO sind die Koordinaten der augenblicklichen Stellung des Stiftes in Bezug auf den Koordinatenursprung.

Für den Anfänger empfiehlt es sich, den Stift vor Programmbeginn per Hand auf den Schnittpunkt der Achsen (der nicht der Koordinatenursprung zu sein braucht) einzustellen.

<u>Zeichnen der Koordinatenachsen</u>
<u>mit Teilungsstrichen</u> CALL FGRID(I, X, Y, DX, N)

I bezeichnet die Achse und die Richtung, die gezeichnet werden soll. Es bedeutet:

| | | | |
|---|---|---|---|
| I = 0 | + x-Richtung | I = 1 | + y-Richtung |
| I = 2 | - x-Richtung | I = 3 | - y-Richtung |

Für ein Achsenkreuz muß dieses UP also mindestens zwei mal aufgerufen werden.

X, Y sind die Werte der Größen am Anfang der zu zeichnenden Strecken.
DX ist die Größendifferenz zwischen zwei Teilungsstrichen auf der betr. Achse.
N ist die Anzahl der zu zeichnenden Teilungsstriche ohne den ersten.

Das nebenstehende Achsenkreuz wird durch die folgenden Aufrufe gezeichnet:
CALL FGRID(0, 20., 0.7, 5., 4)
CALL FGRID(1, 30., 0.6, 0.1, 2)

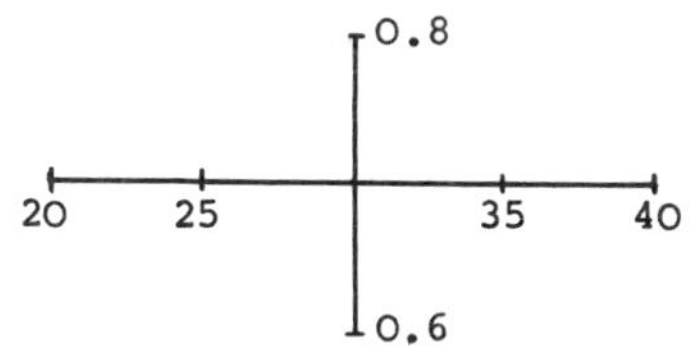


Die Längen der Strecken zwischen den Teilungsstrichen wird von der Maschine aus den vorher angegebenen Maßstäben errechnet. Am Schluß dieses UP steht der Stift automatisch oben. Die Beschriftung der Achsen kann durch das nachstehende UP erfolgen.

Beschriftungen  CALL FCHAR(XA, YA, B, H, ALPHA)

XA, YA  sind die Koordinaten der linken unteren Ecke des ersten Zeichens des zu schreibenden Feldes

B, H  sind die Breite und Höhe (also Strecken) der Zeichen in Zoll

ALPHA  ist der Winkel im Bogenmaß zwischen der Unterkante der Zeichen und der +x-Richtung.

Durch dieses UP wird nur der Startpunkt der Beschriftung und die Größe der Zeichen festgelegt. Der Inhalt der Beschriftung ist in üblicher Weise durch eine WRITE-Anweisung mit Liste und FORMAT-Anweisung anzugeben. Bei der benutzten RA hat der plotter die Geräte Nr. 7. Am Schluß dieses UP steht der Stift oben.

Bei der Beschriftung von Koordinatenachsen ist darauf zu achten, daß z.B. die Unterkante der x-Werte nicht die y-Koordinate der Abszisse haben. Auch die linke Kante eines x-Wertes hat, insbesondere bei mehrstelligen Zahlen eine kleinere Koordinate als die des betr. Teilstriches.

Zeichnen von Strecken  CALL FPLOT(I, XN, YN)

Der Stift wird geradlinig (genaugenommen in Elementarschritten) von seiner Lage vor dem Aufruf dieses UP zu dem Punkt mit den Koordinaten XN, YN bewegt. Zusätzlich kann der Stift vor oder nach der Bewegung gehoben oder gesenkt werden. Dies wird durch den Parameter I erreicht:

I = 0 der Stift bleibt wie er vorher war

| | vorher | | nachher |
|---|---|---|---|
| heben | +1 | I | -1 |
| senken | +2 | | -2 |

Mit diesem UP werden z.B. Funktionskurven gezeichnet, indem in einer DO-Schleife die jeweils nächsten Koordinaten XN, YN berechnet und gezeichnet werden. Die gewählte Schrittweite richtet sich nach der Krümmung der Kurve.

Zeichnen von Punkten  CALL POINT(I)

In der augenblicklichen Stellung des Stiftes werden folgende Zeichen geschrieben

| I = | 0 | 1 | 2 | 3 | 4 | 5 |
|---|---|---|---|---|---|---|
| | + | × | △ | ▷ | ▽ | ◁ |

Der Stift muß vorher unten sein und bleibt unten. Er ist also beim anschließenden CALL FPLOT für den nächsten Punkt vorher zu heben.

Beispiel 61. Funktionsdiagramm mit plotter. Durch das nachstehende Programm wird die Funktion $y = 2 \sin x + \sin 2x$ berechnet und durch den Plotter der in Bild 42 gezeigte Graph gezeichnet.

```
C   ZEICHNEN DER FUNKTION
C   Y = 2*SIN(X) + SIN(2*X)

C   ZEICHNEN DER KOORDINATENACHSEN
       CALL SCALF(0.7874, 0.7874, 0., 0.)
        CALL FGRID(0, 0., 0., 0.5, 13)
       CALL FGRID(1, 0., -3., 0.5, 12)

C   BESCHRIFTEN DER ACHSEN
       DO 1 I = 1, 6
       X = FLOAT(I)
       CALL FCHAR(X -0.4, -0.5,0.2, 0.2, 0.0)
     1 WRITE(7, 2) I
     2 FORMAT(I2)
       DO 3 I = 1, 7
       Y = FLOAT(I-4)
       CALL FCHAR(-0.8, Y-0.1, 0.2, 0.2, 0.0)
       N = I - 4
     3 WRITE(7, 2) N

C   ZEICHNEN DER KURVE
       CALL FPLOT(-2, 0., 0.)
       X = 0.0
     4 Y = 2.0 * SIN(X) + SIN(2.0 * X)
       CALL FPLOT(0, X, Y)
       X = X + 0.02
       IF(X - 6.5) 4, 4, 5

C   BESCHRIFTEN DER KURVE
     5 CALL FCHAR(1.4, 2.5, 0.15, 0.15, 0.0)
       WRITE(7,6)
     6 FORMAT( 'Y = 2*SIN(X) + SIN(2*X)')

       STOP
       END
```

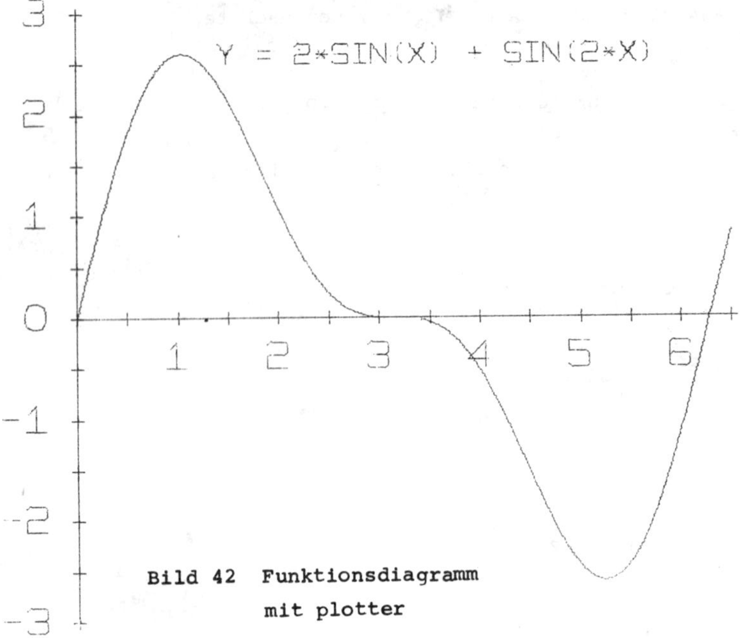


Bild 42 Funktionsdiagramm
mit plotter

## 9.4 AUFGABEN

62. Mischen zweier Dateien. Die Problemstellung und den Plan findet man in Beisp. 15, S. 94. Auf den Karten steht KL im Format I6, dann folgen 60 Zeichen, die im Integer-Bereich KARTE gespeichert und in einer Zeile gedruckt werden. Die Bandsätze enthalten die ganze Zahl KM sowie 200 Zeichen, die im Integer-Bereich BAND gespeichert werden. 2 Zeichen belegen ein Wort. Die Übertragung erfolgt formatfrei. Der Bereich BAND ist in 5 Zeilen zu je 40 Zeichen zu drucken. Die Kundennummern brauchen nicht gedruckt zu werden. Das Bandgerät hat die Geräte Nr. 10.

63. Speichern von Lochkarten auf die Magnetplatte. Eine Datei besteht aus $n \leq 2000$ Lochkarten. In den ersten 20 Spalten jeder Karte steht ein Personenname. In den weiteren Spalten 6 ganze Zahlen ungleich Null im Format I10. Die Datenendkarte ist eine Leerkarte (erste Zahl gleich Null).

Jede Lochkarte ist direkt nach dem Einlesen als Satz auf die Platte zu speichern. Nachdem die Datei gespeichert wurde, ist sie zur Kontrolle sequentiell zu drucken. Dafür ist ein anderer Bereichsname zu benutzen und auch nur die tatsächliche Anzahl n der eingelesenen Sätze zu drucken.

64. Mit dem Plotter ist die nebenstehende Figur zu zeichnen. Im Original soll der Kreisdurchmesser 6 cm und der Eckendurchmesser des Sechsecks 10 cm betragen.

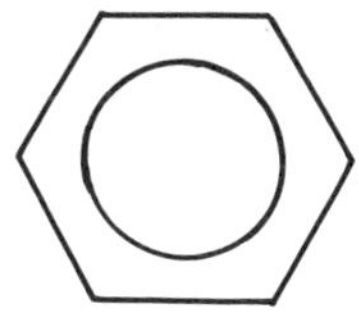

Hinweis: Man wähle als unabhängige Variable die Polarkoordinate $\varphi$ und berechne daraus die Koordinaten $x_i$, $y_i$ der Punkte $P_i$ beider Figuren. Für den Kreis genügen 200 Punkte.

65. Von der van der Waal Gleichung für reale Gase ist mit dem Plotter ein Diagramm DIN A4 Hochformat zu zeichnen. Die Funktionsgleichung, Zahlenwerte und sonstige Angaben sind der Aufg. 54, S. 154 zu entnehmen.

66. Die in der nebenstehenden Skizze gezeigte Sprungfunktion kann durch folgende unendliche Fourier-Reihe dargestellt werden

$$y = \frac{4}{\pi} \sum_{k=0}^{\infty} \frac{\sin (2k+1)x}{2k+1}$$

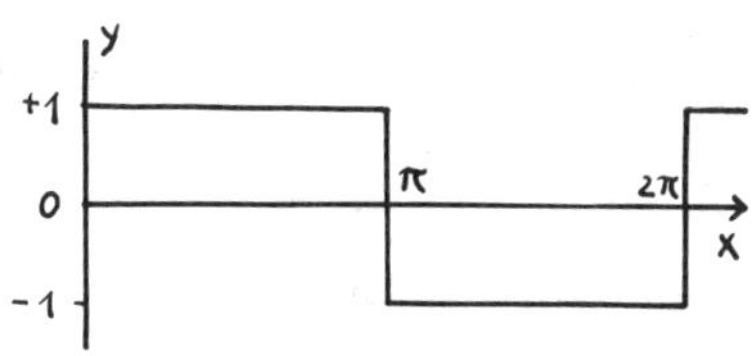


Es ist ein Programm zu schreiben, durch das im Intervall $0 \leq x \leq 2\pi$ mit der Schrittweite $\Delta x = 0.01$ die angenäherten Funktionswerte aus den ersten 11 Gliedern dieser Reihe berechnet und die Funktionskurve in der Größe DIN A4 gezeichnet wird. Die Beschriftung der Achsen kann per Hand erfolgen.

# 10 TESTEN VON PROGRAMMEN

Der Arbeitsaufwand für das Testen wird vom Anfänger stets unterschätzt. Er beträgt etwa 50% der Gesamtarbeitszeit. Das Testen umfangreicher Programmsysteme erfordert viel Geschick und Erfahrung. Deshalb können hier nur einige Hinweise gegeben werden. Zunächst werden die häufigsten Fehlerarten behandelt. Dabei kann auf Fehler, die in den Bereich der Mathematik fallen, nicht eingegangen werden (s.Ziffer 1 und 2, S. 58). Man unterscheidet:

Syntaktische Fehler (s.S. 98): Diese beim Anfänger häufigsten Fehler sind letztlich die harmlosesten. Sie werden weitgehend vom compiler bei der Übersetzung des Programms erkannt und im Anschluß an die Liste des Programms wird eine Fehlerliste gedruckt (s. Abschn. 4.3).

E/A Fehler können auch nach erfolgreichem Testen des Programms auftreten, wenn z.B. bei der Benutzung des Programms eine Datenkarte anders gelocht ist, als es die FORMAT-Anweisung vorschreibt. Meist wird dann die Rechnung unterbrochen, und der Operator erhält eine Fehleranzeige. Zu kleine Speicherreservierungen in der DIMENSION-Anweisung werden i.allg. nicht erkannt. Bei der Programmausführung werden dann ggf. Speicherbereiche überschrieben. Dies führt zur Ausgabe sinnloser Ergebnisse. In einem Programm, das hohe Anforderungen an Sicherheit und Benutzerfreundlichkeit (s.S. 72) erfüllen soll, müssen derartige Fehlerquellen vom Programmierer berücksichtigt und entsprechende Fehlermeldungen für den Benutzer programmiert werden.

Indizierungsfehler treten auf, wenn die Elemente eines Bereichs in anderer Anordnung im Zentralspeicher stehen, als es der Programmierer annimmt. Dies passiert besonders, wenn bei der Eingabe keine Indexangaben gemacht werden (s.S. 142). Man kann bestimmte Elemente drucken lassen, deren Werte bekannt sind und deren Indizes in den Druckanweisungen durch Konstante angegeben werden.

Über- und Unterlauffehler wurden auf S. 72 erwähnt. Dabei ist zu beachten, daß jede FORTRAN-Anweisung i.allg. in mehrere Maschinenbefehle zerlegt wird und sämtliche Zwischenergebnisse eine Rolle spielen.

Übergabefehler betreffen die Parameterübergabe zwischen verschiedenen Programmen (s. Regeln auf S. 163 und Abschn. 8.4.2). Bei Verwendung von UP'en ist deshalb ein zusammenfassender Abschlußtest unbedingt erforderlich.

Alle anderen Fehler werden zusammenfassend als logische Fehler bezeichnet. Die häufigsten können bereits im Plan erkannt werden und wurden in Abschn. 5.3 behandelt. Auf die Wichtigkeit des dort beschriebenen Schreibtischtests sei nochmals verwiesen.

Der schwierigste Teil des Testens beginnt, wenn von der RA keine Fehlermeldungen mehr ausgegeben werden. Die Mindestanforderung an einen Test besteht darin, daß das Programm mit einigen plausiblen Wertesätzen die gleichen Ergebnisse liefert, die vorher mit einem Taschenrechner berechnet wurden (s.Ziff. 3, S. 59). Wenn Abweichungen auftreten, kann das verschiedene Ursachen haben: die Rechnung mit dem Taschenrechner war falsch; bei umfangreichen Problemen können erhebliche Rundungsfehler auftreten (s.S. 44); es liegt ein "echter" Programmfehler vor. Hier wird nur die letzte Möglichkeit behandelt.

Bei einem Fehler werden entweder falsche Werte ausgegeben, oder die Rechnung wird unterbrochen oder gelangt nicht zum Abschluß. Im zweiten Fall liegt meist ein E/A Fehler vor, im dritten ein Schleifenfehler (s. S. 74) oder eine damit eng zusammenhängende fehlende Konvergenz eines mathematischen Näherungsverfahrens.

In allen Fällen muß nun der Fehler lokalisiert werden. Es ist trivial, daß dies umso leichter ist, je kürzer die zu testende Programmeinheit ist. Die daraus resultierenden Konsequenzen wurden in Abschn. 5.2 und auf S. 156 behandelt. Bei der Verwendung von UP'en entsteht allerdings die zusätzliche Quelle der Übergabefehler und es erhebt sich die Frage nach einem optimalen Programmumfang. Grobe Erfahrungswerte liegen bei 100 Anweisungen pro Programm.

Zum Finden des Fehlers fügt man im einfachsten Fall zusätzliche Ausgabe-Anweisungen hinzu, durch die Zwischenergebnisse gedruckt werden. Wenn die Rechnung nicht beendet wird, kann durch numerierte Pausen (s.S. 113) festgestellt werden, bis zu welcher Stelle das Programm fortschreitet.

An einen vollständigen Test werden erheblich strengere Anforderungen gestellt. Hier sollen soviele Testläufe durchgeführt werden, daß sämtliche Ausgänge aller Verzweigungen mindestens einmal durchlaufen werden. Dies gilt insbesonders für die berechnete GO TO-Anweisung (s.S. 112). Allein das Herstellen der dazu erforderlichen Daten erfordert viel Mühe.

Die compiler größerer RA stellen eine Reihe von Testhilfen zur Verfügung. Es sind Anweisungen bezw. UP-Aufrufe, die leider nicht normiert und deshalb bei den einzelnen Herstellern verschieden sind. Deshalb werden hier nur die Aufgaben, geschildert, die diese Programme lösen.

Drucken aller Werte, die bestimmte Variable im Lauf des Programms annehmen.

Prüfen, ob Indizes stets innerhalb der definierten Grenzen bleiben.

Drucken aller durchlaufenen Anweisungsnummern.

Prüfen ob Division durch Null, Überlauf, Unterlauf (s.S. 72) stattgefunden hat.

Drucken des Inhalts des Zentralspeichers im Maschinencode.

Diese Testanweisungen können auf vorgegebene Programmteile beschränkt werden. Die Testanweisungen werden oft gemeinsam an den Programmschluß gestellt.

# ANHANG

## LÖSUNGEN DER AUFGABEN

1. s. Definition S. 12. Anwendungsgebiete für Digitalrechner: techn.-wiss. und kaufmännische Berechnungen aller Art, Dokumentation, medizinische Diagnostik, Sprachübersetzungen, computerunterstütztes Lernen. Für Analogrechner: Simulation technischer Prozesse, Lösung von Differentialgleichungen.

2. Daten und Programm befinden sich vor der eigentlichen Verarbeitung gemeinsam im Zentralspeicher. John v. Neumann.

3. Bei techn.-wiss. Anwendungen leistungsfähiges Rechenwerk, bei kaufmännischen Anwendungen leistungsfähige Peripherie.

4. Hollerith.

5. Mehrere logisch zusammengehörige Zeichen bilden ein Feld, die Felder einer Karte bilden einen Satz.

6. Vorteile: leicht austauschbar, sortierbar, lesbar. Nachteile: hoher Preis, geringe Informationsdichte.

7. Vorteil: geringer Preis. Nachteil: kein direkter Zugriff.

8. Die Zugriffszeit ist unabhängig von der physischen Lage der Information im Speicher. Gegenteil: sequentieller Speicher.

9. 2.54 m für die Zeichen plus 1.50 m für die Klüfte ergibt 4.04 m für 2000 Karten. Ein Band faßt 178 Kartons $\hat{=}$ $2.85 \cdot 10^4$ kbyte. Das Lesen des Bandes dauert 5.9 min für die Klüfte plus 2.5 min für den "Rest", das Lesen der Karten dauert 9.9 h.

10. Kapazität ist $3.2 \cdot 10^4$ kbyte, entspricht 200 Karton Karten. Das Lesen dauert 80 s für 400 Zylinder plus 8 s für Übergänge.

11. E/A Werk, Zentralspeicher, Rechenwerk, Leitwerk.

12. Ein Plättchen aus Silizium-Einkristall, auf dem etwa $10^5$ Bauelemente enthalten sind.

13. Für $10^4$ Operationen braucht der Mensch 11.1 h.

14. Die kleinste adressierbare Speichereinheit ist eine Speicherzelle mit 2 bis 8 bytes Inhalt. Byte-orientierter Speicher.

15. Eine mittlere Anlage.

16. Ein zentraler Taktgeber steuert alle Operationen der ZE; vorwiegend bei kleinen Anlagen realisiert.

17. Der Kanal steuert selbständig die E/A Operationen mehrerer Steuereinheiten und puffert die Information. Er wird beim Mehrprogramm- und Teilnehmerbetrieb benutzt.

18. Ein Selektorkanal hat nur ein Programmregister und kann gleichzeitig nur eine Steuereinheit bedienen. Der Multiplexkanal hat bis zu 256 Programmregister und arbeitet überlappt mit verschiedenen Steuereinheiten.

19. Ein von der Bundespost geliefertes Gerät, das die digitalen Signale der DV-Geräte in eine für Fernsprechleitungen geeignete Form bringt.

20. a) 161 b) 26 c) 49354 d) 45054

21. OOOO OOOL OOLO LLOL = O12D

22. a) 26 b) -22 c) -1 d) -32

23. a) 16. b) - 1. c) -0.625 d) $-153 \cdot 16^{-5} = -1.459 \cdot 10^{-4}$

24. s. S. 45

25. Operationsschlüssel, Adressen des 1. und 2. Operanden.

26. Der Name für eine Speicherzelle eines Operanden.

27. Die Bezeichnung für eine Folge von Maschinenbefehlen.

28. Ein Übersetzungsprogramm für problemorientierte Sprachen.

29. FORTRAN, ALGOL, BASIC, PL/1, APL.

30. a) Dienstprogramm b) Benutzerprogramm, oder nicht zum Betriebssystem gehörig c) Steuerprogramm.

31. Stapelverarbeitung, braucht viel Zeit.

32. Beim Teilnehmerbetrieb bearbeiten die verschiedenen Teilnehmer verschiedene, beim Teilhaberbetrieb das gleiche Programm.

33.

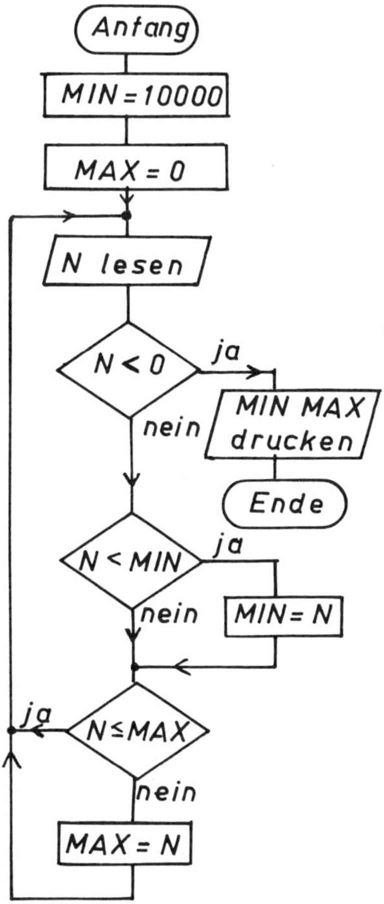


ild 43 Kleinste und größte Zahl einer Menge

34.

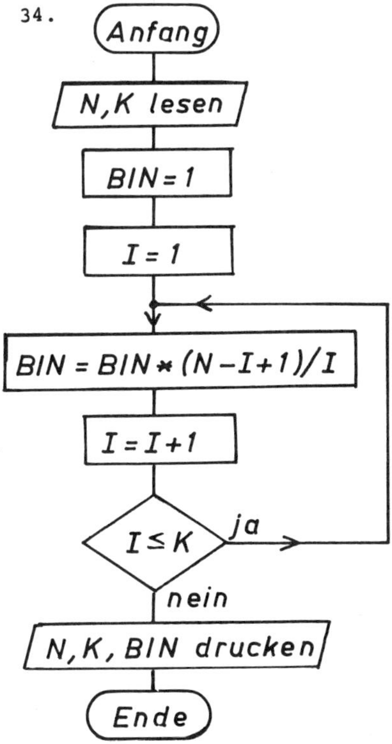


Bild 44 Binomialkoeffizient

35.

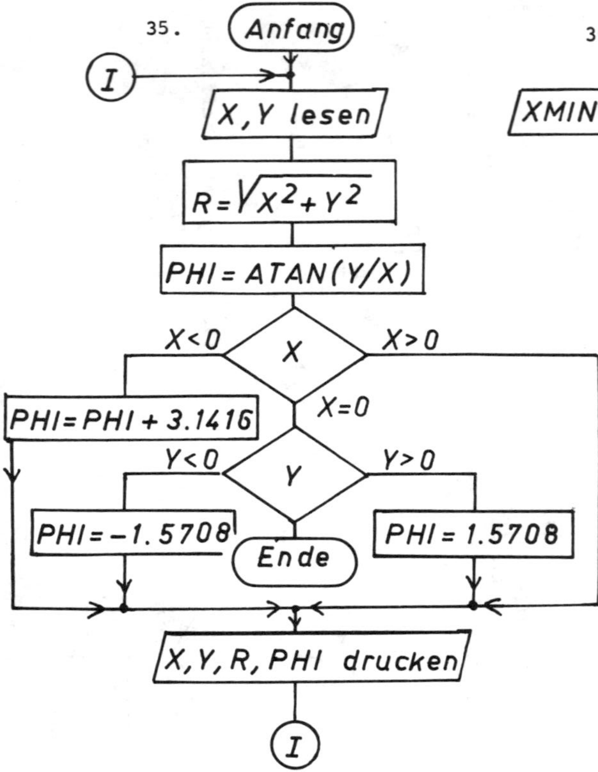


Bild 45 Rechtw. in Polarkoordinaten

36.

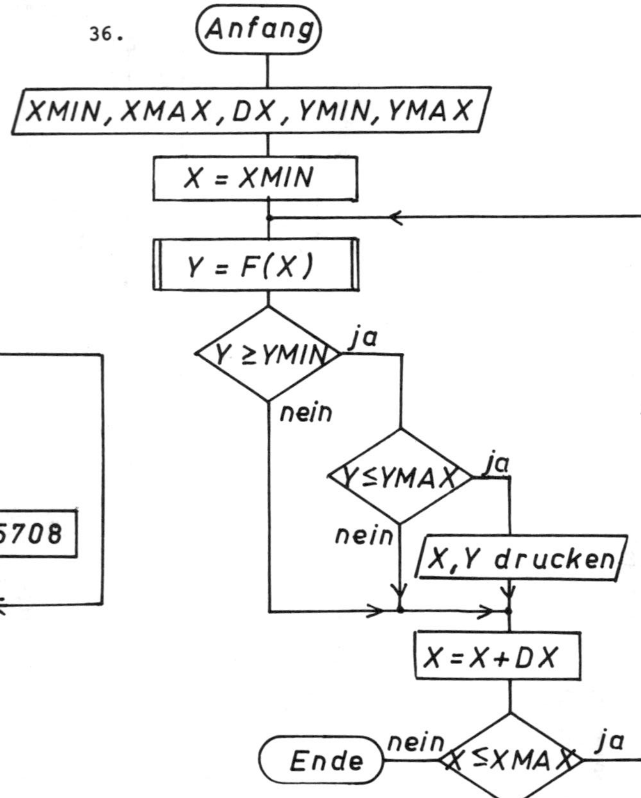


Bild 46 Funktionstafel mit Schranken

37.

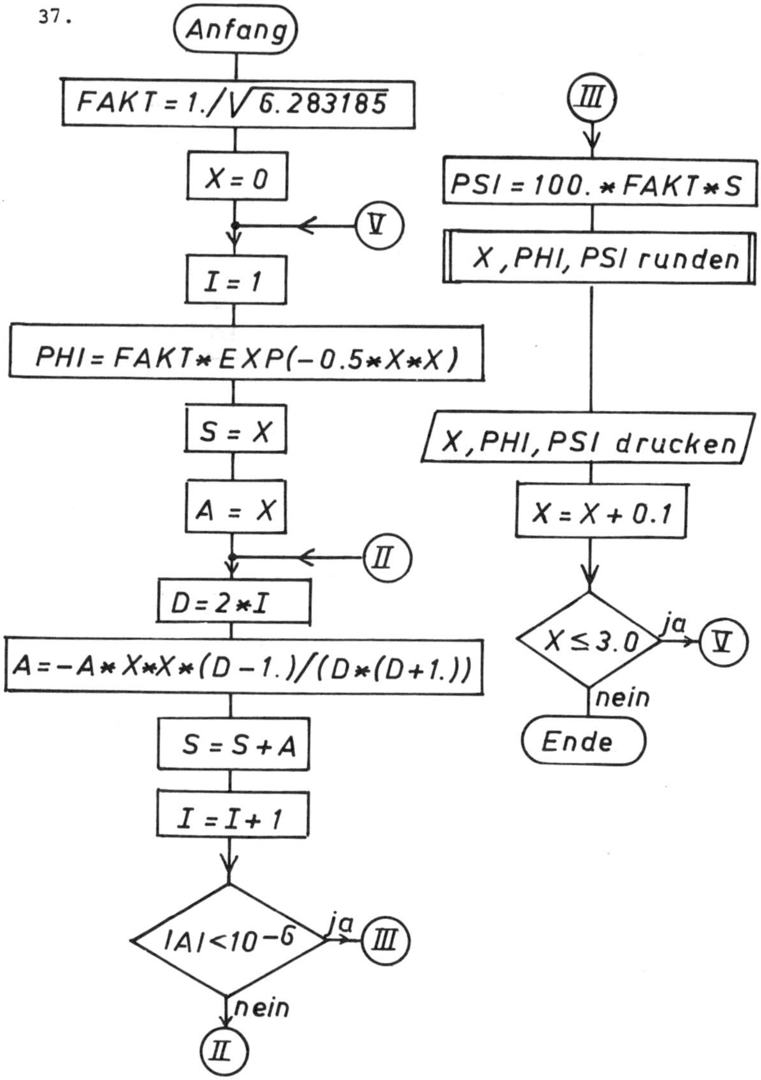


Bild 47 Normalverteilung

38.

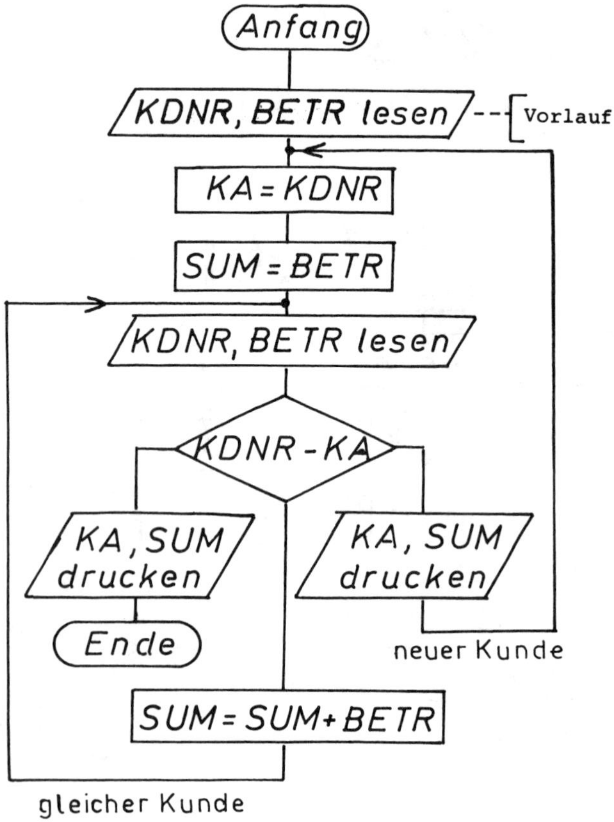


Bild 48 Rechnungssummen

39. a) ganz b) falsch c) gebr. d) falsch e) Funktion
f) falsch g) gebr. h) ganz i) falsch k) falsch
l) gebr. m) falsch n) falsch o) falsch p) ganz

b) k) o) haben zuviele Buchstaben

d) f) i) m) enthalten Sonderzeichen und sind auch keine Standardfunktionen, n) ist ein Wortsymbol

40. a) `1./((1./A) - (1./B))` b) `X **(-P/Q)`

c) `0.5 * (EXP(X) + EXP(-X))` d) `ATAN(SQRT(1. - X*X)/X)`

e) `(V/G) * ALOG(0.5 * (EXP(G*T/V)+ EXP(-G*T/V)))`

f)
```
     A*SQRT((P0*M/V0)*(2.*K/(K-1.)) *
((P1/P0)**(2./K) - (P1/P0)**((K+1.)/K)))
```

g) `ALOG(((1. + SIN(X))/(1. - SIN(X))) ** 0.33333)`

h) `(C*C*H)/(AL**5 * (EXP(C*H/(K*T*AL)) - 1.))`

41. a) WRITE(1,100) N, B, C, D, E, I

bb100 100.00000 100.00000 100.00000 b ist blank

10 Sterne (Feld zu klein)

bb100

b) In der WRITE-Anweisung müßten 13 einfache Variable vom Typ gebrochen stehen. Mit den in Abschn. 7.2 behandelten indizierten Variablen läßt sich wesentlich einfacher schreiben WRITE(1,101) (A(I), I = 1, 13)

```
bbb0.00000   0.00001   0.100E-03   0.100E-02
   0.01000   0.10000   0.100E 01   0.100E 02
 100.000001000.00000   0.100E 05   0.100E 06
10 Sterne  (Feld zu klein)
```

42. GROESSTE UND KLEINSTE ZAHL

```
      MIN = 10000
      MAX = 0

    1 READ(2,100) N
  100 FORMAT(I5)

      IF(N) 6,2,2

    2 IF(MIN-N) 4,4,3
    3 MIN = N

    4 IF(MAX-N) 5,1,1
    5 MAX = N
      GO TO 1

    6 WRITE(1,101) MIN,MAX
  101 FORMAT(15X, 'MIN =', I4,
     1 '      MAX =', I4)
      STOP
      END
```

43. BINOMIALKOEFFIZIENT

```
      INTEGER BIN
      READ(6,100) N,K
  100 FORMAT(3I5)

      BIN = 1
      I = 1

    1 BIN = BIN * (N-I+1)/I
      I = I + 1
      IF(K-I) 2,1,1

    2 WRITE(1,100) N,K,BIN
      STOP
      END
```

44. RECHTW. IN POLARKOORDINATEN

```
    1 READ(2,100) X,Y
  100 FORMAT(2F10.5)

      R = SQRT(X*X + Y*Y)
      PHI = ATAN(Y/X)

      IF(X) 2,3,6
    2 PHI = PHI + 3.14159
      GO TO 6

    3 IF(Y) 4,8,5
    4 PHI = -1.57079
      GO TO 6

    5 PHI = 1.57079
    6 WRITE(3,101) X,Y,R,PHI
  101 FORMAT(15X,'X =',F7.2,4X,
     1 'Y =', F7.2/15X,'R =',F7.2,
     2 '    PHI =', F8.3/)
      GO TO 1

    8 STOP
      END
```

45. FUNKTIONSTAFEL MIT SCHRANKEN

```
      WRITE(3,101)
  101 FORMAT(19X, 'FUNKTIONSTAFEL'
     1 /19X, 'MIT SCHRANKEN'//
     1 21X, 'X', 9X, 'Y'/)
      READ(2,100) XMIN, XMAX,
     1 DX, YMIN, YMAX
  100 FORMAT(5F10.5)

      X = XMIN
      XMAX = XMAX + 0.5*DX
C     WEGEN RUNDUNGSFEHLER

    1 Y = COS(X)

      IF(YMIN - Y) 2, 2, 4
    2 IF(YMAX - Y) 4, 3, 3
    3 WRITE(3,102) X, Y
  102 FORMAT(15X, 2F10.5)
    4 X = X + DX

      IF(XMAX - X) 5, 1, 1
    5 STOP
      END
```

46. NORMALVERTEILUNG

```
      WRITE(3,100)
  100 FORMAT(///12X,
     1 'G A U S S - V E R T E I L U N G'//
     1 16X, 'X', 6X, 'PHI(X)', 6X, 'PSI(X)'/)

      FAKT = 1./SQRT(6.2831853)
      X = 0.
      DX = 0.1

    1 PHI = FAKT*EXP(-0.5*X*X)

      I = 1
      S = X
      A = X

    2 D = FLOAT(2*I)
      A = A*(-X*X*(D-1.))/(D*(D+1.))
      S = S + A
      I = I + 1
      IF(1.E-06 - ABS(A)) 2,3,3

    3 PSI = 100.*FAKT*S

      XX = ERUND(X,1)
      PHI = ERUND(PHI,5)
      PSI = ERUND(PSI,2)

      WRITE(3,101) XX, PHI, PSI
  101 FORMAT(12X, F5.1, F12.5, F10.
      X = X + DX

      IF(3.05-X) 4,4,1
    4 STOP
      END
```

47. RECHNUNGSSUMMEN

```
      WRITE(3, 100)
  100 FORMAT(15X, 'RECHNUNGSSUMMEN'//
     1  16X, 'KDNR      SUMME'/)

      READ(2, 101) KDNR, BETR
  101 FORMAT(I5, F10.2)

    1 KA = KDNR
      SUM = BETR
    2 READ(2, 101) KDNR, BETR
      IF(KDNR - KA) 5, 4, 3
    3 WRITE(3, 102) KA, SUM
  102 FORMAT(15X, I5, F10.2)
      GO TO 1

    4 SUM = SUM + BETR
      GO TO 2

    5 WRITE(3, 102) KA, SUM
      STOP
      END
```

48. BINOMIALKOEFFZ. MIT DO

```
      INTEGER BIN
      READ(6,100) N, K
  100 FORMAT(3I5)
      BIN = 1

      DO 1 I = 1, K
    1 BIN = BIN * (N-I+1)/I

      WRITE(1,100) N, K, BIN
      STOP
      END
```

49. a) Die folgenden Zahlen werden senkrecht in einer Spalte gedruckt

8 13 18 11 16 21 14 19 24

b)
```
      DIMENSION N(3)

      DO 2 I = 3, 9, 3

      DO 1 K = 1, 3
    1 N(K) = I + 5*K

    2 WRITE(3,100) (N(K), K = 1,3)
  100 FORMAT(3I5)

      STOP
      END
```

c)
```
      DIMENSION N(3,3)

      DO 1 I = 1, 3

      DO 1 K = 1, 3
    1 N(I,K) = 3*I + 5*K

      DO 2 I = 1,3
    2 WRITE(3,100) (N(I,K), K = 1,3)
  100 FORMAT(3I5)
      STOP
      END
```

50.
```
C   QUADRATISCHE INTERPOLATION

C   BERECHNEN DER FUNKTION
       DIMENSION X(20), Y(20)
       DO 1  K = 1, 20
       X(K) = FLOAT(K-10)
     1 Y(K) = 0.5*X(K)*X(K) - 20.

C   EINGABE UND SUCHEN
     2 READ(6, 100) XX
   100 FORMAT(2F10.5)
       IF(X(1) - XX) 3, 3, 10
     3 IF(XX-X(19)) 4, 10,10
     4 DO 5  I = 1, 20
       IF(XX-X(I)) 6, 5, 5
     5 CONTINUE
     6 I = I - 1

C   INTERPOLATION
       B1 = (Y(I+1)-Y(I))/(X(I+1)-X(I))
       Z1 = (Y(I+2)-Y(I+1))/(X(I+2)-X(I+1))
       Z2 = (Y(I+1)-Y(I))/(X(I+1)-X(I))
       B2 = (Z1 - Z2)/(X(I+2) - X(I))
       YY = Y(I) + B1*(XX-X(I)) +
      1  B2*(XX-X(I))*(XX-X(I+1))
C   AUSGABE
       WRITE(1,100) XX, YY
       GOTO 2
    10 STOP
       END
```

51. FLAECHENMOMENTE

```
      DIMENSION B(8), H(8), F(8), W(8)
      WRITE(3,100)
  100 FORMAT(5X, 'FLAECHEN- UND WIDERSTANDSMOMENTE'/
     1  15X, 'VON RECHTECKEN'//
     2 7X, 'B', 9X, 'H', 9X, 'J', 9X, 'W'/)

    1 READ(2,101) (B(I), H(I), I = 1, 8)
  101 FORMAT(16F5.2)
      IF(B(1)) 4, 4, 2

    2 DO 3 I = 1, 8
      W(I) = B(I)*H(I)*H(I)*0.166667
      F(I) = W(I) * H(I) * 0.5
    3 WRITE(3,102) B(I), H(I), F(I), W(I)
  102 FORMAT(4F10.2)

      GO TO 1
    4 STOP
      END
```

52. C MITTELWERT UND STANDARDABWEICHUNG

```
      DIMENSION X(8)
      SUM1 = 0.
      SUM2 = 0.
      N = 0
    1 READ(2, 100) X
  100 FORMAT(8F10.5)
      DO 3  I = 1, 8
      IF(X(I) - 1.E5) 2, 4, 2
    2 N = N + 1
      SUM1 = SUM1 + X(I)
    3 SUM2 = SUM2 + X(I)*X(I)
      GO TO 1

    4 FN = FLOAT(N)
      XM = SUM1/FN
      S = SQRT((FN*SUM2 - SUM1  ** 2)/(FN*(FN-1.)))
      WRITE(3, 101) N, XM, S
  101 FORMAT(5X, I2,' MESSWERTE,  MITTEL =',
     1  F10.5, '    STANDABW. =', F10.5)

      STOP
      END
```

---

53. VEKTORRECHNUNG IN LETZTER KARTE ALLE KOMPONENTEN NULL

```
      DIMENSION A(3), ALPHA(3), CS(3)

C  UEBERSCHRIFT UND EINLESEN
      WRITE(3,100)
  100 FORMAT(/// 15X,'KOMPONENTEN UND RICHTUNGSWINKEL ',
     1'EINES VEKTORS'
     2 //11X,'A(X)       A(Y)       A(Z)    ',
     3 ' BETRAG      ALPHA       BETA       GAMMA'/)
    1 READ(2,101) (A(I), I = 1,3)
  101 FORMAT(3F10.5)

C  BERECHNUNG
      BETR = SQRT(A(1)*A(1) + A(2)*A(2) + A(3)*A(3))
      IF(BETR) 6,6,2

    2 DO 5 I = 1,3
      CS(I) = A(I)/BETR
      ALPHA(I) = 57.2958 * ATAN(SQRT(1.0 - CS(I)*CS(I))/CS(I))
      IF(A(I)) 3, 4, 5
    3 ALPHA(I) = ALPHA(I) + 180.0
      GOTO 5
    4 ALPHA(I) = 90.0
    5 CONTINUE
```

53. Forts.

```
C   SCHREIBEN DER ERGEBNISSE
      WRITE(3,102) (A(I),I = 1,3), BETR, (ALPHA(I), I = 1,3)
  102 FORMAT(5X, 7F10.2)
      GO TO 1

    6 STOP
      END
```

54. VAN DER WAAL GLEICHUNG

```
      INTEGER T(5), P(5)

C   ANFANGSWERTE, UEBERSCHRIFT
      R = 8314
      A = 0.423E+06
      B = 0.371E-01
      DO 2 I = 1,5
    2 T(I) = 340 + 20*I
      WRITE(3,101) A, B, (T(I), I = 1,5)
  101 FORMAT(5X, 'TAFEL DER VAN DER WAAL ',
     1 'GLEICHUNG FUER REALE GASE'//
     2 6X, 'A =', E12.4, ' N*M**4', 3X,
     3 'B =', E12.4, ' M**3'//9X, 'T/K',
     4 I5, 4I6/ 5X, 'V/LITER',
     5 10X, 'D R U C K / B A R')

C   SCHLEIFE FUER DAS PROGRAMM
      DO 6 J = 20,300,20
      V = 0.001 * FLOAT(J)

C   SCHLEIFE FUER EINE ZEILE
      DO 5 K = 1,5
      P(K) = 1.E-05 * (R*FLOAT(T(K))/
     1 (V-B) - A/(V*V))
      IF(P(K)) 4,4,3
    3 IF(200-P(K)) 4,5,5
    4 P(K) = 0
    5 CONTINUE

    6 WRITE(3,102) J,(P(K), K = 1,5)
  102 FORMAT(5X, 6I6)

      STOP
      END
```

55. SORTIEREN BEIM EINLESEN

```
      INTEGER Z(500)
      READ(2,100) Z(1)
  100 FORMAT(I5)
C     LESESCHLEIFE
      DO 4 I = 2, 500
      READ(2,100) Z(I)
      IF(30000 - Z(I)) 5, 1, 1
C     SCHLEIFE ZUM TAUSCHEN
    1 K = I
    2 IF(Z(K-1) - Z(K)) 4, 4, 3
    3 M = Z(K-1)
      Z(K-1) = Z(K)
      Z(K) = M
      K = K - 1
      IF(K-1) 4, 4, 2
    4 CONTINUE
    5 I = I - 1
C     SCHREIBEN DER LOESUNGEN
      WRITE(3,100) I
      WRITE(3,101) (Z(J), J = 1,I)
  101 FORMAT(10X, 10I6)
    6 STOP
      END
```

56. TRANSPONIEREN EINER MATRIX

```
      INTEGER A(10,10), B(10,10)
      READ(2,100) M, N
  100 FORMAT(2I5)
      DO 1 I = 1, M
      READ(2,101) (A(I,K), K = 1, N)
    1 WRITE(3,101) (A(I,K), K = 1, N)
  101 FORMAT(10I5)
      DO 2 I = 1, M
      DO 2 K = 1, N
    2 B(K,I) = A(I,K)
      DO 3 I = 1, N
    3 WRITE(3,101) (B(I,K), K = 1, M)
      STOP
      END
```

57. Zwei Variable in verschiedenen Programmen belegen dann und nur dann dieselben Speicherzellen, wenn sie entweder in den Parameter- oder den COMMON-Listen aufgeführt sind. Ob ihre Namen gleich sind, ist unerheblich.

58.
```
C  UP BEGRENZERFUNKTION

      FUNCTION GRENZ(A, B, X)

      IF(X + A) 1, 1, 2
    1 GRENZ = -B
      RETURN

    2 IF(X-A) 3, 4, 4
    3 GRENZ = (B/A) * X
      RETURN

    4 GRENZ = B
      RETURN

      END
```

59.
```
C  UP SIMPSON-REGEL
C  MIT LAUFENDER HALBIERUNG DER STREIFEN

      FUNCTION SIMPS(A, B, F)
      REAL INT

C  1. INTEGRAL MIT 2 STREIFEN
      H = 0.5 * (B - A)
      N = 1
      RAND = F(A) + F(B)
      Y2 = 0.
      Y4 = F(A+H)
      INT = 0.333333*H*(RAND + 4.*Y4)
```

59. Forts.

```
C  LAUFENDE HALBIERUNG
 1 H = 0.5 * H
   N = 2 * N
    Y2 = Y2 + Y4
    Y4 = 0.
    X = A + H

    DO 2 I = 1, N
    Y4 = Y4 + F(X)
 2 X = X + 2. * H

    SIMPS = 0.33333*H*(RAND + 2. * Y2 + 4.*Y4)

C  ENDABFRAGE
    EPS= ABS((INT-SIMPS)/SIMPS)
    INT = SIMPS
   IF(EPS-1.E-05) 4, 4, 3
 3 IF(16384-N) 4, 4, 1
 4 RETURN
    END


C  HP FUER FUNKTION F(X) UND
C  INTEGRALFUNKTION I(X)

    REAL I
    EXTERNAL FKT

    READ(2, 100) XMIN, XMAX, DX
100 FORMAT(3F10.5)
    WRITE(3,101)
101 FORMAT(1H1, 10X, 'TAFEL EINER FUNKTION UND
  1 'IHRER INTEGRALFUNKTION'//
  2 17X, 'X', 13X, 'F(X)', 11X, 'I(X)'/)

C  VORLAUF FUER 1.WERT
    XA = XMIN
   I = 0.
    Y = FKT(XA)
   WRITE(3,102) XA, Y, I
102 FORMAT(10X, 3E15.5)
    XB = XA + DX

C  SCHLEIFE FUER DIE TAFEL
 1 Y = FKT(XB)
   I = I + SIMPS(XA, XB, FKT)
   WRITE(3,102) XB, Y,I

C  ENDABFRAGE
   XA = XB
    XB = XA + DX
    IF(XMAX - XB) 2, 1, 1
 2 STOP
    END
```

60.

```
C  UP FUER ZEILEN- UND SPALTENSUMMEN
C  EINER MATRIX

      SUBROUTINE ZEIL(A, M, N, B)
      DIMENSION A(10,10), B(10,10)

C  ERSTER TEIL VON B
      DO 1  I = 1, M
      DO 1 K = 1, N
    1 B(I,K) = A(I,K)

C  ZEILENSUMMEN
      M1 = M + 1
      N1 = N + 1

      DO 2  I = 1, M
      B(I, N1) = 0.
      DO 2  K = 1, N
    2 B(I, N1) = B(I, N1) + A(I, K)

C  SPALTENSUMMEN
      DO 3 K = 1, N1
      B(M1, K) = 0.
      DO 3 I = 1, M
    3 B(M1, K) = B(M1, K) + B(I,K)

      RETURN
      END


C  HP FUER ZEILEN- UND SPALTENSUMMEN
C  EINER MATRIX

      DIMENSION A(10, 10), B(10, 10)
      READ(2,100) M, N
  100 FORMAT(2I5)

      CALL LIES(A, M, N)

      CALL ZEIL(A, M, N, B)

      M1 = M + 1
      N1 = N + 1
      CALL DRUCK(B, M1, N1)
      STOP
      END
```

61.
```
C  GLEICHUNGEN MIT 3 UNBEKANNTEN

      DIMENSION A(10,10), D(3,3), X(3)
C  A(10,10) WEGEN SUBROUTINE LIES ERFORDERLICH
      CALL LIES(A, 3, 4)

C  BERECHNEN DER KOEFFZ.-DET.
      DO 1 I = 1, 3
      DO 1 K = 1, 3
    1 D(I,K) = A(I,K)
      DKOEF = SARR(D)
      IF(DKOEF) 3, 2, 3
    2 WRITE(3,100)
  100 FORMAT(10X, 'KEINE LOESUNG')
      GO TO 10

C  AEUSSERE SCHLEIFE FUER DIE SPALTEN
    3 DO 6 K = 1, 3

C  INNERE SCHLEIFE FUER DIE ZEILEN
      DO 4 I = 1, 3
    4 D(I,K) = A(I,4)

      X(K) = SARR(D)/DKOEF

C  HERSTELLEN DER KOEFFZ-DET.
      DO 5 I = 1,3
    5 D(I,K) = A(I,K)
    6 CONTINUE

      WRITE(3,101) (X(I), I = 1,3)
  101 FORMAT(10X, 3F10.5)
   10 STOP
      END
```

```
ISCHEN ZWEIER DATEIEN

   INTEGER BAND(100), KARTE(30)
   REWIND 10
   IS = -1
   READ(10) KB, BAND

 1 READ(2, 100) KK, KARTE
 ) FORMAT(I6, 30A2)
   IF(KK) 8, 8, 2
 2 IF(KB - KK) 3, 4, 7

 3 READ(10) KB, BAND
   IS = -1
   GO TO 2

    4 IF(IS) 5, 6, 6
    5 WRITE(3, 101) BAND
  101 FORMAT(1H1, 5(1X, 20A2))
      IS = 1
    6 WRITE(3, 102) KARTE
  102 FORMAT(1X, 30A2)
      GO TO 1

    7 WRITE(3, 103)
  103 FORMAT(1H1, 'SORTIERFEHLER')

      GO TO 1
    8 STOP
      END
```

## 63. SPEICHERN VON LOCHKARTEN AUF MAGNETPLATTE

```
      DEFINE FILE 1(2000, 16, U, L)
      DIMENSION NAME(16), KLASS(16)

C   LESEN VON KARTEN UND
C   SCHREIBEN AUF PLATTE
C   I IST NICHT DER INDEX
C   DES ARRAY NAME, SONDERN
C   SATZADRESSE FUER DIE PLATTE
      DO 1  I = 1, 2000
      FIND(1' I)
      READ(2, 100) NAME
  100 FORMAT(10A2, 6I10)
      IF(NAME(11)) 1, 2, 1
    1 WRITE(1' I) NAME

C   LESEN VON PLATTE UND DRUCKEN
C   K IST DIE ZAHL DER TATSAECHLICH
C   GELESENEN LOCHKARTEN
    2 K = I - 1
      DO 3  J = 1, K                     STOP
      READ(1' J) KLASS                   END
    3 WRITE(3,100) KLASS
```

## 64. ZEICHNEN VON KREIS UND SECHSECK

```
      REAL LX
      DIMENSION DELTA(2), R(2)
      LX = 1./2.54

C   FESTLEGEN DER RADIEN UND WINKEL
C   INDEX 1 IST KREIS
C   INDEX 2 IST SECHSECK
      R(1) = 3.
      R(2) = 5.
      DELTA(1) = 0.0314159
      DELTA(2) = 3.14159/3.

      CALL SCALF(LX, LX, 0., 0.)

C   AEUSSERE SCHLEIFE FUER KREIS UND SECHSECK
      DO 3  I = 1, 2
      CALL FPLOT(-2, R(I), 0.)
      PHI = 0.

C   INNERE SCHLEIFE FUER EINE FIGUR
    2 PHI = PHI + DELTA(I)
      X = R(I) * COS(PHI)
      Y = R(I) * SIN(PHI)
      CALL FPLOT(0, X, Y)
      IF(PHI - 6.28318) 2, 3, 3          STOP
                                         END
    3 CALL FPLOT(1, 0., 0.)
```

65. VAN DER WAAL GASGLEICHUNG MIT PLOTTER

```
      DATA R, A, B /8314., 0.423E6, 0.0371 /
      WAAL(T,V) = (R*T/(V-B)) - (A/(V*V))

C  ZEICHNEN UND BESCHRIFTEN DER ACHSEN
C  1 CM ENTSPR. 25 LITER, 1 CM ENTSPR. 10 BAR
      XMASS = 40./2.54
      YMASS = 1.E-06/2.54
      CALL SCALF(XMASS, YMASS, 0., 0.)
      CALL FGRID(0, 0. , 0. , 0.1 , 3)
      CALL FGRID(1 , 0. , 0. , 2.E+06, 10)
      DO 1 I=1,4
      X = 0.1*(I-1)
      CALL FCHAR(X-0.01, -0.5E+06, 0.15, 0.15, 0.)
      N = 100 * (I-1)
    1  WRITE(7,100) N
  100 FORMAT(I3)
      CALL FCHAR(0.23, -0.5E+06, 0.15, 0.15, 0.)
      WRITE(7,101)
  101 FORMAT('LITER')

       DO 2 J = 1, 21, 2
      Y = 1.E+06 * (J-1)
      CALL FCHAR(-0.03, Y-0.1E+06, 0.15, 0.15, 0.)
      M = 10 * (J-1)
    2 WRITE(7, 100) M
      CALL FCHAR(-0.03, 1.88E+07, 0.15, 0.15, 0.)
      WRITE(7,105)
  105 FORMAT('BAR')

C  SCHLEIFE FUER DIE KURVEN
      DO 10  K = 1, 5
      T = FLOAT(340 + 20*K)

C  SUCHEN DER UNSTETIGKEITSSTELLE
      DO 5 I = 1,300
      V = I*1.E-03
      P = WAAL(T,V)
      IF(P) 5,5,6
    5 CONTINUE

C  SUCHEN 1. P-WERT KLEINER 200 BAR
    6 DO 7 I = I, 300
      V = I*1.E-03
      P = WAAL(T,V)
      IF(2.E+07 - P) 7, 7, 8
    7 CONTINUE
```

65. Forts.

```
C  ZEICHNEN DER KURVE
 8 CALL FPLOT(1,V,P)
   CALL FPLOT(-2,V,P)
   DO 9 I = I, 300
   V = I*1.E-03
   P = WAAL(T,V)
 9 CALL FPLOT(0,V,P)

10 CONTINUE

   STOP
   END
```

66.

```
C  FOURIER REIHE DER SPRUNGFUNKTION

     REAL LX, LY

C  EINHEITSLAENGEN UND KONSTANTE
     LX = 3./2.54
     LY = LX
     PI = 3.14159
     PI3 = 1.0472
     A = 4./PI

C  ZEICHNEN DER ACHSEN
     CALL SCALF(LX, LY, 0., 0.)
     CALL FGRID(0, 0., 0., PI3, 6)
     CALL FGRID(1, 0., -2., 0.5, 8)
     CALL FPLOT(-2, 0., 0.)

C  AESSERE SCHLEIFE
C  FUER DIE PUNKTE
     DO 2  I = 1, 628
     X = 0.01*FLOAT(I)
     Y = 0.

C  INNERE SCHLEIFE
C  FUER EINEN PUNKT
     DO 1  K = 1, 21, 2
     F = FLOAT(K)
   1 Y = Y + SIN(F*X)/F

     Y = A * Y
   2 CALL FPLOT(0, X, Y)

     STOP
     END
```

# WEITERFÜHRENDE LITERATUR

[1] Bauknecht, K.; Zehnder, C.A.: Grundzüge der Datenverarbeitung. Stuttgart 1980

[2] Becker, J.; u.a.: Numerische Mathematik für Ingenieure. Stuttgart 1977

[3] Brust, A.: Das Programmieren technischer Probleme. München, 1975

[4] Claus, V.: Einführung in die Informatik. Stuttgart 1975

[5] DIN-Taschenbücher 25 und 125, Informationsverarbeitung 1 und 2, Berlin 1978

[6] Dworatschek, S.: Grundlagen der Datenverarbeitung. Berlin 1977

[7] Gorny, R.: Einführung in die Datenverarbeitung. Berlin 1974

[8] Gritsch, R. und A.: Das Programmieren von Computern. München 1972

[9] Herschel, R.: FORTRAN. Sytematische Darstellung für den Anwender. München 1978

[10] IBM 1130/1800 FORTRAN IV. Nr. GC 12-1021

[11] IBM 1130/1800 Plotter Subroutines. Nr. C 26-3755

[12] Jordan,W; Urban,H.: Strukturierte Programmierung. Berlin 1978

[13] Kimm, R.; u.a.: Einführung in Software Engineering. Berlin 1979

[14] Koch, G.; Rembold, U.: Einführung in die Informatik. München 1977

[15] May, G.: Strukturiertes Programmieren mit FORTRAN. München 1980

[16] McCracken, D.: FORTRAN in der technischen Anwendung. München 1977

[17] Richter, L.: Betriebssysteme, Stuttgart 1977

[18] Schmücker, M.: FORTRAN für Fortgeschrittene. München 79

[19] Schrack, G.: Grafische Datenverarbeitung, Mannheim 1978

[20] Selder, H.: Einführung in die numerische Mathematik. München 1979

[21] Siebert, H.: Höhere FORTRAN Programmierung. Berlin 1974

[22] Siemens BS2000 FOR1 FORTRAN compiler. Erlangen 1977

[23] Wirth, N.: Systematisches Programmieren. Stuttgart 1978

# SACHVERZEICHNIS

Aus Aufgaben und Beispielen werden keine Stichworte angegeben.